ÉTICA a NICÔMACO

ARISTÓTELES

ÉTICA a NICÔMACO

Tradução
Maria Stephania da Costa Flores

Principis

Esta é uma publicação Principis, selo exclusivo da Ciranda Cultural

Traduzido do original em grego
Ἠθικὰ Νικομάχεια

Texto
Aristóteles

Tradução
Maria Stephania da Costa Flores

Revisão
Agnaldo Alves

Produção editorial e projeto gráfico
Ciranda Cultural

Diagramação
Linea Editora

Design de capa
Ana Dobón

Imagens
Vangelis aragiannis/shutterstock.com

Dados Internacionais de Catalogação na Publicação (CIP) de acordo com ISBD

A717e Aristóteles
Ética a Nicomaco / Aristóteles ; traduzido por Maria Stephania da Costa Flores. - Jandira, SP : Principis, 2021.
256 p. ; 15,5cm x 22,6cm.

Tradução de: Ἠθικὰ Νικομάχεια
ISBN: 978-65-5552-406-2

1. Filosofia. 2. Ética. 3. Aristóteles. I. Flores. Maria Stephania da Costa. II. Título.

2021-903 CDD 100
CDU 1

Elaborado por Odilio Hilario Moreira Junior - CRB-8/9949

Índice para catálogo sistemático:
1. Filosofia 100
2. Filosofia 1

1ª edição em 2021
www.cirandacultural.com.br

SUMÁRIO

NOTA DA TRADUTORA

A presente tradução de *Ética a Nicômaco* – reunião de aulas dadas por Aristóteles em 350 a.C., na cidade-Estado de Atenas, a seus discípulos, entre os quais estava seu filho Nicômaco – baseou-se no original grego encontrado no Portal for the Greek Language and Language Education; na edição bilíngue, grego-inglês, da tradução feita do grego por W. D. Ross; e na tradução efetuada diretamente do grego para o inglês por F. H. Peters.

As notas de rodapé são de autoria da tradutora.

Livro I

Sobre o bem e a finalidade

1

Toda arte e toda ciência, assim como cada ação e cada escolha, parecem ter como objetivo algum bem. Por isso foi dito, com muito acerto, que o bem é aquilo que todos procuram.

Mas observa-se uma diferença entre os resultados. Aquilo que se objetiva é às vezes o exercício de uma capacidade[1], e outras vezes algo que vai mais além do exercício dessa capacidade. E onde existe, além da ação, uma finalidade, o resultado é melhor que o mero exercício da capacidade.

[1] Ικανότητα (*ikanóteta*) no original grego, palavra que em português significa capacidade ou habilidade. A escolha recaiu em capacidade porque, segundo o *Dicionário Houaiss*, uma de suas acepções é "habilidade física ou mental de um indivíduo; aptidão, perícia", mais adequada, em nossa avaliação, ao texto de Aristóteles.

Agora, como há muitos tipos de ação e muitas artes e ciências, segue-se que também há muitos fins. A saúde é a finalidade da medicina; os navios, da construção naval; a vitória, o objetivo da arte da guerra; e a riqueza, a finalidade da economia.

Mas quando muitos desses fins estão subordinados a uma arte ou a uma ciência – como a selaria e as demais tarefas que se ocupam dos apetrechos necessários à arte da equitação, bem como tudo que um soldado faz visando à arte da guerra e assim por diante –, então os fins das artes fundamentais, as artes mestras, são sempre mais desejados do que os das artes subordinadas, porque estas são procuradas por causa daquelas. E isso é igualmente verdade se o fim em vista for o mero exercício de uma capacidade ou algo além dela, como nos exemplos citados acima.

2

Se, então, há alguma finalidade nas coisas que fazemos, e se desejamos essa finalidade por aquilo que ela é, e escolhemos tudo o mais como meio para alcançar essa finalidade – mas não toda finalidade, sem exceção, como meio para alguma outra coisa, pois nesse caso o processo prosseguiria até o infinito[2], de modo que nosso desejo seria vazio e vão –, é muito claro que essa finalidade deve ser o belo e o bem, e em especial o sumo bem. Saber disso não exercerá grande influência em nossa vida?[3] Quando temos um propósito definido, não é mais fácil alcançar o que é certo? Se é assim,

[2] No original grego, το ἄπειρον (*to ápeiron*, o infinito), traduzido por F. H. Peters como *ad infinitum*, expressão em latim que, na lógica filosófica, significa que o argumento usado como prova para alguma afirmação exige outra prova, que por sua vez requer nova prova, e assim sucessivamente, "até o infinito", isto é, sem nunca cessar. Diante da impossibilidade de concluir o raciocínio, que prosseguiria indefinidamente, ele é suspenso, ou seja, interrompe-se a argumentação e o julgamento da questão proposta.

[3] O ponto de interrogação consta das traduções consultadas, mas no original grego não há nada que indique tratar-se de uma questão. Talvez Aristóteles quisesse dizer que o simples conhecimento do belo, do bom e do bem como finalidades das artes e das ciências não fizesse tanta diferença em nosso cotidiano se desacompanhadas da ação capaz de levar à consecução dessas finalidades. Seria uma afirmação, e não uma pergunta – dúvida que o leitor tem o direito de conhecer.

devemos tentar, ao menos em linhas gerais, determinar o que é o bem e de qual das ciências ou capacidades ele é objeto. Tudo indica que o bem pertence à arte dominante, mais autorizada, aquela que é mais verdadeiramente a arte mestra. Essa ciência é a política, pois é ela que determina quais ciências devem ser estudadas em um Estado, quais ciências os cidadãos devem aprender e até que ponto devem aprendê-las; e vemos que se enquadram nisso até mesmo as capacidades mais respeitadas, como a estratégia, a economia, a retórica. Agora, uma vez que a política utiliza as demais ciências, e uma vez que legisla sobre o que devemos fazer e do que devemos nos abster, a finalidade dessa ciência deve incluir as finalidades das outras ciências, de modo que seu fim deva ser o bem da humanidade. Pois ainda que esse fim seja o mesmo para um único homem e para um Estado, o do Estado parece, em todos os aspectos, algo maior e mais completo, seja para a obtenção do bem, seja para sua preservação. Embora seja importante que um único homem atinja esse fim, é melhor e mais divino obtê-lo para uma nação ou para as cidades-Estado. Esses, então, são os fins aos quais nossa investigação visa, uma vez que pertencem à ciência política, em uma das acepções desse termo.

3

Nossa discussão será adequada se tiver tanta clareza quanto o assunto comporta, pois não se deve buscar a precisão de um único modo em todas as situações, mais do que em todos os produtos artesanais. As ações boas e justas que a ciência política investiga admitem muita variedade e oscilação de opiniões, de modo que podem ser consideradas como existentes apenas por convenção e não por natureza. Os bens dão origem a uma instabilidade semelhante porque causam danos a muitas pessoas; pois até agora homens foram destruídos por causa de sua riqueza, e outros por causa de sua coragem. Então, ao tratar de tais assuntos e com tais premissas, devemos nos contentar em indicar a verdade de maneira aproximada e em linhas gerais. E ao falar sobre coisas que são verdadeiras apenas em sua maior parte, e com base em premissas do mesmo tipo, não chegaremos a conclusões melhores. É dentro do mesmo espírito, portanto, que cada proposição deverá ser recebida; pois é próprio do homem educado buscar a precisão, em cada classe de coisas, tanto quanto a natureza do assunto o admite; é evidente que se trata de algo igualmente tolo aceitar o raciocínio provável de um matemático e exigir de um retórico provas científicas.

Cada qual julga bem as coisas que conhece, e destas é um bom juiz. Assim, o homem que foi educado em um assunto é um bom juiz nesse assunto, e o homem que recebeu uma educação completa é um bom juiz no geral. Por isso um jovem não é um bom ouvinte de preleções sobre ciência política, pois é inexperiente em relação aos fatos que ocorrem na vida, e nossas discussões têm como tema esses fatos; além disso, visto que o jovem tende a seguir suas paixões, seu estudo será vão e inútil porque o fim visado por ele não é o conhecimento, mas a ação. E não faz diferença se o indivíduo é jovem em idade ou em caráter; o defeito não depende da idade, mas de seu viver e da busca de objetivos, um depois do outro, a que a paixão o direciona. Para tais pessoas, como para os incontinentes, o conhecimento não lega benefícios; contudo, para aqueles que desejam um princípio racional e agem de acordo com ele, o conhecimento de tais assuntos é de grande valia.

Tomem-se como nosso prefácio essas observações sobre o estudante, o tipo de tratamento esperado e o propósito da nossa investigação.

4

Vamos retomar nossa investigação e procurar estabelecer, tendo em vista que todo conhecimento e toda busca visam a algum bem, quais são os objetivos da ciência política e qual é o maior dos bens que pode ser alcançado pela ação. Há um acordo verbal entre quase todos: tanto o vulgo como os homens cultos afirmam que esse bem é a felicidade, e identificam o bem viver e o bem agir com o ser feliz. Mas diferem no que diz respeito à definição da felicidade; o vulgo não lhe dá o mesmo sentido que lhe dão os sábios. Os primeiros pensam que a felicidade é algo simples e óbvio, como o prazer, a riqueza ou a honra; porém, diferem um do outro, e muitas vezes um mesmo homem a identifica com coisas diferentes: com a saúde quando está doente, com a riqueza quando é pobre. Contudo, cônscios de sua ignorância, admiram aqueles que proclamam algum grande ideal que está acima de sua compreensão. Alguns pensam que, além desses muitos bens, há outro, autossubsistente e a causa da bondade dos demais. Examinar todas as opiniões que têm sido dadas sobre esse assunto talvez seja um tanto infrutífero; basta considerar aquelas que são as mais conhecidas ou aquelas que parecem mais aceitáveis.

Não nos esqueçamos de observar, no entanto, que há uma diferença entre os argumentos advindos dos primeiros princípios e aqueles que se dirigem para eles. E, claro, Platão também estava certo quando levantou essa questão e perguntou, como costumava fazer, "Estamos no caminho que parte dos primeiros princípios ou no caminho que vai até eles?" Há uma diferença nisso, assim como, em uma pista de corrida, existe uma diferença entre o percurso que vai dos juízes até o ponto de retorno e aquele que sai do ponto de retorno, fazendo o caminho de volta. Embora devamos começar com aquilo que nos é conhecido, é preciso lembrar que as coisas são objetos de conhecimento em dois sentidos: alguns, em relação a nós; outros, no sentido estrito da palavra. É presumível, então, que devamos começar pelas coisas conhecidas por nós. Por isso, deve ter sido educado nos bons hábitos o homem que pretenda ouvir com inteligência as preleções sobre o que é nobre e justo, e, em geral, sobre temas de ciência política. Pois o importante é o ponto de partida, e se ele for claro o suficiente para o ouvinte, não será preciso explicar, no início, por que a coisa é como é; o homem que foi bem educado já tem, ou pode facilmente obter, os pontos de partida. Quanto àquele que não os tem, nem é capaz de obtê-los, ouça as palavras de Hesíodo:

Muito bom é aquele que conhece todas as coisas por si mesmo;
Bom, aquele que ouve os homens quando dão bons conselhos;
Mas aquele que não sabe, nem leva a sério a sabedoria de outra pessoa
Esse é uma criatura inútil[4].

5

Retomemos nossa discussão a partir do ponto em que teve início esta digressão. A julgar pela vida que a maioria dos homens leva, incluindo os de tipo mais vulgar, parece que eles (não sem algum fundamento) identificam o bem, ou a felicidade, com o prazer, e por esse motivo amam uma vida de prazeres. Pois existem, podemos dizer, três tipos principais de vida: aquela que acabamos de mencionar; a vida política; e, em terceiro lugar, a vida contemplativa. A massa da humanidade é evidentemente bastante servil em seus gostos, preferindo uma vida que seria adequada aos animais, mas consegue alguma justificativa para sua visão no fato de que muitos daqueles em altas posições partilham os gostos de Sardanápalo[5]. A consideração dos principais tipos de vida mostra que as pessoas muito refinadas e de temperamento ativo identificam a felicidade com a honra; pois a honra é, em resumo, a finalidade da vida política. Isso, porém, parece muito superficial para aquilo que procuramos, pois pensa-se que a honra depende de quem a concede em vez de quem a recebe. O bem

[4] Citação do poeta Hesíodo em sua obra *Os trabalhos e os dias*, traduzida diretamente do grego pela professora Mary de Camargo Neves Lafer e publicada pela primeira vez em 1991 pela editora Iluminuras.

[5] Não se sabe se Sardanapalo, ou Sardanápalo (na pronúncia grega antiga), realmente existiu ou se foi uma criação do médico e historiador grego Ctésias de Cnido (século V a.C.). De acordo com outro grego, o historiador Diodoro Sículo (90-30 a.C.), Sardanápalo foi o último de uma linhagem de 30 reis da Assíria e levava uma vida lasciva. Gostava de se vestir, de falar e de se comportar como as mulheres; passava os dias fiando e costurando. Sua morte, inspiração de pintores como o francês Eugène Delacroix (1798-1863), foi tão extravagante como sua vida: ele mandou acender uma pira, atirar nela suas riquezas, seus servos e suas concubinas. Pereceu ao também jogar-se ao fogo.

que buscamos, no entanto, é algo próprio do homem e não pode ser facilmente tirado dele.

Além disso, os homens parecem perseguir a honra a fim de ter a certeza de que são bons; ao menos é por meio de homens de sabedoria prática que eles procuram ser honrados, e entre aqueles que os conhecem, e no fundamento de sua virtude; então fica claro que, de acordo com eles, a virtude é melhor do que a honra. E talvez possamos até supor que a virtude, e não a honra, seja a finalidade da vida política. Mas mesmo isso parece um pouco incompleto, pois um homem pode ser virtuoso quando está dormindo e parece levar uma vida inativa. Mais ainda, a virtude é compatível com os maiores sofrimentos e infortúnios. A menos que se queira sustentar essa tese a todo custo, ninguém consideraria feliz um homem que está vivendo em sofrimento e infortúnio.

Mas chega disso; o assunto tem sido suficientemente tratado até mesmo nas discussões atuais. Em terceiro lugar vem a vida contemplativa, que consideraremos mais tarde.

Em relação à vida dedicada ao ganho do dinheiro, é realizada sob compulsão, e a riqueza não é, evidentemente, o bem que buscamos; ela é algo útil, apenas, e quem a deseja na verdade ambiciona outra coisa. Por esse motivo, deveriam ser incluídas as finalidades mencionadas anteriormente, uma vez que são amadas por si mesmas.

Mas é evidente que nem mesmo elas são fins, ainda que muitos argumentos tenham sido desperdiçados para apoiá-las. Deixemos de lado esse assunto, então.

6

Talvez seja melhor considerar o bem universal e discutir em profundidade o que se quer dizer com isso, embora tal investigação seja difícil em consequência da relação de amizade que nos liga aos que introduziram as

Formas[6]. Mas talvez fosse considerado nosso dever destruir o que nos toca de perto a fim de manter a verdade, em especial porque somos filósofos ou amantes da sabedoria; pois, embora ambas nos sejam caros, a piedade exige que honremos a verdade acima de nossas amizades.

Os homens que introduziram esta doutrina não postularam Formas de classes dentro das quais reconhecessem prioridade e posterioridade (que é o motivo pelo qual não sustentaram a existência de uma Forma que abrangesse todos os números). O termo "bem", entretanto, é usado tanto na categoria de substância como na de qualidade e de relação, e o que existe por si mesmo, isto é, a substância, é anterior, por natureza, ao relativo (que é, na verdade, como uma derivação e um acidente do ser). Desse modo, não poderia haver uma Ideia comum definida sobre todos esses bens. Além do mais, uma vez que "bem" é uma palavra com tantos sentidos quanto "ser" (pois é predicada tanto na categoria de substância, como deus[7] e razão, quanto na de qualidade, ou seja, das virtudes; e na de quantidade, ou seja, daquilo que é moderado; e na de relação, ou seja, do útil; na de tempo, ou seja, da oportunidade adequada; e na de espaço, ou seja, da localidade apropriada etc.), fica claro que o bem não pode ser algo único e universalmente presente em todos os casos, pois se fosse assim não poderia ser predicado em todas as categorias, mas em apenas uma.

Além disso, desde que das coisas que correspondem a uma Ideia há uma só ciência, haveria uma única ciência de todos os bens; mas existem muitas ciências, até mesmo das coisas incluídas em apenas uma categoria – da oportunidade, por exemplo, pois a oportunidade na guerra é estudada pela estratégia, e na saúde pela medicina, ao passo que a moderação nos

6 Aristóteles se refere a seu mestre Platão, segundo o qual haveria dois mundos: o das Formas ou Ideias, onde estariam as essências dos seres e de qualidades como o Bem e o Belo, modelos perfeitos que o segundo mundo, o das aparências, não era capaz de copiar, provendo apenas seres imperfeitos.

7 A ideia de um deus único, como o egípcio, o persa ou o hebreu, não era compartilhada pelos gregos, tradicionalmente politeístas. Pensadores da antiguidade grega chegaram a conceituar uma força única responsável pela criação e a união de tudo, mas sem relação com o conceito do deus monoteísta. Aristóteles propôs a ideia de um Primeiro Motor Imóvel, responsável por colocar o mundo – composto, segundo o filósofo, por um complexo sistema mecânico – em movimento. Na *Ética a Nicômaco* e em outros textos, ele usa a palavra Θεός (*theós*), que em português é traduzida como "deus", para se referir aos deuses da mitologia grega e não ao deus monoteísta de outros povos da antiguidade. Por isso, preferimos grafar a palavra "deus" em minúscula.

alimentos também é estudada pela medicina, e o exercício pela ciência da ginástica.

E alguém poderia indagar: que querem eles dizer com "uma coisa em si", uma vez que (como é o caso) no "homem em si" e no homem em particular a definição de homem é uma e a mesma? Pois, na medida em que se tratar de "homens", não diferirão em nenhum aspecto; e, se for assim, eles não verão diferença entre o "bem em si" e os bens particulares, na medida em que são bens. Então, o "bem em si" não seria mais "bem" por ser eterno, assim como aquilo que dura muito tempo não é mais branco do que o que perece em um só dia. Os pitagóricos parecem dar uma explicação mais plausível do bem quando colocam o "um" na coluna dos bens; e foram eles que Espeusipo[8] parece ter seguido.

Mas vamos discutir esses assuntos em outra ocasião. Uma objeção ao que acabamos de dizer pode ser reconhecida no fato de que os platônicos não se referem a todos os bens, e que os bens procurados e amados por si mesmos são chamados bons em referência a uma Forma única, ao passo que aqueles que de alguma maneira tendem a produzir ou a preservar estes, ou a prevenir seus contrários, são chamados bons em referência a estes, e em um sentido secundário. Está claro, então, que os bens devem ser considerados em dois sentidos: alguns devem ser bens em si mesmos, e os outros, bens em relação a estes.

Então separemos as coisas boas em si mesmas das coisas úteis, e consideremos se as primeiras são chamadas boas em referência a uma Ideia única. Que tipo de bens alguém chamaria "bens em si mesmos"? Seriam aqueles procurados mesmo quando isolados dos outros, como a inteligência, a visão e certos prazeres e honras? Estes, embora possam ser buscados também em função de outra coisa, seriam colocados entre os bens em si mesmos. Ou não existirá nada diferente da Ideia do bem em si? Nesse caso, a Forma perderá todo o sentido. Mas se as coisas que nomeamos também são boas em si, o conceito de bem terá de ser idêntico em todas

---

[8] O filósofo grego Espeusipo (c. 408-339 a.C.) assumiu a direção da Academia – a escola platônica – depois da morte de Platão, de quem era sobrinho.

elas, como o da brancura é idêntico na neve e no alvaiade. Mas quanto à honra, à sabedoria e ao prazer, os conceitos são distintos e diversos apenas no que diz respeito à bondade. O bem, portanto, não é um elemento comum que corresponda a uma única Ideia.

Mas, então, o que queremos dizer quando nos referimos ao bem? Decerto não nos referimos àquelas coisas que, por casualidade, têm o mesmo nome. Os bens serão um só, por derivarem de um único bem ou por contribuírem para ele, ou serão apenas um por analogia? Certamente, a visão está para o corpo assim como a razão está para a alma, e assim por diante. Mas talvez seja melhor dispensarmos esses assuntos por enquanto; a precisão perfeita sobre eles seria mais apropriada a outro ramo da filosofia[9]. Dá-se o mesmo em relação à Ideia; ainda que haja um bem único, universalmente predicável dos bens ou capaz de existência separada e independente, está claro que não poderia ser alcançado ou realizado pelo homem; mas aqui procuramos algo alcançável. No entanto, alguém poderá pensar ser valioso reconhecê-lo com os olhos voltados aos bens que são atingíveis e realizáveis; assim, utilizando-o como uma espécie de padrão, seria possível conhecer melhor os bens que são bons para nós. E, se os conhecermos, iremos alcançá-los. Este argumento tem uma certa plausibilidade, mas parece entrar em choque com o procedimento adotado nas ciências; afinal, todos elas, embora visem a algum bem e procurem prover sua ausência, deixam de lado o conhecimento do bem.

No entanto, é improvável que todos os expoentes das artes ignorem ajuda tão importante e nem mesmo procurem conhecê-la. Por outro lado, não se entende como um tecelão ou um carpinteiro possa se beneficiar, em relação a seu ofício, com o conhecimento do "bem em si", ou como o homem que considere a Ideia do bem venha a ser, por esse motivo, um melhor médico ou general. Pois um médico parece nem mesmo estudar a saúde dessa perspectiva; considera a saúde do homem, ou melhor, a saúde de um homem particular, uma vez que cura indivíduos. Mas basta desses tópicos.

[9] Aristóteles aborda o tema em sua *Metafísica*.

7

Voltemos mais uma vez ao bem que buscamos e questionemos o que ele realmente é, uma vez que difere nas diversas ações e artes; é diferente na medicina, na estratégia e nas outras artes. Então, que é o bem de cada uma delas? É, certamente, aquilo em função do qual tudo o mais é feito. Na medicina, é a saúde; na estratégia, a vitória; na arquitetura, uma casa – enfim, algo diferente em cada caso. Mas sempre, não importa o que façamos ou escolhamos, há o bem como finalidade, e é em função da finalidade que tudo o mais é feito. Portanto, se existe uma finalidade em tudo que os homens fazem, ela será o bem realizável por meio da ação – e, se houver mais de uma finalidade, estas serão alcançadas também por intermédio da ação.

Desse modo, o argumento, por um caminho diferente, chega ao mesmo ponto; mas devemos afirmar isso com maior clareza. Uma vez que há, evidentemente, mais de uma finalidade, e que escolhemos algumas delas (riqueza, flautas e instrumentos em geral, por exemplo) visando a outra coisa, concluímos que nem todos os fins são absolutos; mas o sumo bem é, evidentemente, absoluto. Dessa maneira, se há apenas um fim absoluto, é ele que procuramos; e se houver mais de um, o mais absoluto deles será aquele que buscamos. Ora, chamamos de mais absoluto aquilo que merece ser procurado por si mesmo do que aquilo que é buscado em função de outra coisa; e aquilo que nunca se deseja em função de outra coisa é mais absoluto do que as coisas que são desejáveis tanto em si mesmas como visando a outras; portanto, chamamos absoluto e incondicional aquilo que é sempre desejável em si mesmo e nunca em função de outra coisa.

A felicidade, mais que tudo, parece corresponder a essa descrição, uma vez que sempre a buscamos por si mesma e nunca como meio para conseguir outra coisa. Escolhemos a honra, o prazer, a razão e todas as virtudes em parte por si mesmas (pois, se nada resultasse delas, ainda assim nós as escolheríamos), em parte visando à felicidade, pois supomos que por meio delas podemos ser felizes. Mas ninguém escolhe a felicidade como meio para alcançar as virtudes ou alguma outra coisa.

Do ponto de vista da autossuficiência, o mesmo resultado parece se seguir, uma vez que o bem absoluto é considerado autossuficiente. Agora, por autossuficiente não queremos dizer aquilo que é suficiente para um homem sozinho, para quem vive uma vida solitária, mas também para os pais, os filhos, a esposa e para os amigos e concidadãos, pois o homem nasce para a cidadania. Devemos, entretanto, definir algum limite, pois se estendermos nossa exigência aos ancestrais e descendentes, e amigos de amigos, teremos uma série infinita, pois o homem é naturalmente um ser social. Vamos examinar esta questão, porém, em outra ocasião; por enquanto definiremos a autossuficiência como aquilo que, isolado, torna a vida desejável, sem que nada mais falte. É assim que entendemos a felicidade.

Além disso, nós a consideramos a mais desejável de todas as coisas, e não como uma coisa boa entre outras – até porque outras coisas podem ser acrescentadas a ela. Se assim fosse, até mesmo a adição do menor dos bens tornaria a felicidade ainda mais desejável, pois o acréscimo resultaria em um excesso de bens, dos quais o maior é sempre mais desejável. A felicidade, então, é algo absoluto e autossuficiente, e é a finalidade da ação.

No entanto, dizer que a felicidade é o sumo bem parece uma vulgaridade, e ainda é preciso explicar com mais clareza o que ela é. Essa explicação talvez pudesse ser dada se primeiro conseguíssemos determinar a função do homem. Pois assim como para um flautista, um escultor ou um artista – e, em geral, para todas as coisas que têm uma função ou uma atividade –, considera-se que o bem e o "bem feito" residem na função, assim também pensa-se em relação ao homem, se ele tem uma função. Então, o carpinteiro e o curtidor têm certas funções ou atividades, e o homem não tem nenhuma? Ele nasceu sem uma função? Ou assim como o olho, a mão, o pé e em geral cada parte do corpo têm, é evidente, uma função própria, pode-se afirmar que o homem, da mesma forma, tem uma função, acima de todas essas. Então, qual será ela?

A vida parece ser comum até mesmo para as plantas, mas neste momento buscamos o que é peculiar ao homem. Excluamos, portanto, a vida de nutrição e crescimento. Há também uma vida de percepção, mas esta parece ser comum até mesmo ao cavalo, ao boi e a cada animal. Resta, então, a vida ativa do elemento que tem um princípio racional, com duas partes ou divisões, ambas racionais: uma, obediente à razão; outra no sentido de possuir e exercer o pensamento. E, como a "vida do elemento racional" tem dois significados, devemos esclarecer que nos referimos à vida no sentido do exercício das capacidades humanas, pois essa parece ser a acepção mais adequada do termo. A função do homem, portanto, é o exercício de suas capacidades vitais (ou alma), de um lado em obediência à razão e de outro lado com o uso da razão.

Mas, de maneira genérica, têm o mesmo sentido aquilo que é considerado como a função de um homem de qualquer profissão e aquilo que se concebe como a função de um homem que é bom em sua profissão. Tomem-se um tocador de lira e um bom tocador de lira, por exemplo. Isso ocorre em todos os casos, sem exceção, mas a diferença é que se acrescenta, no último caso, a excelência superior de seu trabalho. Pois dizemos que a função de um tocador de lira é tocar a lira, e a função de um bom tocador de lira é tocá-la bem.

Assim como a função do homem é um certo tipo de vida – o exercício, balizado pela razão, de suas capacidades e ações variadas –, a função do homem bom é fazer isso bem e de modo belo (ou nobre).

Juntando isso tudo, veremos que o bem do homem é exercer suas capacidades de acordo com a excelência ou virtude, e, se houver mais de uma virtude, com a melhor e mais completa.

Mas são necessários muitos anos para esse exercício, pois, assim como um único perfume e um belo dia não fazem uma primavera, um único dia ou um breve período não fazem um homem venturoso e feliz.

Isso deve ser tomado como um esboço do bem; pois esse, penso eu, é o método apropriado: primeiro esboçar a questão de modo simples, e depois se voltar aos detalhes.

Se o esboço for bem definido, qualquer pessoa será capaz de preenchê-lo e finalizá-lo com os vários itens que o tempo nos revela ou nos ajuda a encontrar. Foi esse o caminho em que as artes e as ciências se desenvolveram; ele não requer nenhum gênio extraordinário para acrescentar o que lhe falta.

Também devemos lembrar o que já foi dito e evitar a precisão em todas as coisas, por igual; basta buscar a precisão que o assunto comporta e que for adequada à investigação.

Pois um carpinteiro e um geômetra investigam o ângulo reto de maneiras diferentes; o primeiro o faz na medida em que o ângulo reto é útil para seu trabalho, ao passo que o segundo indaga o que o ângulo reto é ou que tipo de coisa ele é, pois o geômetra é como um espectador da verdade. Devemos agir da mesma maneira em todas as outras questões para que nossa tarefa principal não se subordine a temas menores. Tampouco devemos exigir a causa em todos os assuntos por igual. Em alguns casos, é suficiente que o fato esteja bem estabelecido, como acontece com os primeiros princípios; o fato é a coisa primária ou primeiro princípio.

Descobrimos alguns dos primeiros princípios por indução, outros por percepção, alguns por hábito e outros ainda de maneiras diversas. Mas devemos investigar cada conjunto de princípios de maneira natural e nos esforçar para expressá-los com exatidão, visto que eles têm uma grande influência sobre o que se segue. Afirma-se que o começo é mais do que a metade do todo e que muitas das perguntas que fazemos são esclarecidas por ele.

8

Devemos considerá-lo, no entanto, não apenas à luz da nossa conclusão e das nossas premissas, mas também do que se costuma dizer a seu respeito; pois com uma opinião verdadeira todos os dados se harmonizam, mas com uma opinião falsa os fatos logo se chocam. Ora, os bens foram divididos em três classes, e alguns são descritos como externos, outros relacionados à alma ou ao corpo. Consideramos como bens verdadeiros aqueles que se relacionam com a alma, e classificamo-nos como ações e atividades psíquicas. Portanto, nossa perspectiva deve ser correta e sólida, pelo menos de acordo com essa antiga visão, aceita pelos filósofos. Nossa posição também está correta no sentido da identificação da finalidade com certas ações e atividades, pois assim ele se inclui entre os bens da alma e não entre os bens externos. Outra crença que se harmoniza com a nossa concepção é que o homem feliz vive bem e se sai bem, pois praticamente definimos a felicidade como uma espécie de boa vida e de boa ação. As características que se buscam na felicidade parecem também pertencer, todas eles, ao que definimos como felicidade. Alguns identificam a felicidade com a virtude, outros com a sabedoria prática, alguns com um tipo de sabedoria filosófica, outros com todas estas, ou com uma destas, acompanhadas ou não de prazer; outros incluem também a prosperidade exterior. Algumas dessas opiniões foram defendidas por muitos homens da antiguidade, ao passo que outras o foram por poucas pessoas eminentes. E é improvável que algumas delas estejam totalmente erradas; devem estar certas em ao menos um aspecto ou até mesmo na maioria dos aspectos.

Também concordam com nossa concepção aqueles que identificam a felicidade com a virtude em geral ou com alguma virtude em particular, porque à virtude pertence a atividade virtuosa. Mas talvez haja uma diferença nada pequena quando colocamos o sumo bem na posse ou no uso, no estado de espírito ou em atividade. Pois o estado de espírito pode existir sem produzir nenhum bom resultado, como em um homem que está dormindo ou que, de alguma outra maneira, permanece inativo. Mas a atividade virtuosa não é assim, pois quem a possui estará necessariamente em ação, e agindo bem. E assim como nos Jogos Olímpicos não são os mais belos e os mais fortes que conquistam a coroa, mas sim aqueles que competem (pois é dentre eles que sairão os vencedores), do mesmo modo os que agem ganham, e com razão, as coisas nobres e boas da vida.

A vida desses indivíduos é agradável em si mesma. Pois o prazer é um estado da alma, e para cada homem é agradável aquilo que ele ama: por exemplo, um cavalo não é apenas agradável ao amante de cavalos, e um espetáculo para o amante de espetáculos, mas também os atos justos são agradáveis ao amante da justiça e, em geral, os atos virtuosos ao amante da virtude. Agora, para a maioria dos homens, os prazeres estão em conflito uns com os outros porque não são agradáveis por natureza, mas os amantes do que é nobre se comprazem em coisas que são agradáveis por natureza; é o caso das ações virtuosas, que não apenas são agradáveis para esses homens, mas também em si mesmas e por sua própria natureza. Desse modo, a vida deles não precisa do prazer como uma espécie de encanto adventício, pois tem o prazer em si mesma. Pois, além do que já afirmamos, o homem que não se alegra com ações nobres nem mesmo é bom; e ninguém chamaria de justo o homem que não gosta de agir com justiça, nem de liberal aquele que não se compraz com ações liberais; e da mesma forma em todos os outros casos. Sendo assim, as ações virtuosas devem ser agradáveis em si mesmas. Elas, porém, também são boas e nobres, e possuem cada um desses atributos no mais alto grau, uma vez que o homem bom sabe julgá-los bem; sua capacidade de julgamento é como a descrevemos.

A felicidade, então, é a melhor, a mais nobre e a mais agradável coisa do mundo, e esses atributos não são separados como na inscrição de Delos:

Das coisas, a mais nobre é a mais justa,
e a melhor é a saúde;
Mas a mais agradável é alcançar aquilo que amamos.

Pois todas essas propriedades pertencem às melhores atividades; e destas, uma – a melhor delas –, identificamos com a felicidade.

No entanto, como dissemos, a felicidade também precisa dos bens externos; pois é impossível, ou não é fácil, realizar atos nobres sem os meios adequados para tanto. Em muitas ações, usamos como instrumentos os amigos, a riqueza e o poder político; e há algumas coisas cuja ausência tira o brilho da felicidade, como a nobreza de nascimento, os bons filhos, a beleza. O homem cuja aparência é muito feia, ou malnascido ou solitário e sem filhos não tem muitas chances de ser feliz, e talvez tivesse ainda menos chances se seus filhos ou amigos fossem maus, ou se a morte lhe houvesse tirado bons filhos ou bons amigos. Como afirmamos, a felicidade parece exigir esse tipo de prosperidade; assim, alguns a identificam com a boa fortuna, embora outros a identifiquem com a virtude.

9

Por esse motivo também se pergunta se a felicidade deve ser adquirida pela aprendizagem, pelo hábito ou por algum outro tipo de treinamento, ou se ela nos é oferecida por algum tipo de providência divina ou pelo acaso. Se os homens recebem alguma dádiva dos deuses, é razoável pensar que a felicidade seja uma delas e, com certeza, entre todas as coisas humanas, esta seria mais certamente uma dádiva divina, uma vez que é a melhor. Mas essa questão talvez fosse mais apropriada em outro tipo de investigação; a felicidade, mesmo que não seja concedida pelos deuses, vem como resultado da virtude ou de algum processo de aprendizagem ou treinamento, e parece estar entre as coisas mais divinas; pois aquilo que conquistamos como prêmio e finalidade da virtude é a melhor coisa do mundo, algo divino e bem-aventurado.

Nesse sentido, a felicidade deve ser partilhada por um grande número de pessoas, pois todo aquele que não esteja mutilado em sua capacidade para a virtude pode conquistá-la por meio de um certo tipo de estudo e cuidado. Mas se é melhor ser feliz desse modo do que sê-lo por acaso, é razoável que os fatos sejam assim, pois tudo aquilo que depende da ação da natureza é, em essência, tão bom quanto poderia ser; também é assim em relação a tudo o que depende da arte ou de alguma causa racional, em especial se está na dependência da melhor de todas as causas. Confiar ao acaso o que existe de maior e mais nobre seria um arranjo muito imperfeito.

A resposta à pergunta que estamos fazendo também é evidente pela definição da felicidade, porque já afirmamos que a consideramos como certo tipo de atividade virtuosa da alma. Dos demais bens, alguns devem necessariamente existir como precondição da felicidade, e outros são naturalmente cooperadores e úteis como instrumentos. Veremos que isso está de acordo com o que dissemos no início, quando declaramos que o objetivo da vida política é o melhor dos fins, e que a ciência política dedica a maior parte de seus esforços para fazer que os cidadãos tenham um caráter bom e sejam capazes de atos nobres.

É natural, então, que não chamemos nem boi, nem cavalo, nem algum outro animal de feliz, porque nenhum deles tem essa capacidade. Também por isso um menino não é feliz, pois, devido à sua idade, ainda não é capaz de tais atos; e os meninos que chamamos felizes estão, na verdade, recebendo os parabéns em razão das esperanças que neles depositamos. Pois é necessária, como dissemos, não apenas a virtude completa, mas também uma existência completa, uma vez que muitas mudanças ocorrem na vida, bem como todo tipo de eventualidades; o mais próspero dos homens pode sofrer grandes infortúnios na velhice, como acontece com Príamo no Ciclo Troiano[10]; e ninguém considera feliz uma pessoa que experimentou tais dificuldades e terminou miseravelmente.

10

Ninguém deve, então, ser considerado feliz enquanto viver. Devemos, como diz Sólon[11], aguardar o fim? Até mesmo se aceitarmos tal doutrina, será que um homem fica feliz depois da morte? Ou não será isso

[10] Príamo foi o rei de Troia durante o Ciclo Troiano, conjunto de mitos que envolveu a guerra de Troia (c. 1194-1184 a.C.). Ele tinha um filho, Páris, que deu início ao conflito ao raptar Helena, esposa de Menelau, rei de Esparta. Exércitos gregos, unidos para resgatá-la, cercaram Troia e acabaram por destruí-la. Não se sabe se a guerra existiu de fato, embora o historiador grego Tucídides (460-400 a.C.) e o matemático e geômetra Eratóstenes (276-194 a.C.), da Biblioteca de Alexandria, tenham afirmado sua existência. A data que apresentamos nesta nota foi calculada por Eratóstenes.

[11] Estadista, legislador e poeta grego, Sólon (c. 638-558 a.C.) promoveu uma reforma política completa em Atenas, tirando da aristocracia o privilégio de governar a cidade e permitindo que os cidadãos mais ricos pudessem assumir o poder. Era um dos Sete Sábios da Grécia.

bastante absurdo, em especial para nós, que afirmamos ser a felicidade uma atividade? No entanto, se não consideramos felizes os mortos, e se nem Sólon se refere a isso – ele quis dizer que somente depois da morte podemos chamar de virtuoso um homem, porque então nada mais poderá atingi-lo, nem males, nem infortúnios –, esse também se torna um bom material para discussão. Pensa-se que o mal e o bem existem tanto para um homem morto como para um homem vivo que deles não tenha consciência, como a honra e a desonra e a boa ou má fortuna dos filhos e dos demais descendentes.

E isso também apresenta um problema, pois, embora um homem tenha vivido feliz até a velhice e sua morte seja digna de sua vida, muitos reveses podem acontecer a seus descendentes. Alguns deles podem ser bons e terão a vida que merecem, ao passo que com outros ocorrerá o contrário; além disso, é evidente, também, que os graus de parentesco entre eles e seus ancestrais podem variar de maneira indefinida. Seria estranho, então, que um homem morto também precisasse viver esses reveses, de modo a ser ora feliz, ora desgraçado. Também seria estranho se a sorte dos descendentes não tivesse nenhum tipo de efeito sobre a felicidade de seus ancestrais.

Mas devemos voltar à nossa primeira dificuldade, pois talvez uma análise mais acurada dela resolva nosso presente problema. Ora, se precisamos ver o fim de alguém para só então declará-lo feliz, teremos um paradoxo evidente: quando um homem é feliz, seus atributos não podem ser considerados verdadeiros porque não desejamos chamar os homens vivos de felizes, em função das mudanças que podem ocorrer com eles e porque já assumimos que a felicidade é algo permanente e que não muda com facilidade, ao passo que cada homem pode sofrer com as muitas voltas da roda da fortuna. Para acompanhar o passo dos seus reveses, é evidente que precisaríamos chamar um mesmo indivíduo de feliz ou de desgraçado, transformando esse indivíduo feliz em um camaleão e dando-lhe uma base insegura. Ou seria um erro acompanhar as vicissitudes do destino de um homem? Na vida, o fracasso ou o sucesso não depende disso; como dissemos, a vida humana precisa das vicissitudes como meros acréscimos, ao passo que as atividades virtuosas ou seus opostos são aquilo que constitui ou a felicidade ou o seu reverso.

A questão que acabamos de discutir confirma nossa definição, pois nenhuma função humana é tão permanente como as atividades virtuosas (consideradas ainda mais duráveis que o conhecimento das ciências), e as mais valiosas delas são as mais duráveis, porque os homens felizes dedicam suas vidas, de maneira contínua e de bom grado, a elas. Esse parece ser o motivo pelo qual não nos esquecemos desses homens.

O atributo em questão, então, pertencerá ao homem feliz, que desfrutará da felicidade ao longo de sua existência porque sempre, ou de preferência a alguma outra coisa, estará engajado na ação virtuosa e na contemplação. E, se for "verdadeiramente bom" e "honesto acima de toda crítica", enfrentará os acasos da vida do modo mais nobre e com o maior decoro.

Não são muitos os eventos que acontecem ao acaso, e eles diferem em importância. Os pequenos acontecimentos de boa sorte, ou seu contrário, não pesam muito na balança da vida, mas um número significativo de grandes eventos, se forem favoráveis, farão a vida mais feliz (pois não são apenas eles, em si mesmos, que acrescentam beleza à existência; também a maneira como um homem lida com esses eventos pode ser nobre e boa). Mas, se os grandes acontecimentos forem ruins, irão esmagar e mutilar a felicidade, uma vez que provocam sofrimento e impedem muitas atividades. Mesmo nesses casos, porém, pode-se observar a nobreza de um homem que aceita, resignado, muitas grandes vicissitudes, não por insensibilidade ao sofrimento, mas pela grandeza e a nobreza de sua alma.

Se, como dissemos, as atividades são aquilo que dá caráter à vida, nenhum homem feliz pode se tornar miserável, uma vez que nunca realizará atos odiosos e vis. O homem que é verdadeiramente bom e sábio, pensamos, aceita todas as contingências da vida e sempre tira o melhor proveito das circunstâncias, assim como um bom general faz o melhor uso militar do exército sob seu comando e um bom sapateiro faz os melhores sapatos do couro que lhe é dado, o que também acontece com outros artesãos. E, se as coisas são assim, o homem feliz nunca poderá se tornar miserável, embora não conquiste a beatitude caso enfrente uma sina como a de Príamo.

Ele tampouco será inconstante e volúvel, porque não será tirado facilmente de seu estado de felicidade por desventuras comuns, mas somente por aquelas que são muitas e grandes; e, se as tiver, não recuperará a felicidade em um breve período, mas em um tempo longo e completo, no qual alcançará muitos e esplêndidos êxitos.

Então, quando diremos que não é feliz aquele que age de acordo com a perfeita virtude e está equipado de maneira suficiente com bens externos, não durante um período ao acaso, mas ao longo de toda uma vida? O futuro, com certeza, nos é obscuro, ao passo que a felicidade, afirmamos, é um fim em todos os sentidos. Desse modo, chamaremos felizes os que, entre os seres humanos vivos, preencham essas condições ou estejam destinados a preenchê-las – são homens felizes. Já discorremos o bastante sobre estas questões.

11

Que a sorte dos descendentes e de todos os amigos de um homem não deve afetar em nada sua felicidade parece uma doutrina cínica e contrária às opiniões que os homens sustentam. Mas, como os acontecimentos são numerosos e admitem todos os tipos de diferenças, sendo que alguns chegam mais perto de nós, e outros nem tanto, parece uma tarefa longa – longa não, infinita – discutir cada um em detalhes; um esboço geral talvez seja suficiente. Como algumas das desventuras de um homem têm certo peso e influência na vida, enquanto outras são, por assim dizer, mais leves, também há diferenças entre as desventuras de nossos amigos tomados em conjunto, assim como existem diferenças sobre se os vários sofrimentos sobrevêm aos vivos ou aos mortos (muito mais do que se atos injustos e terríveis são pressupostos em uma tragédia ou levados ao palco). Essa diferença também deve ser considerada; ou, talvez, o fato de haver dúvidas sobre se os mortos participam de algum bem ou mal. Ao que parece, com base em tudo que acabamos de considerar, se algo, bom ou mau, os atinge, deve ser fraco e insignificante, em si mesmo ou para eles; ou então serão, em grau e em espécie, de um tipo incapaz de tornar feliz quem não está feliz, e incapaz de tirar a bem-aventurança dos virtuosos. A boa ou a má sorte dos amigos parece ter alguns efeitos sobre os mortos, mas de tal espécie e grau que não tornam o feliz infeliz, nem produzem alguma outra mudança semelhante.

12

Respondidas em definitivo essas questões, vamos agora considerar se a felicidade está entre as coisas que são elogiadas, ou melhor, entre as coisas que são valorizadas, pois é evidente que não podemos colocá-la entre as potencialidades. Tudo que é elogiado parece ser de um certo tipo e por estar relacionado de alguma forma a outra coisa. Louvamos o homem justo ou o corajoso e, em geral, tanto o homem bom como a própria virtude por causa das ações e funções envolvidas, e louvamos o homem forte, o bom corredor, e assim por diante, porque são de um certo tipo e estão relacionados, de algum modo, a algo bom e importante. Isso fica claro também nos louvores aos deuses, pois parece absurdo que os deuses devam corresponder aos nossos padrões; mas isso é feito porque o louvor envolve, como dissemos, uma referência a outra coisa. Contudo, se o louvor se aplica a coisas do gênero daquelas que descrevemos, e se é evidente que aquilo que se aplica às melhores coisas não é louvor, mas sim algo maior e melhor, obviamente o que fazemos aos deuses e aos mais divinos dos homens é chamá-los bem-aventurados e felizes. Isso também vale para as coisas boas: ninguém louva a felicidade como louva a justiça, mas antes a chama de bem-aventurada, como algo mais divino e melhor.

Eudoxo[12] também parece estar certo em seu método de defender a supremacia do prazer; ele pensava que o fato de o prazer não ser louvado, embora fosse um bem, indicava ser ele melhor do que as coisas que são louvadas, como os deuses e o bem; pois eles são a referência pela qual todas as outras coisas são julgadas.

O louvor é apropriado à virtude, pois por intermédio dela os homens tendem a realizar ações nobres, mas os encômios[13] são concedidos aos atos, sejam do corpo, sejam da alma. Entretanto, nesses assuntos, talvez a sutileza seja mais própria daqueles que fizeram um estudo sobre os encômios; para nós, o que já foi dito torna óbvio que a felicidade está entre as coisas que são preciosas e perfeitas. Também parece ser assim pelo fato de a felicidade ser um primeiro princípio, pois é por causa dela que todos nós fazemos tudo que fazemos, e o primeiro princípio e causa dos bens é, afirmamos, algo valioso e divino.

13

Visto que a felicidade é uma atividade da alma conforme à virtude perfeita, devemos considerar a natureza da virtude, pois talvez assim possamos entender melhor a natureza da felicidade. O homem verdadeiramente devotado à política tem a reputação de haver estudado a virtude acima de todas as coisas, pois deseja fazer com que seus concidadãos sejam bons e obedientes às leis. Como exemplo disso, temos os legisladores dos cretenses e dos espartanos, e de quaisquer outros, semelhantes, que possam ter existido. E se esta investigação pertence à ciência política, é evidente que estará de acordo com nosso plano original. Mas a virtude que devemos estudar, obviamente, é a virtude humana, pois o bem que

[12] Eudoxo de Cnido (400-337 a.C.), filósofo, médico, matemático e astrônomo grego, foi o primeiro a calcular o ano solar em 365 dias e seis horas, a criar um modelo cosmológico, a contribuir para o cálculo integral e a desvendar diversas propriedades da natureza.

[13] Na Grécia antiga, encômios eram hinos religiosos de louvor aos deuses.

buscamos é o bem humano, assim como a felicidade que procuramos é a felicidade humana. Por virtude humana entendemos não a do corpo, mas a da alma; e a felicidade também consideramos uma atividade da alma. Mas, se assim for, é evidente que o político deve conhecer, de algum modo, aquilo que se refere à alma, assim como o homem que deve curar os olhos ou a totalidade do corpo deve conhecer os olhos ou o corpo; e ainda mais porque a política é mais valorizada e melhor do que a medicina. Mesmo entre os médicos, entretanto, os mais competentes despendem muito trabalho na aquisição de conhecimentos sobre o corpo.

O político, pois, deve estudar a alma, e deve estudá-la tendo em vista os objetivos já mencionados, e deve fazer isso apenas o suficiente para o entendimento das questões que estamos discutindo, pois nossos propósitos não requerem uma investigação mais precisa, que seria, por sinal, mais trabalhosa.

Algumas coisas são ditas sobre isso, de forma bastante adequada, mesmo nas discussões fora de nossa escola, e devemos usá-las agora. Por exemplo: aquela segundo a qual a alma tem um lado irracional e outro racional. Se eles são diferentes como as partes do corpo ou de qualquer coisa divisível, ou se são distintos por definição, mas inseparáveis por natureza, como o convexo e o côncavo na circunferência de um círculo, não interessa à questão que discutimos agora.

Do elemento irracional, uma subdivisão parece estar bastante difundida, e é de natureza vegetativa. Refiro-me àquilo que é causa de nutrição e crescimento, pois é a esse tipo de capacidade da alma que devemos atribuir a todos os lactentes e aos embriões, bem como às criaturas adultas. Isso é mais razoável do que atribuir-lhes alguma capacidade diferente. Agora, a excelência dessa capacidade parece ser comum a todas as espécies e não especificamente à humana, e essa faculdade parece funcionar mais durante o sono, ao passo que a bondade e a maldade são menos manifestas no sono. É daí que vem o ditado de que os felizes não estão em melhor situação do que os desafortunados durante metade de sua vida; e é natural que seja assim, uma vez que o sono é uma inatividade da alma a respeito do que é chamado bom ou mau. A menos, talvez, que em pequena medida alguns dos movimentos dos sentidos realmente penetrem na alma, tornando os sonhos dos homens bons melhores do que os das pessoas comuns. Mas chega deste assunto. Deixemos de lado a faculdade nutritiva, uma vez que ela, por sua natureza, não participa da excelência humana.

Parece haver na alma outro elemento irracional – um elemento que, em certo sentido, participa da razão. Pois louvamos o princípio racional do homem continente e do incontinente, bem como a parte de sua alma que tem tal princípio, uma vez que ele os conduz ao caminho correto e aos melhores objetivos; mas é encontrado neles também outro elemento naturalmente oposto ao princípio racional, em luta contra este e opondo-lhe resistência. Pois, assim como os membros paralisados se voltam para a esquerda quando pretendemos movê-los para a direita, assim também ocorre com a alma; os impulsos das pessoas incontinentes se movem em direções opostas. Mas, no corpo, vemos aquilo que se desvia da direção correta, ao passo que na alma não o fazemos. Sem dúvida, no entanto, devemos supor que na alma também há algo contrário ao princípio racional, resistindo e opondo-se a ele. Em que sentido esse elemento é distinto dos outros não nos interessa. Ele, porém, parece ter uma participação em um princípio racional, como dissemos; de todo modo, no homem continente esse elemento obedece ao princípio racional e, presumivelmente, no homem temperante e corajoso é ainda mais obediente; pois nesses homens ele fala, em relação a todas as coisas, com a mesma voz que o princípio racional.

Portanto, o elemento irracional também parece ser duplo. O elemento vegetativo não participa, de modo algum, do princípio racional, mas o elemento apetitivo e, em geral, o elemento desejante em certo sentido participa dele, na medida em que o escuta e lhe obedece; é nesse sentido que falamos em "levar em consideração as razões" do pai ou dos amigos de alguém, algo muito diferente de ponderar uma razão matemática.

Que o elemento irracional é, em certo sentido, persuadido por um princípio racional, pode-se observar também pelos conselhos, bem como por toda reprovação e exortação que os homens dão e fazem. E se esse elemento também deve ser considerado como tendo um princípio racional, tanto ele como aquilo que é desprovido de razão terão uma natureza dupla. Uma parte terá esse princípio em sentido estrito e em si, e outra o possuirá como tendência de obedecer-lhe como um filho obedece a seu pai.

A virtude também é dividida em espécies, de acordo com essa diferença; pois dizemos que algumas virtudes são intelectuais e outras morais. A sabedoria filosófica, a compreensão e a sabedoria prática incluem-se entre as primeiras, ao passo que nas segundas encontramos a liberalidade e a temperança. Ao falar sobre o caráter de um homem, não dizemos que ele é sábio ou que tem entendimento, mas que é tranquilo ou temperante. Contudo, louvamos também o sábio, quando nos referimos a seus hábitos; destes, quando dignos de louvor, chamamos virtudes.

Livro II

Dos princípios gerais da virtude moral

1

A virtude, como vimos, é de dois tipos, intelectual e moral. E a intelectual, via de regra, deve seu nascimento e seu desenvolvimento à educação. Por esse motivo, exige experiência e tempo. Já a virtude moral (*ethiké*) é adquirida pelo hábito (*ethos*), palavra da qual, com uma pequena modificação, é formado seu nome. Assim, nenhuma das virtudes morais surge em nós por natureza; pois nada que existe por natureza pode criar um hábito contrário à sua própria natureza. Por exemplo, a pedra que por natureza cai ao chão não pode ser habituada a subir, nem mesmo se tentarmos treiná-la para isso, atirando-a para cima dez mil vezes; nem se pode habituar o fogo a dirigir-se para baixo; nem pode outra coisa que por natureza se comporta de uma forma, ser treinada para se comportar de outra. Desse modo, as virtudes não surgem em nós nem por natureza, nem contrariamente à natureza; na verdade, estamos adaptados por natureza para recebê-las, e elas são aperfeiçoadas pelo hábito.

De todas as coisas que chegam até nós por natureza, primeiro adquirimos a potência e mais tarde exteriorizamos os atos. Isso é evidente no caso dos sentidos, pois não é por ver ou ouvir com frequência que adquirimos a visão ou a audição; ao contrário, nós já as possuíamos antes de usá-las; não é por utilizá-las que nos apropriamos delas.

Mas com as virtudes acontece o contrário: nós as adquirimos ao exercitá-las, como também ocorre no caso das artes. Quanto às coisas que precisamos aprender antes de poder realizá-las, nós as aprendemos na ação de fazê-las. Por exemplo, homens se tornam arquitetos ao construir, e tocadores de lira aprendem a manusear o instrumento ao praticar a execução de músicas. Dessa mesma maneira, nós nos tornamos justos ao praticar atos justos, moderados quando praticamos atos moderados, bravos com a prática de atos de bravura.

Isso é confirmado por aquilo que acontece nos Estados: os legisladores tornam bons os cidadãos ao inspirar-lhes bons hábitos. Esse é o propósito de todo legislador, e aqueles que não o realizam tornam falho o desempenho de sua missão. É nisso que encontramos a diferença entre as boas e as más constituições.

Pelas mesmas causas e pelos mesmos meios a virtude é produzida e destruída, assim como acontece com toda arte; é tocando a lira que surgem tanto os bons quanto os maus tocadores. Isso é verdadeiro também para os arquitetos e todos os demais; os homens serão bons ou maus arquitetos como resultado de sua prática, boa ou má. Se não fosse assim, não haveria necessidade de mestres; todos os homens teriam nascido bons ou maus em seus ofícios. Esse também é o caso das virtudes: ao praticar atos em nossa relação com outros homens, nós nos tornamos justos ou injustos, e nosso comportamento diante da presença do perigo, bem como pelo hábito de sentir medo ou autoconfiança, nos torna corajosos ou covardes. O mesmo se aplica aos apetites e aos sentimentos de raiva: alguns homens se tornam temperantes e serenos, outros autoindulgentes e irascíveis, conforme se comportam de um modo ou de outro em circunstâncias iguais. Assim, em uma palavra, as diferenças de caráter surgem de atividades semelhantes. Por isso é necessário dar atenção aos atos que praticamos, pois é deles que podemos avaliar as diferenças de caráter. Desse modo, é muito importante formar hábitos de um tipo ou de outro desde a nossa juventude. Isso faz uma grande diferença, ou melhor, toda a diferença.

2

Uma vez que a presente investigação não visa ao conhecimento teórico, como as outras (pois não estamos questionando o que é a virtude, mas de que precisamos para nos tornar bons, porque de outra maneira nossa investigação seria inútil), devemos examinar a natureza dos atos, isto é, como devemos praticá-los; afinal, como já dissemos, eles determinam também a natureza dos estados de caráter que produzem. Que devemos agir de acordo com a regra certa é um princípio comumente aceito e o assumiremos. Nós nos ocuparemos dele mais tarde: examinaremos o que é a regra justa e como ela se relaciona com as outras virtudes. Mas há algo que deve ser assentado de antemão: o tratamento dessas questões sobre a conduta será feito em linhas gerais e não de modo preciso. Como dissemos no início, as explicações que procuramos devem estar de acordo com os assuntos correspondentes. Os temas relacionados à conduta e o exame daquilo que é bom para nós não tem mais fixidez do que as questões de saúde. Por ser essa a natureza da explicação geral, a dos casos particulares será ainda mais carente de exatidão, uma vez que estes não se enquadram em nenhuma arte e em nenhum preceito. Os próprios agentes devem, em cada caso, considerar o que é apropriado para a ocasião, como acontece também na arte da medicina ou da navegação.

Mas, embora nosso presente tratado seja dessa natureza, devemos oferecer tanta ajuda quanto for possível.

Assim, vamos considerar, primeiro, que é da natureza de tais coisas a destruição, por falta ou por excesso, como observamos no caso da força e da saúde (para obter alguma luz sobre coisas imperceptíveis, devemos nos servir da evidência das coisas sensíveis). Tanto a deficiência quanto o excesso de exercício destroem a força e, da mesma forma, beber ou comer acima ou abaixo de certos limites destrói a saúde, ao passo que, ao contrário, a saúde é produzida, reforçada e aumentada quando se tomam as proporções corretas.

Assim também acontece no caso da temperança, da coragem e de outras virtudes. O homem que tudo teme e de tudo foge, sem enfrentar nada, transforma-se em um covarde; já aquele que não teme absolutamente nada e vai de encontro a todos os perigos, torna-se imprudente; do mesmo modo, o homem que se entrega a todos os prazeres e não se abstém de nenhum torna-se permissivo, ao passo que o indivíduo que evita todos os prazeres, como os rústicos, torna-se de certo modo insensível. A temperança e a coragem, portanto, são destruídas pelo excesso e pela carência, e preservadas pelo comedimento.

Mas não são apenas as fontes e as causas de sua origem e crescimento as mesmas de sua destruição; também é a mesma a esfera de sua atualização. Isso também é verdade para as coisas que são mais evidentes aos sentidos, como a força; ela é produzida quando se ingere grande quantidade de alimentos e quando se submete a muito esforço físico. E o mais capaz de fazer isso é o homem forte. O mesmo acontece com as virtudes; ao nos abstermos dos prazeres, tornamo-nos temperantes, e com isso somos mais capazes de evitá-los. Também é esse o caso da coragem: quando nos habituamos a desprezar coisas que são terríveis, permanecendo firmes contra elas, nós nos tornamos corajosos, e é quando conquistamos a coragem que somos mais capazes de enfrentar tais coisas.

3

Devemos tomar como um sinal significativo do caráter o prazer ou a dor que acompanham os atos de um homem. Aquele que se abstém de prazeres corporais e se satisfaz com isso é temperante, ao passo que aquele que se irrita com essa abstenção é tolerante consigo mesmo, enquanto os que permanecem firmes contra coisas que são terríveis e deliciam-se, ou ao menos não sofrem com isso, são corajosos; já o homem que sofre é um covarde. A excelência moral ocupa-se com prazeres e dores; é por causa do prazer que fazemos coisas más, e é por causa da dor que nos abstemos de atos nobres. Portanto, desde a nossa juventude deveríamos ter sido educados de determinado modo, como diz Platão[14], para desfrutar e sofrer com as coisas que nos causam deleite ou sofrimento; essa é a educação certa.

Se as virtudes estão relacionadas com ações e paixões, e cada paixão e cada ação é acompanhada de prazer ou de dor, também por esse motivo a virtude se relacionará com prazeres e dores. Indicativo disso é o fato de a punição ser infligida por esses meios, pois ela é uma espécie de cura, e é da natureza das curas efetuar-se pelos contrários.

Como dissemos há pouco, cada estado da alma tem uma natureza relativa, interessada nas coisas que possam levá-la a ser pior ou melhor; mas é por causa dos prazeres e dos sofrimentos que os homens se tornam maus, perseguindo os primeiros e evitando os segundos – tanto os prazeres como os sofrimentos que eles não deveriam procurar, do modo e no momento em que não deveriam fazê-lo, além de errar em uma das outras alternativas semelhantes que podem ser distinguidas.

Portanto, muitos homens até definem as virtudes como certos estados de impassividade e descanso; não de maneira acertada, no entanto, porque eles se manifestam de modo absoluto, sem dizer "como se deve", "como não se deve" e "quando se deve ou não se deve", além das demais condições que podem ser adicionadas. Nós admitimos, então, que esse tipo de excelência tende a fazer o que é melhor em relação aos prazeres e aos sofrimentos, e o vício faz o contrário.

Os fatos a seguir também podem nos mostrar que a virtude e o vício se relacionam com essas mesmas coisas. Havendo três objetos de escolha e três de rejeição – o nobre, o vantajoso e o agradável, e seus contrários,

---

[14] Ver *Leis*, 653 ss, e *A república*, 401-2. Nota originalmente citada nas várias edições de *Ética a Nicômaco* publicadas pela editora Abril Cultural e, mais tarde, pela Nova Cultural.

o vil, o prejudicial e o doloroso –, quanto a todos eles o homem bom tende a agir certo e o homem mau a agir errado, principalmente no que diz respeito ao prazer. Na verdade, este último, além de ser comum aos animais, também acompanha todos os objetos de escolha; pois até mesmo o nobre e o vantajoso aparecem como prazerosos.

Acontece que o agradável e o doloroso cresceram conosco desde a infância, e por isso é difícil conter essas paixões, enraizadas que estão em nossa vida.

Alguns mais e outros menos, medimos nossas ações pela regra do prazer e da dor. Por esse motivo, toda a nossa investigação deve girar em torno dela, uma vez que o prazer e a dor que sentimos, legítimos ou ilegítimos, têm influência não pequena em nossas ações.

E é mais difícil lutar contra o prazer do que contra a raiva, para usar a frase de Heráclito[15], mas tanto a arte quanto a virtude estão sempre ocupadas com o que é mais difícil, que pode até tornar melhores as coisas boas.

Portanto, também por essa razão tanto a virtude como a ciência política giram sempre ao redor de prazeres e dores. O homem que os utilizar bem será bom, e quem os usar mal será mau.

A virtude, como vimos, está assentada em prazeres e dores, e, pelos mesmos atos dos quais surge, tanto pode ser aumentada como – caso esses atos sejam praticados de maneira diferente – destruída. Os atos dos quais a virtude surge são os mesmos em que ela se atualiza – e que isso seja tomado como dito.

4

Alguém poderia perguntar a que nos referimos quando declaramos que devemos nos tornar justos praticando atos justos e temperantes; pois

[15] Heráclito de Éfeso (540-470 a.C.) foi um dos principais filósofos pré-socráticos. Rompeu com o pensamento filosófico de sua época ao afirmar que todas as coisas mudam o tempo todo e que o movimento é o que caracteriza a natureza. De sua obra restaram apenas alguns fragmentos.

se os homens realizam atos justos e temperantes, é porque já são justos e temperantes, exatamente como se, ao fazer o que está de acordo com as regras da gramática e da música, eles já fossem gramáticos e músicos.

Ou isso não será verdade nem mesmo para as artes? É possível fazer algo que esteja de acordo com as leis da gramática, quer por acaso, quer por sugestão de outrem. Portanto, um homem será gramático apenas quando fizer algo pertencente à gramática, e o fizer gramaticalmente; isso significa fazê-lo de acordo com os conhecimentos gramaticais que ele possui.

Acontece que o caso das artes e o das virtudes não são semelhantes, pois os produtos das artes contam com uma bondade própria, e para isso basta que tenham um certo caráter; mas se os atos que estão de acordo com as virtudes têm determinado caráter, não segue que sejam praticados com justiça ou temperança. É necessário que o agente esteja em uma determinada condição ao praticar seus atos. Em primeiro lugar, deve ter conhecimento do que faz; em segundo lugar, deve escolher os atos, e escolhê-los por eles mesmos; e em terceiro lugar, sua ação deve proceder de um caráter firme e imutável. Estas não são consideradas condições para a posse das artes, com exceção do conhecimento básico; mas o conhecimento, como condição para a posse das virtudes, tem pouco ou nenhum peso, ao passo que as outras condições – aquelas que resultam da prática constante de atos justos e temperantes – são tudo.

As ações, então, são chamadas justas e temperantes quando são como aquelas que o homem justo ou temperante pratica; contudo, não é temperante o homem que as pratica, e sim aquele que as pratica como o fazem os homens justos e temperantes. É bem certo, então, afirmar que é pela prática de atos justos que se forma o homem justo, e é com atos temperantes que o homem se torna temperante; sem essa prática, ninguém teria nem sequer a perspectiva de tornar-se bom.

Mas a maioria das pessoas não faz isso. Refugia-se na teoria e pensa que está sendo filósofa e que se tornará boa dessa forma, comportando-se quase como os pacientes que ouvem com atenção os seus médicos, mas não fazem nenhuma das coisas que eles prescrevem. Assim como a saúde de tais pacientes não vai se restabelecer com esse tipo de atitude diante do tratamento, a alma dos teóricos não se tornará melhor com tal curso de filosofia.

5

Em seguida, devemos considerar o que é a virtude. Uma vez que as coisas encontradas na alma são de três tipos – paixões, capacidades, estados de caráter –, a virtude deve pertencer a uma delas. Por paixões entendo os apetites, a raiva, o medo, a confiança, a inveja, a alegria, a amizade, o ódio, a saudade, a emulação, a compaixão e, em geral, os sentimentos acompanhados de prazer ou dor. Por capacidades entendo as coisas em vista das quais somos capazes de sentir os apetites – de ficar com raiva ou sofrer ou sentir pena. Por estados de caráter entendo as coisas que nos levam a ficar bem ou mal em relação às paixões; com referência à raiva, por exemplo, ficamos mal se a sentimos de forma violenta ou muito fraca, e bem se a sentimos de maneira moderada; e da mesma forma com referência às outras paixões.

Ora, nem as virtudes nem os vícios são paixões, porque não somos chamados bons ou maus por causa de nossas paixões, mas em função de nossas virtudes e de nossos vícios, e porque não somos nem elogiados nem criticados devido a nossas paixões (o homem que sente medo ou raiva não é elogiado, nem é censurado aquele que simplesmente sente ira, salvo se a ira se manifesta de certa maneira), mas recebemos elogios ou censuras por nossas virtudes e por nossos vícios.

A raiva e o medo não dependem de nossa escolha, mas as virtudes são modalidades da escolha ou a envolvem. Além disso, em relação às paixões diz-se que somos movidos, mas em relação às virtudes e aos vícios não se diz que somos movidos, mas que nossa disposição é de uma maneira particular.

Por essas razões as virtudes tampouco são capacidades, pois ninguém nos considera como bons ou maus, nem nos elogia nem censura pela simples capacidade de sentir as paixões. Possuímos nossas capacidades por natureza, mas não nos tornamos bons ou maus por natureza; falamos sobre isso antes.

Se, então, as virtudes não são nem paixões nem capacidades, elas só podem ser estados ou disposições de caráter.

Assim, demonstramos o que é a virtude em relação a seu gênero.

6

É insuficiente, no entanto, definir a virtude como um estado ou uma disposição de caráter; é preciso também dizer que tipo de estado ela é. Podemos observar, então, que cada virtude ou excelência colocam em boas condições a coisa de que são a excelência, além de fazer com que a função dessa coisa seja bem executada. A excelência do olho, por exemplo, torna bons os olhos e sua função, pois a excelência do olho nos leva a ver bem. Do mesmo modo, a excelência do cavalo o torna bom em si mesmo e bom na corrida, e bom ao carregar seu cavaleiro e a esperar com firmeza o ataque do inimigo. Portanto, se isso for verdade em todos os casos, a virtude do homem também será o estado de caráter que o torna bom e o que o leva a desempenhar bem a sua função.

Já dissemos como isso acontece, mas a explicação será mais clara pela seguinte consideração sobre a natureza específica da virtude. Em tudo que é contínuo e divisível existe a possibilidade de tomar-se maior, menor ou de uma quantidade igual, e isso em relação à coisa em si ou relativamente a nós; e o igual é o meio-termo entre o excesso e a falta. Por meio-termo no objeto entendo o que é equidistante de cada um dos dois extremos, e que é um e o mesmo para todos os homens; por meio-termo relativamente a nós entendo o que não é nem muito nem pouco – e este tipo de meio-termo não é somente um nem o mesmo para todos. Por exemplo, se dez é demais e dois é pouco, seis é o meio-termo, tomado em função do objeto, pois excede e é excedido em igual quantidade; esse número é intermediário, de acordo com uma proporção aritmética. Mas o meio-termo relativamente a nós não deve ser tomado dessa maneira; se dez libras são demais para uma determinada pessoa comer, e duas libras é muito pouco, não se segue que o treinador pedirá seis libras, pois isso talvez seja demais para a pessoa que irá comer, ou muito pouco – muito pouco para Milo e demasiado para o atleta iniciante. O mesmo é verdade para a corrida e a luta livre. Assim, um mestre em qualquer arte evita excessos e faltas, mas busca o meio-termo e o escolhe – não o meio-termo no objeto, mas relativamente a nós.

Se é assim, então, que toda arte execute bem o seu trabalho – tendo como base o meio-termo e julgando suas obras por esse padrão. Por esse motivo costumamos dizer, das boas obras de arte, que não é possível tirar nem acrescentar nada, implicando que o excesso e a falta destroem a excelência dessas obras, ao passo que o meio-termo a preserva; os bons artistas, como dissemos, levam isso em consideração em seu trabalho. E se, além disso, a virtude é mais exata e melhor do que qualquer arte, como a natureza também é, então a virtude deve ter o atributo de mirar o meio-termo. Estou me referindo à virtude moral, uma vez que é ela que se ocupa das paixões e ações nas quais há excesso, falta e meio-termo. Por exemplo, o medo, a confiança, o apetite, a raiva, a compaixão e, em geral, o prazer e a dor podem ser sentidos tanto em excesso quanto de modo insuficiente, e em ambos os casos isso é um mal. Entretanto, senti-los nos momentos apropriados, com referência aos objetos adequados, para com as pessoas certas, pelo motivo certo e da maneira certa, tudo isso forma o meio-termo e a excelência característicos da virtude. Do mesmo modo, com relação às ações, também há o excesso, a falta e o meio-termo. A virtude diz respeito às paixões e ações em que o excesso é uma forma de fracasso, assim como a falta, ao passo que o meio-termo é uma forma de êxito, sendo elogiado; receber elogios e obter êxito são características da virtude. Portanto, a virtude é uma espécie de comedimento, uma vez que, como vimos, visa ao meio-termo.

Contudo, é possível falhar de muitas maneiras (pois o mal pertence à classe do ilimitado e o bem à do limitado, como conjecturaram os pitagóricos), embora somente exista um modo de acertar. Por isso, errar é fácil e acertar é difícil. É fácil errar o alvo; difícil é atingi-lo. Também por essas razões, o excesso e a falta são característicos do vício, e o comedimento, da virtude.

Pois os homens são bons apenas em um aspecto, mas maus em muitos.

A virtude, então, é uma disposição ou estado de caráter relacionada com a escolha e que consiste no comedimento, ou seja, no meio-termo em relação a nós, sendo este determinado por um princípio racional próprio do homem possuidor de sabedoria prática. Trata-se de um meio-termo entre dois vícios, um relacionado ao excesso e outro relacionado à falta; e é meio-termo porque os vícios ficam aquém ou excedem o que é certo em relação às paixões e às ações, ao passo que a virtude encontra e escolhe o meio-termo. Desse modo, quanto à sua substância e à definição que afirma sua essência, a virtude é comedimento, moderação; em relação ao sumo bem e ao mais justo, no entanto, trata-se de um extremo.

Mas nem toda ação, nem toda paixão admitem um meio-termo. Algumas têm nomes que já implicam maldade, como o despeito, o descaramento, o despudor, a inveja e, no caso das ações, o adultério, o furto, o assassinato. Todas essas coisas, e outras, semelhantes, têm em seus nomes a prova de que são más em si mesmas, e não o seu excesso ou a sua deficiência. Não é possível haver nelas retidão, e sim, exclusivamente, o erro. Em relação a essas coisas, nem a bondade, nem a maldade dependem de cometer adultério com a mulher certa, na hora e na ocasião adequadas; mas simplesmente fazer alguma dessas coisas já é um mal.

Seria igualmente absurdo, então, esperar que em atos injustos, covardes e voluptuosos deve haver excesso, deficiência ou meio-termo, porque assim haveria um meio-termo do excesso e da deficiência, um excesso do excesso e uma deficiência da deficiência. Mas como não há excesso nem deficiência de temperança e de coragem – porque o que é intermediário também é, em outro sentido, um extremo –, assim também das ações que mencionamos não existe meio-termo, nem excesso, nem carência, pois, não importa como sejam praticadas, são más. Resumindo, não há meio-termo do excesso ou da falta, assim como não existem nem excesso, nem falta de meio-termo.

7

Devemos, no entanto, não nos satisfazer com esta demonstração geral, mas também aplicá-la aos fatos individuais. Entre as proposições sobre a conduta, as universais aplicam-se mais amplamente, porém são vazias, ao passo que as particulares são mais genuínas, uma vez que a conduta está relacionada com casos individuais. Nossas proposições devem harmonizar-se, nesses casos, com os fatos.

Nós podemos pinçar esses casos de nosso quadro geral. No que diz respeito aos sentimentos de medo e de confiança, a coragem é o meio-termo; das pessoas que se excedem, aquele que se excede no destemor não tem nome (muitos dos estados não o têm), enquanto o homem que se excede na confiança é temerário, e aquele que se excede no medo e perde a confiança é covarde. No que diz respeito aos prazeres e às dores – não todos, e menos em relação às dores –, o meio-termo é a temperança e o excesso, a intemperança.

Pessoas deficientes em relação aos prazeres não são encontradas com frequência, e por esse motivo tais pessoas também não receberam nenhum nome. Mas vamos chamá-las "insensíveis".

Com relação a dar e receber dinheiro, o meio-termo é a liberalidade, o excesso é a prodigalidade e a deficiência, a mesquinhez. Nessas ações as pessoas se excedem e são deficientes de maneiras contrárias; o pródigo se excede em gastos e fica aquém no receber, ao passo que o homem médio se excede em receber e é deficiente nos gastos. (No momento estamos dando um mero esboço ou resumo, e nos contentamos com isso; depois estes estados serão definidos de modo mais preciso.) Ainda em relação ao dinheiro, há também outras disposições - um meio-termo, a magnificência (o homem magnífico distingue-se do homem liberal; o primeiro lida com grandes somas, este último com pequenos valores); um excesso, o mau gosto e a vulgaridade; e uma deficiência, a mesquinhez; estes diferem dos estados opostos à liberalidade, e mais tarde explicaremos o porquê.

Em relação à honra e à desonra, o meio-termo é o orgulho adequado; o excesso é conhecido como uma espécie de "vaidade vazia", e a deficiência, como uma humildade indevida. Como dissemos, a liberalidade está relacionada à magnificência, diferindo desta por lidar com pequenas quantias. Isso também se encontra aqui, uma vez que existe um estado que tem pontos em comum com o orgulho adequado, ou justo orgulho, mas ocupa-se com pequenas honras, ao passo que a este interessam somente as grandes honras. Pois é possível desejar a honra como se deve, mais do que se deve e menos do que se deve; o homem que se excede em seus desejos é chamado ambicioso, aquele que fica aquém, de desambicioso, e a pessoa intermediária não tem nome. As disposições ou estados tampouco têm nome, exceto a do homem ambicioso, que se chama ambição.

Como consequência, as pessoas que estão nos extremos reivindicam o posto intermediário; e nós mesmos às vezes as chamamos ambiciosas e às vezes desambiciosas; e ora elogiamos as primeiras, ora as segundas. A razão disso será explicada mais tarde. Agora vamos falar dos demais estados ou disposições, de acordo com o método indicado.

Com relação à raiva também há um excesso, uma deficiência e um meio-termo. Não existem nomes para esses estados, embora chamemos a pessoa intermediária de calma, mesmo nome que damos ao meio-termo. Das pessoas que se encontram nos extremos, chamemos irascível àquela que se excede, e irascibilidade ao seu vício; já o homem que fica aquém da justa medida ou meio-termo chamemos pacato, e pacatez à sua deficiência.

Existem três outros meios-termos, que diferem entre si, embora apresentem certa semelhança. Os três dizem respeito à troca de palavras e ações, mas diferem no que segue: um se relaciona com a verdade nessa troca, e os outros dois com o que é agradável; destes últimos, um prefere a agradabilidade da diversão, ao passo que outro a deseja em todas as circunstâncias da vida.

Devemos, portanto, falar também destes dois, para melhor entender que em todas as coisas o meio-termo é digno de elogio, e os extremos nem são louváveis nem justos, mas dignos de censura. A maioria desses estados também não tem nome, mas devemos tentar inventá-los para que a nossa explicação seja clara e fácil de seguir. Com relação à verdade, o intermediário é a pessoa verdadeira e o meio-termo pode ser chamado de veracidade, enquanto a pretensão que exagera é a arrogância e a pessoa caracterizada por tal vicio é arrogante; aquilo que subestima é a falsa modéstia, e a pessoa caracterizada por essa deficiência é falsamente modesta. No que diz respeito à gentileza de proporcionar divertimento, a pessoa intermediária é espirituosa e ao meio-termo chamamos espírito; o excesso é a bufonaria e a pessoa caracterizada por esse excesso, um bufão; o homem que apresenta deficiência nisso é uma espécie de rústico e seu estado é a rusticidade.

Analisemos, por fim, o terceiro tipo de agradabilidade, aquele que se manifesta na vida em geral. No que diz respeito ao homem que sabe agradar a todos da maneira certa, tem o nome de amável, e o meio-termo, de amabilidade, enquanto o que excede os limites é obsequioso caso não tenha em vista algum propósito, e um adulador se pensa em sua própria vantagem; já aquele a quem falta a amabilidade e é desagradável em todas as circunstâncias não passa de um tipo mal-humorado e briguento.

Existem meios-termos também nas paixões e em relação a elas; a vergonha não é uma virtude, e ainda assim os elogios são dirigidos aos modestos. Pois mesmo nessas questões um homem é considerado intermediário e outro se excede, como o tímido, que tem vergonha de tudo; já aquele que fica aquém do meio-termo ou não tem vergonha de nada é um desavergonhado, e a pessoa intermediária é modesta. A justa indignação é o meio-termo entre a inveja e o despeito, e esses estados referem-se à dor e ao prazer, que são sentidos quando é observada a boa ou a má fortuna de nossos semelhantes. O homem que se caracteriza pela justa indignação sofre com a má fortuna imerecida; já o invejoso vai além: sofre com a boa fortuna alheia; o despeitado, por sua vez, vai muito longe da dor e chega até mesmo a se alegrar. Mas teremos a oportunidade de descrever esses estados em outro lugar.

No que diz respeito à justiça, uma vez que não tem um significado simples, iremos, após descrever os outros estados, diferenciar seus dois tipos e diremos como cada um deles é um meio-termo; da mesma maneira, trataremos também das virtudes racionais.

8

Existem três tipos de disposição: duas delas são vícios, envolvendo excesso e deficiência, respectivamente, e uma é virtude, ou seja, meio-termo. O significativo é que, em certo sentido, cada uma delas se opõe às outras duas, pois as disposições extremas são contrárias tanto ao meio-termo como ao outro extremo, e o meio-termo é contrário aos dois extremos. Como o igual é maior relativamente ao menor, e menor relativamente ao maior, então os estados intermediários são excessivos em relação às deficiências, e deficientes em relação aos excessos, tanto nas paixões quanto nas ações. O homem valente parece temerário relativamente ao covarde, e covarde em relação ao temerário; da mesma maneira, o homem temperante parece voluptuoso relativamente ao insensível, e insensível em relação ao voluptuoso, e o liberal parece pródigo se comparado ao avaro, e avaro em comparação com o pródigo. Por isso as pessoas que se encontram nos extremos empurram uma para a outra a intermediária, e o homem bravo é chamado temerário pelo covarde, e covarde pelo temerário. Isso acontece também nos outros casos.

Sendo esses estados opostos um ao outro, a maior contrariedade é aquela observada entre os extremos, e não destes para o meio-termo, pois os extremos estão mais distantes um do outro do que do meio-termo, do mesmo modo como uma grande quantidade está mais longe de outra, pequena, e pequena quando comparada a uma quantidade ainda maior;

por isso as disposições moderadas se excedem quando comparadas com as deficientes, e se tornam deficientes se comparadas com as disposições excessivas, tanto no sentimento como nas ações. O homem corajoso, por exemplo, parece temerário comparado com o covarde, e covarde comparativamente ao temerário; de modo similar, o homem temperante parece pródigo em comparação com o insensível, e insensível quando comparado com o pródigo. Já o liberal parece pródigo em relação ao mesquinho, e mesquinho relativamente ao pródigo.

E assim os caracteres extremos tentam deslocar o intermediário, e cada qual o representa como se estivesse se dirigindo para o extremo oposto; o covarde chamando o corajoso de temerário, o temerário chamando-o covarde e assim por diante, neste e em outros casos.

Mas enquanto o meio-termo e os extremos se opõem uns aos outros, os segundos são ainda mais contrários entre si do que em relação ao meio-termo, pois se encontram mais distantes um do outro do que do meio-termo, assim como aquilo que é maior do que uma dada magnitude está mais longe dela do que aquilo que é menor, e o que é menor está mais distante do que é maior; mas tanto o maior como o menor são iguais, em distância, em relação à magnitude dada.

Às vezes, um extremo, quando comparado com a disposição intermediária, tem uma espécie de semelhança com ela, como a imprudência com a coragem, ou a prodigalidade com a liberalidade; mas entre os extremos existe a maior dissimilaridade possível.

Os contrários são definidos como as coisas que estão mais distantes umas das outras, de modo que as coisas mais afastadas entre si são mais contrárias.

O mais contrário ao meio-termo às vezes é a deficiência, outras vezes o excesso. Por exemplo, não é a temeridade que representa um excesso, mas a covardia, uma deficiência, que mais se opõe à coragem. Em relação à intemperança, que é um excesso, aquilo que mais se lhe opõe é a temperança. Isso acontece por dois motivos, um dos quais se encontra na própria coisa: porque um extremo está mais perto do meio-termo e assemelha-se mais a ele, não opomos ao meio-termo tal extremo, mas sim o seu contrário. Por exemplo, uma vez que a temeridade é considerada mais similar à coragem e mais próxima desta, e a covardia é mais contrária à coragem, é este último extremo que opomos ao meio-termo, uma vez que as coisas mais distantes do meio-termo são consideradas como mais contrárias a ele. Esta, então, é a causa inerente à própria coisa. A outra está em nós mesmos, pois aquilo ao que mais tendemos mais por natureza nos parece mais contrário ao meio-termo. Por exemplo, nós tendemos mais naturalmente aos prazeres, e, portanto, somos mais facilmente levados à intemperança do que à contenção. Por isso dizemos ser mais contrários ao meio-termo os extremos que nos arrastam com mais frequência; e por esse motivo a intemperança, que é um excesso, é ainda mais contrária à temperança.

9

Esclarecemos o bastante que a virtude moral é um meio-termo e em que sentido é assim; esclarecemos também que ela é um meio-termo entre dois vícios, um dos quais envolve o excesso e outro, a deficiência, pois sua natureza é visar ao que é intermediário nas paixões e nas ações.

Em consequência, ser bom não é uma tarefa fácil, pois encontrar o meio-termo em todas as coisas é difícil. Por exemplo, encontrar o meio de um círculo não é para qualquer um, mas apenas para quem sabe fazê-lo; da mesma maneira, qualquer pessoa pode sentir raiva – isso é fácil – ou dar ou gastar dinheiro; mas fazer isso para a pessoa certa, na medida certa, no momento certo, pelo motivo certo e da maneira certa, isso também não é para qualquer um, nem é fácil; portanto, a bondade é rara e louvável e nobre.

Portanto, aquele que visa ao meio-termo deve primeiro afastar-se daquilo que for mais contrário a ele, como Calipso aconselha:

Segure o navio além das ondas e do spray/da espuma.

Pois dos extremos um é mais errôneo e outro, menos. Portanto, uma vez que atingir o meio-termo é difícil ao máximo, devemos, como um segundo melhor, como dizem as pessoas, levar o menor dos males; e isso será feito da maneira que descrevemos. Mas devemos considerar as coisas para as quais nós somos facilmente levados; alguns de nós tendem para uma coisa, alguns para outra; e isso será reconhecível pelo prazer e a dor que sentimos. Devemos nos arrastar para longe do extremo contrário; pois precisamos entrar no estado intermediário afastando-nos do erro, como as pessoas fazem ao endireitar palitos que estão tortos.

É necessário evitar tudo que seja agradável ou que proporcione prazer, pois nosso julgamento acerca disso não é imparcial. Devemos, então, sentir pelo prazer aquilo que os mais velhos sentiam por Helena e em todas as circunstâncias repetir o que eles diziam; pois se rejeitarmos o prazer teremos probabilidades menores de nos perder. É fazendo isso, então (para resumir o assunto), que seremos mais capazes de atingir o meio-termo.

Mas isso é difícil, sem dúvida, em especial nos casos individuais. Afinal, não é fácil determinar como, com quem, sobre que tipo de provocação e por quanto tempo alguém deve ficar com raiva. Nós às vezes elogiamos aqueles que ficam aquém do meio-termo e os chamamos bem-humorados, mas às vezes louvamos os que sentem raiva e os chamamos viris. Entretanto, o homem que se desvia pouco da bondade não é censurado se o faz na direção do mais ou do menos; merece censura apenas aquele que se desvia mais amplamente, pois ele não deixa de ser notado. Mas até que ponto e em que medida um homem deve se desviar antes de se tornar censurável, não é fácil determinar pelo raciocínio, mais do que qualquer outra coisa que seja percebida pelos sentidos. Tais coisas dependem dos fatos particulares, e a decisão depende da percepção. Em muito, evidentemente, o estado intermediário, em todas as coisas, é elogiado, mas devemos nos inclinar ora para o excesso, ora para a deficiência, pois assim iremos atingir com mais facilidade o meio-termo e o que é certo.

LIVRO III

A VONTADE

1

Uma vez que a virtude relaciona-se com paixões e ações, e às paixões e ações voluntárias dispensam-se elogios e acusações, ao passo que às involuntárias atribui-se o perdão e às vezes também a piedade, distinguir o voluntário e o involuntário torna-se necessário para aqueles que estudam a natureza da virtude e para os legisladores, no que concerne à distribuição tanto de honras como de punições. São consideradas involuntárias as coisas que ocorrem sob compulsão ou devido à ignorância; e é compulsório ou forçado aquilo cujo princípio motor está fora de nós, para o qual nada contribui a pessoa que age ou sente a paixão. Por exemplo, se essa pessoa fosse levada a algum lugar pelo vento ou por homens que a tivessem em seu poder.

Mas, em relação às coisas feitas por medo de males maiores ou por algum objetivo nobre (por exemplo, se um tirano mandasse alguém fazer algo vil, tendo se apoderado dos pais e filhos desse alguém, que nesse caso praticaria a ação a fim de salvar seus familiares da morte), pode-se debater se tais ações são involuntárias ou voluntárias. Algo desse tipo também acontece com relação ao lançamento de mercadorias ao mar durante uma tempestade; pois, em teoria, nenhum homem sensato jogaria fora, de maneira voluntária, tais mercadorias, senão com a condição de garantir a própria segurança e a de sua tripulação. Tais atos, então, são mistos, porém assemelham-se mais aos atos voluntários por serem escolhidos no momento em que se realizam e por sua finalidade ser relativa à ocasião. Ambos os termos, "voluntário" e "involuntário", portanto, devem ser usados com referência ao momento da ação. O homem age voluntariamente, pois nele se encontra o princípio que move as partes apropriadas do corpo em tais ações. Depende de nós, então, fazer ou não fazer as coisas cujo princípio motor está em nós. Essas ações, portanto, são voluntárias, mas em abstrato talvez sejam involuntárias, pois ninguém as escolheria por si mesmas.

Por tais ações os homens às vezes são até elogiados, quando suportam algo vil ou doloroso em troca de grandes e nobres objetivos; caso contrário, são censurados, uma vez que suportam as maiores indignidades sem nenhum fim nobre ou para objetivos insignificantes. Isso é próprio dos homens inferiores. Algumas ações, porém, não merecem louvor mas perdão, como no caso de alguém fazer o que não deve sob uma pressão que ultrapasse o que a natureza humana pode suportar. Mas alguns atos, talvez, ninguém pode nos obrigar a praticar, e é preferível enfrentar a morte após os mais terríveis sofrimentos. Os motivos que "forçaram" Alcmêon, de Eurípides, a matar a própria mãe nos parecem absurdos. Às vezes, é difícil determinar o que deve ser escolhido, e a que custo, bem como o que deve ser suportado em troca de qual vantagem; ainda mais difícil é cumprir nossas decisões, pois, via de regra, o que se espera é doloroso e o que somos forçados a fazer é vil, donde elogio e censura serem concedidos àqueles que foram ou não compelidos a agir.

Que tipo de atos, então, devem ser chamados forçados?

Respondemos a isso sem ressalvas: as ações são forçadas quando a causa está nas circunstâncias externas a nós, isto é, quando o agente em nada contribui para a decisão de realizá-las. Em relação às coisas que em si mesmas são involuntárias, mas que, no momento em que acontecem e em troca de vantagens, são escolhidas pelo agente, no qual se encontra o princípio motor, são em si mesmas, como assinalamos, involuntárias, mas no momento em que acontecem e em troca de vantagens tornam-se voluntárias. E são mais semelhantes aos atos voluntários, pois as ações ocorrem nos casos particulares, nos quais os atos são voluntários.

Que tipos de coisas devem ser escolhidas e em troca de quê? Não é fácil determinar, uma vez que existem muitas diferenças entre os casos particulares.

Mas se alguém dissesse que as coisas agradáveis e nobres têm um poder compulsório, porque nos forçam a partir de fora, todos os atos seriam, para esse alguém, obrigatórios; pois é essa a motivação de tudo que os homens fazem. Aqueles que agem sob compulsão e a contragosto fazem-no com dor, mas os que praticam atos por satisfação própria ou por aquilo que eles têm de nobre fazem-no com prazer. É um absurdo responsabilizar as circunstâncias externas e não a si mesmo, julgando-se facilmente capturado por tais atrativos, e declarar-se responsável por atos nobres enquanto se lança a culpa por atos vis sobre os objetos agradáveis. O compulsório, então, parece ser aquilo cujo princípio motor está do lado de fora, e a pessoa compelida a agir não contribui com nada.

Tudo que é feito por ignorância não é voluntário; apenas o que produz dor e arrependimento é involuntário. O homem que fez algo devido à ignorância, e não sente ao menos irritação com seu ato, não agiu voluntariamente, uma vez que não sabia o que fazia; tampouco agiu de modo involuntário, uma vez que isso não lhe causa sofrimento. Desse modo, das pessoas que agem por ignorância, aquelas que se arrependem são consideradas agentes involuntários, e as que não se arrependem podem ser consideradas agentes não voluntários, porque diferem das primeiras; em função dessa diferença, devem ter um nome distinto.

Agir *por* ignorância também parece diferir de agir *na* ignorância; pois o homem que está bêbado ou com raiva diz-se que age não como resultado da ignorância, mas de uma das causas mencionadas, sem consciência do que faz, mas *na* ignorância.

Todo homem perverso ignora o que deve fazer e do que deve abster-se, e é por um erro desse tipo que os homens se tornam injustos e, em geral, maus. Mas o termo "involuntário" não tende a ser usado se um homem ignora o que lhe traz vantagem, pois não é um propósito equivocado que causa a ação involuntária (isso levaria, antes, à maldade), nem a ignorância do universal (pela qual os homens seriam censurados), mas a ignorância dos detalhes, ou seja, das circunstâncias da ação e dos objetos com os quais ela se relaciona. É para esses, justamente, que se concedem a piedade e o perdão, pois quem ignora essas coisas age de maneira involuntária. Talvez convenha, portanto, determinar a natureza e o número desses atos. Um homem pode ignorar quem é, o que está fazendo, sobre que coisas ou pessoas está agindo, e às vezes, também, qual instrumento usa e com que finalidade (por exemplo, ele pode pensar que seu ato vai conduzir à segurança de alguém), e o modo como age (se suave ou violentamente). Nenhuma dessas coisas um homem pode ignorar, a menos que esteja louco; evidentemente, também não pode ignorar o agente, pois como poderia não se reconhecer? Mas é impossível que ele ignore o que está fazendo. Por exemplo, um homem pode ser ignorante no sentido de as pessoas dizerem, dele, "escapou de sua boca sem querer", ou "ele não sabia que era segredo", como Ésquilo disse dos mistérios. Ou pode acontecer como aquele homem que disparou a catapulta e depois desculpou-se, argumentando que somente queria mostrar o funcionamento do artefato e que ele disparara sozinho. Também é possível alguém confundir seu filho com um inimigo, como aconteceu com Mérope, ou pensar que uma lança pontiaguda tinha a ponta protegida, ou que uma pedra era pedra-pomes; ou alguém pode dar a um homem uma poção para curá-lo e, em vez disso, matá-lo; ou se pode ferir um adversário quando se deseja simplesmente tocá-lo, como ocorre no pugilato. A ignorância pode relacionar-se, então, a qualquer uma dessas coisas, ou seja, das circunstâncias do ato, e do homem que ignorava qualquer uma delas diz-se ter agido involuntariamente, em especial se ele ignorava os pontos mais importantes, os quais, na opinião geral, são as circunstâncias e a finalidade do ato. Além disso, a prática de um ato considerado involuntário em virtude de uma ignorância desse tipo deve provocar dor e arrependimento.

Uma vez que tudo o que é feito sob compulsão ou por ignorância é involuntário, o voluntário parece ser aquilo cujo princípio motor está no próprio agente, desde que esteja ciente das circunstâncias particulares do seu ato. Presume-se que os atos praticados sob o impulso da raiva ou do apetite não recebam a qualificação de involuntários. Pois em primeiro lugar, se o fossem, nenhum dos outros animais agiria voluntariamente, nem as crianças; e, em segundo lugar, significaria que não praticamos de maneira voluntária nenhum dos atos devido ao apetite ou à raiva, ou que praticamos voluntariamente os atos nobres e involuntariamente os vis. Não é isso um absurdo, quando a causa é uma e a mesma? Seria estranho denominar involuntárias as coisas que desejamos; e é certo que devemos sentir raiva de certas coisas e ter apetite para outras, como a saúde e a aprendizagem. Além disso, o involuntário é considerado doloroso, mas o que está de acordo com o apetite é considerado agradável. E qual é a diferença, em relação à involuntariedade, entre os erros cometidos friamente e aqueles cometidos com raiva? Ambos devem ser evitados, mas as paixões irracionais não são consideradas menos humanas do que a razão e, portanto, também são humanas as ações que procedem da raiva ou vêm do homem. Seria estranho, então, tratá-las como involuntárias.

2

Tendo sido delimitados o voluntário e o involuntário, devemos proceder agora à investigação da escolha, pois as pessoas discriminadoras pensam que ela está mais intimamente ligada à virtude do que às ações.

A escolha parece ser voluntária, mas é algo diferente. O voluntário tem uma extensão mais ampla. As crianças e os animais inferiores participam da ação voluntária, mas não da escolha; e, embora chamemos voluntários os atos praticados sob o impulso do momento, não os consideramos como escolhidos.

Aqueles que identificam a escolha com o apetite ou a raiva ou o desejo ou um tipo de opinião não parecem estar certos. Pois a escolha não é comum às criaturas irracionais, como o são o apetite e a raiva. Além disso, o homem incontinente age com o apetite, mas não com a escolha; já o homem continente, ao contrário, age segundo o que escolhe, mas não segundo seu apetite. Mais do que isso, há contrariedade entre o apetite e a escolha, mas isso não acontece entre apetite e apetite. O apetite relaciona-se com o agradável e o doloroso, ao passo que a escolha não se liga nem com o doloroso, nem com o agradável.

A escolha também não se relaciona com a raiva, uma vez que os atos inspirados pela raiva não são considerados objeto de escolha, e ainda menos do que quaisquer outros objetos.

Ela tampouco é desejo, embora pareça perto disso; a escolha não pode relacionar-se com coisas impossíveis, e se alguém dissesse que as escolheu, seria considerado tolo. Mas pode haver um desejo impossível, como o da imortalidade. E o desejo pode se relacionar com coisas que não poderiam de maneira alguma ser conquistadas por meio de nossos esforços, como desejar que um determinado ator ou atleta vença uma competição. Ninguém escolhe essas coisas, mas apenas aquelas que podem ser alcançadas por esforço próprio. O desejo se relaciona mais com o fim, e a escolha, com os meios. Por exemplo, desejamos ser saudáveis e escolhemos os atos que nos levam a uma vida sadia; desejamos ser felizes, declaramos isso mas não podemos dizer que *escolhemos* a felicidade, pois, em geral, a escolha parece relacionar-se com as coisas que estão em nosso poder.

Também por esse motivo, não se pode pensar que a escolha seja uma opinião; a opinião relaciona-se com todo tipo de coisas, não menos com as eternas e as impossíveis do que com as que estão em nosso poder; além disso, a opinião se distingue por sua falsidade ou por sua verdade, não pela maldade ou a bondade, ao passo que a escolha se caracteriza exatamente por estas duas últimas coisas.

Mais ainda: ninguém dirá que a escolha se identifica com a opinião geral. Aqui, acrescentaremos que ela não é idêntica a nenhum tipo de opinião. Escolher o que é bom ou mau mostra que somos homens de um certo caráter, e isso nada tem a ver com possuir certas opiniões. Mais: escolhemos obter ou evitar algo bom ou ruim, mas temos opiniões sobre o que seja uma coisa, para quem ela é boa e por que é assim. Dificilmente podemos dizer que opinamos para obter ou evitar o que quer que seja. E a escolha é elogiada por estar relacionada a um objeto correto, e não por relacionar-se de modo conveniente com ele. Já a opinião recebe elogios quando tem uma relação verdadeira com seu objeto. Por outro lado, escolhemos o que sabemos ser melhor, mas opinamos sobre o que não sabemos bem; e não são as mesmas pessoas que pensam fazer as melhores escolhas e ter as melhores opiniões; de algumas se diz que têm ótimas opiniões, contudo possuem um vício qualquer que as impede de fazer boas escolhas. Não importa que a opinião preceda a escolha ou a acompanhe, pois não é isso que estamos investigando; examinamos, sim, se a escolha é idêntica a algum tipo de opinião.

O que, então, ou que tipo de coisa ela é, uma vez que não se relaciona com nenhuma das coisas que mencionamos até aqui? A escolha parece ser voluntária, mas nem tudo que é voluntário parece ser objeto de escolha. Ela é, então, aquilo que foi decidido por alguma deliberação anterior? De todo modo, a escolha envolve um princípio racional. Até o nome parece sugerir que ela é aquilo que foi escolhido antes de outras coisas.

3

Nós deliberamos sobre tudo, mas será que é possível deliberar sobre todas as coisas? Ou é impossível deliberar sobre algumas delas?

É presumível que não devemos chamar objetos de deliberação o que um tolo ou um louco escolheria, mas sobre o que um homem sensato deliberaria. Contudo, sobre coisas eternas ninguém delibera, como o universo material ou a incomensurabilidade da diagonal e o lado de um quadrado. Tampouco deliberamos sobre as coisas que envolvem movimento mas que sempre acontecem da mesma maneira, seja por necessidade, seja por natureza, seja por alguma outra causa, como os solstícios e o surgimento das estrelas; nem sobre coisas que acontecem ora de um modo, ora de outro, como as secas e as chuvas; nem sobre os eventos do acaso, como a descoberta de um tesouro. Não deliberamos nem mesmo sobre todos os assuntos humanos. Por exemplo, nenhum espartano delibera sobre qual seria a melhor constituição para os citas. Nenhuma dessas coisas pode ser alcançada por nossos próprios esforços.

Deliberamos sobre coisas que estão em nosso poder e que podem ser feitas; e isso é na verdade o que resta. As causas podem ser por natureza, por necessidade e ao acaso; acrescentemos também a razão e tudo aquilo que depende do homem. Todo agrupamento humano delibera sobre as coisas que podem ser feitas com seus próprios esforços. E no caso das ciências exatas e independentes não há deliberação, nem nas letras do alfabeto (pois não temos dúvidas de como devem ser escritas); mas as coisa que são realizadas com nossos próprios esforços, mas nem sempre do mesmo modo, são aquelas sobre as quais deliberamos, como as questões de tratamento médico ou do comércio. E deliberamos ainda mais no caso da navegação do que no da ginástica, visto que a primeira está longe de ser exata. Isso também acontece com as outras coisas, porém mais em relação às artes do que quanto às ciências, pois aquelas nos suscitam mais dúvidas. Deliberamos também sobre as coisas que acontecem de certa maneira, mas que têm um resultado obscuro ou indeterminado.

Chamamos outras pessoas para nos ajudar na deliberação sobre questões importantes, por desconfiar de nossa capacidade de decidir. E não deliberamos a respeito dos fins, mas sim dos meios. Um médico, por exemplo, não delibera se vai curar ou não, nem um orador se será capaz de persuadir, nem um estadista se conseguirá implantar as leis e a ordem pública, nem algum outro delibera sobre sua finalidade. Estabelecem o objetivo e consideram como e por quais meios deve ser alcançado; e se esse objetivo parece poder ser atingido por vários meios, buscam o mais simples e eficaz; se o meio for apenas um, consideram como o objetivo será alcançado por ele, e por quais outros meios isso será alcançado até que cheguem à causa primeira, que na ordem da descoberta é o último. Pois quem delibera parece investigar e analisar da maneira que descrevemos, como se analisasse uma construção geométrica (nem toda investigação parece ser deliberação, e disso são exemplos as investigações matemáticas, mas toda deliberação é investigação), e o que vem por último na ordem da análise parece ser o primeiro na ordem da produção. E se chegarmos a uma impossibilidade, desistimos da procura: por exemplo, quando precisamos de dinheiro e ele não pode ser obtido. Entretanto, se algo parece possível, nós tentamos fazê-lo. Por coisas "possíveis" entendo aquelas que podem ser realizadas por nossos esforços; e isso inclui, em certo sentido, as coisas que podem ser conseguidas pelos esforços de nossos amigos, uma vez que o princípio motor está em nós.

Os objetos da investigação são, em certas ocasiões, os instrumentos, e em outras o uso deles; e de maneira similar nos outros casos: às vezes os meios, às vezes o modo de usá-los ou de produzi-los. Parece, então, como já foi dito, que o homem é um princípio motor de ações; a deliberação acontece sobre as coisas a ser feitas pelo próprio agente, e as ações são realizadas tendo em vista outras coisas que não elas mesmas. Pois o fim não pode ser objeto de deliberação, mas apenas os meios; nem mesmo podem sê-lo os fatos particulares. Um exemplo: se determinada coisa é um pão ou se foi assado da maneira correta, pois essas são questões ligadas à percepção. Se decidíssemos deliberar sempre, teríamos de prosseguir até o infinito.

Deliberamos e escolhemos a mesma coisa, exceto se o objeto da escolha já está determinado, uma vez que aquilo que decidimos em decorrência da deliberação é o objeto da escolha. Pois cada um cessa de perguntar como deve agir quando leva o princípio motor de volta para si e para a parte dominante de si, pois é essa parte a responsável pela escolha. Isso fica claro também quando analisamos as antigas constituições, como nos mostra Homero: os reis anunciavam suas escolhas ao povo. Sendo o objeto da escolha algo que está a nosso alcance e que é desejado após deliberação, a escolha será o desejo deliberado de coisas que estão a nosso alcance; quando nossas decisões são resultado de deliberação, desejamos de acordo com o que deliberamos.

Consideremos, então, que descrevemos em linhas gerais a escolha, a natureza de seus objetos e o fato de que ela diz respeito aos meios.

4

Que o desejo tem por objeto o fim, já o demonstramos; alguns pensam que é tal fim é o bem, outros pensam que é o bem aparente. Aqueles que consideram o bem como objeto de desejo devem admitir, como consequência de sua premissa, que a coisa desejada pelo homem que não escolhe direito não é um objeto de desejo (pois, se fosse assim, deveria ser boa também; mas pode ser uma coisa má); já aqueles para os quais o objeto de desejo é o bem aparente devem admitir que não há objeto natural de desejo; o homem deseja apenas o que lhe parece bom. Coisas diferentes e até contrárias parecem boas para pessoas diferentes.

Se essas consequências são desagradáveis, devemos dizer que em absoluto, e em verdade, o bem é o objeto de desejo, mas para cada pessoa o é o bem aparente; aquilo que na verdade é um objeto de desejo, o é para o homem bom, e para o homem mau esse objeto de desejo pode ser qualquer coisa, assim como, no caso dos corpos, as coisas saudáveis de verdade o são para os corpos que estão em boas condições, enquanto, para os corpos enfermos, outras coisas são saudáveis, ou amargas, ou doces, ou quentes, ou pesadas, e assim por diante; uma vez que o homem bom julga cada classe de coisas corretamente, e em cada uma a verdade lhe aparece? Cada disposição de caráter tem ideias próprias acerca do nobre e do agradável, e talvez a maior diferença entre o homem bom e os demais seja perceber a verdade em cada classe de coisas, como se fosse delas, por assim dizer, a norma e a medida. Na maioria dos casos o erro parece ser devido ao prazer, que parece bom quando não é. Portanto, escolhemos o agradável como um bem, e evitamos a dor como um mal.

5

Sendo o fim aquilo que desejamos, e o meio o que deliberamos e escolhemos, as ações relativas ao meio devem estar de acordo com nossa escolha e ser voluntárias. O exercício das virtudes, por sua vez, está relacionado aos meios. Portanto, a virtude também está em nosso poder, assim como o vício; uma vez que está em nosso poder o agir, também está em nosso poder o não agir, e vice-versa; assim, quando temos o poder de agir, e quando isso for nobre, também estará em nosso poder o não agir, quando isso for vil. Por isso, depende de nós a prática de atos nobres ou de atos vis; e se é isso que se considera ser bom ou ser mau, então está em nosso poder ser virtuoso ou vicioso.

O aforismo segundo o qual "ninguém é voluntariamente mau nem involuntariamente feliz" parece ser em parte falso e em parte verdadeiro, pois ninguém é involuntariamente feliz, mas a maldade é voluntária. Ou então teremos de contestar o que acabamos de dizer, e negar que o homem seja o princípio motor e o progenitor de suas ações, como o é de seus filhos. Mas se esses fatos são evidentes e não podemos referir nossas ações a princípios motores que não estão em nós, os atos cujos princípios motores se encontram em nós também devem estar em nosso poder e ser voluntários.

Tal fato parece ser confirmado tanto por indivíduos em sua vida privada como pelos legisladores, que punem e castigam aqueles que praticam atos perversos (a menos que tenham agido sob pressão ou como resultado de uma ignorância pela qual não são responsáveis), e honram aqueles que praticam atos nobres, como se pretendessem encorajar estes últimos e conter os primeiros. Mas ninguém é encorajado a fazer coisas que não estejam em seu poder nem que sejam voluntárias; presume-se, então, que não haja vantagem em ser persuadido a não sentir calor, fome, dor e outras sensações do tipo, uma vez que as iremos experimentar.

Na verdade, pune-se um homem por sua ignorância quando é considerado responsável por ela, como as penas duplicadas nos casos de embriaguez; pois o princípio motor está no próprio homem, uma vez que ele tem o poder de não se embriagar, e o fato de embebedar-se foi resultado de sua ignorância. Punem-se também aqueles que ignoram as regras prescritas pelas leis, algo que todos deveriam conhecer, e não é difícil fazê-lo; do mesmo modo, nos casos em que os homens são considerados ignorantes por descuido; presumimos que está em seu poder não ignorar, uma vez que deles dependem os próprios cuidados.

Mas talvez alguns homens não sejam do tipo capaz de cuidar-se. Estes são responsáveis por suas vidas negligentes; tornam-se responsáveis por serem injustos ou intemperantes; no primeiro caso, trapaceando e, no outro, gastando seu tempo em orgias e coisas do gênero; pois são as atividades exercidas sobre objetos particulares que formam o caráter correspondente. Isso fica claro no caso das pessoas que treinam para alguma competição ou para uma ação; elas praticam a atividade com frequência. É característica dos homens insensatos ignorar que é pelo exercício de atividades sobre objetos particulares que se afirmam as disposições de caráter. É igualmente irracional supor que um homem que age injustamente não deseja ser injusto, ou que aquele que vai atrás de prazeres não age com intemperança. Mas se um homem, sem ser ignorante, fizer as coisas que o tornarão injusto, será injusto voluntariamente. Disso não se segue que, se ele quiser, deixará de ser injusto e passará a ser justo; nem mesmo o homem doente pode se curar desse modo. Podemos supor o caso de alguém que esteja doente de maneira voluntária, por viver na incontinência e desobedecer a seus médicos. Nesse caso, dependia dele, a princípio, não estar doente, mas acontece o contrário porque ele desperdiçou sua chance de ser saudável, assim como um homem não recupera uma pedra depois de atirá-la. Mas estava em seu poder não lançá-la, uma vez que o princípio motor se encontrava nele. Isso também ocorre com o injusto e o intemperante: deles dependia, a princípio, não ser assim. Portanto, foi por vontade própria que se tornaram injustos e intemperantes; e, agora que são assim, não lhes é possível ser de outro modo.

No entanto, não são voluntários apenas os vícios da alma; os do corpo também o são para alguns homens, aos quais censuramos precisamente por isso. Ninguém censura, porém, aqueles que são feios por natureza; censuramos aqueles que o são por falta de exercício e de cuidado. O mesmo ocorre com a fraqueza e a invalidez; ninguém censuraria um homem cego de nascença, por doença ou como resultado de algum golpe, mas ele seria criticado caso houvesse se tornado cego em consequência da embriaguez ou de alguma outra forma de intemperança.

Dos vícios do corpo, então, aqueles que dependem de nós são censurados, e aqueles que não estão em nosso poder não o são. E se é assim, também nos outros casos os vícios que recebem censura devem depender de nós.

Alguém poderia alegar que todos os homens desejam o bem aparente, mas não têm nenhum controle sobre a aparência, e que o fim se mostra a cada qual sob uma forma correspondente ao seu caráter. Nós respondemos que se cada homem é de alguma maneira responsável por seu estado de ânimo, também será, de certo modo, responsável pela aparência; se não fosse assim, ninguém seria responsável por seus atos maus; cada um os praticaria por ignorância do fim, acreditando que com isso conseguiria o que é melhor. Visar ao fim não depende de nossa escolha. É preciso nascer com uma sensibilidade, por assim dizer, para julgar de modo certo e escolher o que é verdadeiramente bom. Aquele que é bem dotado pela natureza tem essa sensibilidade. Isso é o que existe de maior e mais nobre, e não podemos obtê-lo ou aprender com outra pessoa; nós a possuímos desde sempre, pois nos foi dada no nascimento. Ser bem e nobremente dotado dessa qualidade corresponde à perfeição; trata-se da verdadeira excelência dos dotes naturais. Se isso é verdade, como a virtude seria mais voluntária do que o vício? Para ambos os homens, o bom e o mau, o fim aparece do modo como é fixado pela natureza ou pelo que quer que seja, e todos os homens agem tendo-o como referência.

Se, então, não é por natureza que o fim se mostra para cada homem, algo também depende dele; seja o fim natural, mas porque o homem bom adota de maneira voluntária os meios, a virtude é voluntária, e o vício também o será, pois no homem mau está igualmente presente, em suas ações, aquilo que depende dele mesmo que não o seja na escolha de um fim. Se, como afirmamos, as virtudes são voluntárias (pois somos de alguma forma parcialmente responsáveis por nossos estados de caráter, e é por sermos pessoas de um certo tipo que concebemos o fim de tal ou qual maneira), os vícios também serão voluntários, pois o mesmo se aplica a eles.

No que diz respeito às virtudes em geral, esboçamos seu gênero demonstrando que são meios e estados de caráter, e que tendem, por sua própria natureza, a agir de modo a produzi-los; dependem de nós, são voluntárias e agem de acordo com as prescrições da regra justa. Mas as ações e os estados de caráter não são voluntários da mesma maneira, pois do início ao fim somos senhores de nossos atos se conhecermos as circunstâncias. Contudo, embora controlemos o surgimento de nossos estados de caráter, o desenvolvimento gradual não é mais óbvio do que na doença; no entanto, porque estava em nosso poder agir ou não agir de um modo ou de outro, os estados são voluntários.

Examinemos agora as várias virtudes e observemos quais são, com que tipo de coisas se relacionam e como se relacionam com elas; ao mesmo tempo, veremos quantas são.

Em primeiro lugar, vamos falar da coragem.

6

Já demonstramos que a coragem é um meio-termo no que diz respeito aos sentimentos do medo e da confiança. É evidente que tememos as coisas terríveis, e estas nós qualificamos como males. Por esse motivo algumas pessoas definem o medo como a expectativa de algum mal. Tememos todos os males, como a desgraça, a pobreza, a doença, a falta de amigos, a morte, mas o homem corajoso não se preocupa com todos eles. Temer algumas coisas é até justo e nobre, e é vil não receá-las. A desgraça, por exemplo: aquele que a teme é bom e modesto, e quem não a teme é desavergonhado. Alguns, porém, consideram corajoso um homem assim, por uma transferência do significado da palavra, uma vez que o corajoso também é destemido.

Talvez não devêssemos temer a pobreza e a doença, tampouco os males não procedentes do vício e que não dependem de nós. Mas nem mesmo é corajoso o homem que não os teme. No entanto, aplicamos a palavra também a ele em virtude de uma semelhança, pois alguns que são covardes nos perigos da guerra mostram-se liberais e corajosos diante da perda de dinheiro. Tampouco é covarde aquele que receia os insultos à sua esposa e a seus filhos, ou a inveja ou qualquer coisa do tipo; nem é bravo se demonstra coragem quando está prestes a ser açoitado. Com que espécie de coisas terríveis, então, está relacionada a bravura? Certamente com as maiores, pois ninguém é mais capaz do que o homem corajoso para suportar aquilo que atormenta as pessoas comuns. A morte é a mais terrível de todas as coisas, pois é o fim, e acredita-se que para os mortos nada há de bom ou mau. A morte, porém, tampouco parece relacionada à bravura em todas as circunstâncias, como no mar ou na doença. Em que circunstâncias, então? Certamente nas mais nobres, como as que ocorrem nas batalhas, uma vez que elas se verificam diante dos maiores e mais nobres perigos. Por esse motivo, tais mortes são homenageadas nas cidades-Estados e nas cortes dos monarcas. De maneira apropriada, então, é chamado bravo quem se mostra destemido diante de uma morte digna e de todas as emergências que envolvem seus perigos. E as emergências da guerra são as do mais alto grau. No entanto, também no mar e na doença o homem bravo é destemido, mas não da mesma maneira que os marinheiros; pois ele renunciou à esperança de se salvar e não gosta de pensar nessa espécie de morte, ao passo que os demais permanecem esperançosos por causa de sua experiência.

Quanto a nós, somos corajosos nas situações em que podemos mostrar nosso valor ou em que a morte seja nobre; mas nenhuma dessas condições é cumprida nas formas de morte que examinamos.

7

As coisas terríveis não são as mesmas para todos os homens, e existem aquelas que superam as forças humanas. Estas são terríveis para todos – ao menos para os homens sensatos.

Já as coisas terríveis que não superam as forças humanas diferem em magnitude e grau, e o mesmo acontece com as coisas que inspiram confiança. Os valentes são tão indômitos quanto um homem pode ser. Portanto, embora temam até mesmo as coisas que não estão além das forças humanas, enfrentam-nas como devem e como a regra prescreve, por causa da honra; pois esta é a finalidade da virtude. Mas é possível temê-las mais, ou menos, ou temer as coisas que não são terríveis como se o fossem. Dos erros que se podem cometer, um consiste em temer *o que* não se deve, outro em temer *como* e *quando* não se deve, e assim por diante; do mesmo modo, com respeito às coisas que inspiram confiança. O homem que enfrenta e teme as coisas que deve, pelo motivo certo, da maneira certa, na ocasião certa, e que mostra confiança nas condições correspondentes, é bravo, pois sente e age de acordo com os méritos do caso e do modo como a regra estabelece. O fim de toda atividade é estar conforme o correspondente estado de caráter – essa é uma verdade tanto para o homem valente quanto para os outros. E a coragem é nobre. Portanto, seu fim também é nobre, uma vez que cada coisa é definida por seu fim. Portanto, é por um fim nobre que o homem bravo resiste e atua conforme lhe determina a coragem.

Daqueles que vão aos excessos, o que se excede em destemor não tem nome (já dissemos anteriormente que muitos estados de caráter não têm nomes), mas seria uma espécie de louco ou insensível se não temesse nada, nem os terremotos nem as ondas, como dizem os celtas; por sua vez, é temerário o homem que se excede na confiança sobre o que é realmente terrível. Ele é considerado precipitado, imprudente, orgulhoso e apenas finge ter coragem. Deseja chamar atenção para si e por isso, em todos os eventos terríveis, quer ser como o homem valente e o imita nas situações em que pode fazê-lo. A maioria desses homens é um misto de imprudência e covardia, pois, nas situações terríveis, não se mantém firmes contra o que é realmente terrível. O homem que se excede no medo é um covarde, pois teme tanto o que deve como o que não deve, e todas as características semelhantes lhe são atribuídas. Também lhe falta confiança. Contudo, ele é mais notado por seu excesso de medo em situações difíceis. O covarde, então, é uma espécie de pessoa desesperada, uma vez que teme todas as coisas. O bravo, por outro lado, tem a disposição contrária: a confiança é a marca do homem esperançoso.

O covarde, o temerário e o bravo, então, estão preocupados com os mesmos objetos, mas têm disposições diferentes em relação a eles. Os dois primeiros se excedem e ficam aquém do meio-termo, ao passo que o terceiro mantém a posição mediana, que é a certa. Os temerários são precipitados e desejam os perigos antes que aconteçam, mas recuam quando precisam enfrentá-los. Já os homens corajosos são ávidos no momento da ação, mas fora disso são tranquilos.

Como dissemos, a coragem é um meio-termo no que diz respeito às coisas que inspiram confiança ou medo, nas circunstâncias que definimos. O indivíduo corajoso escolhe e suporta as coisas porque é nobre fazê-lo, ou porque é vil não fazê-lo. Mas morrer para escapar à pobreza, ao amor ou a qualquer coisa dolorosa não é característica de um homem valente, mas sim de um covarde. É fácil fugir daquilo que nos causa sofrimento, e o covarde suporta a morte não porque seja nobre, mas para fugir do mal.

8

A coragem, assim, é como a descrevemos, embora o nome também se aplique a cinco outros tipos.

1. Primeiro vem a coragem do cidadão-soldado, que é a que mais apresenta similaridades com a verdadeira coragem. Os cidadãos-soldados parecem enfrentar perigos por causa das penalidades impostas pelas leis, das reprovações que receberiam se as desobedecessem e em virtude das honras que obtêm por suas ações. Portanto, os povos que parecem ser mais corajosos são aqueles entre os quais os covardes são colocados em desonra e os valentes, em honra. Esse é o tipo de coragem descrita por Homero em Diômedes e em Heitor:

Primeiro, Polidamas lançará censuras sobre mim;
Pois um dia, entre os troianos, Heitor haverá de dizer, com arrogância:
"Tídides, com medo, sumiu da minha vista".[16]

Esse tipo de coragem é mais parecido com o que descrevemos anteriormente porque se deve à virtude; origina-se da vergonha, do desejo de um objeto nobre (ou seja, a honra) e do temor à desonra, que é ignóbil. Podemos incluir nessa mesma classe aqueles que não agem por pressão de seus governantes; mas estes são inferiores, uma vez que não agem movidos por sentimentos de honra e sim por medo, e não para evitar o que é vergonhoso, mas o que é doloroso. Seus senhores os obrigam como fez Heitor:

Mas se eu deparar com algum covarde que treme e se esconde longe da luta,
Em vão ele haverá de escapar dos cães.

[16] Referência ao poema épico *Ilíada*.

E fazem o mesmo aqueles que lhes dão seus postos e os espancam quando recuam, ou os que os dispõem em fileiras, em fossos ou coisas semelhantes à retaguarda; todos estes agem por compulsão. Mas um homem deve ser valente não sob compulsão, mas porque é nobre ser assim.

2. A experiência relacionada a fatos particulares também é considerada como coragem; este é o motivo pelo qual Sócrates identificou a coragem com o conhecimento. Outras pessoas revelam essa qualidade diante de outros perigos, e os soldados profissionais a exibem nos riscos da guerra; pois na guerra parecem ser muitos os alarmes infundados, dos quais esses homens têm a mais larga experiência; portanto, parecem valentes porque os outros não conhecem a natureza dos fatos. Sua experiência os torna mais capazes no ataque e na defesa, uma vez que sabem usar suas armas e contam com os melhores homens tanto no ataque como na defesa. Portanto, lutam como indivíduos armados contra desarmados, ou como atletas treinados contra amadores; porque em tais competições não são os homens mais bravos que lutam melhor, mas aqueles que são mais fortes e têm seus corpos nas melhores condições.

Os soldados profissionais revelam-se covardes, no entanto, quando a pressão do perigo é muito grande e quando são inferiores em número e em equipamento. Eles são os primeiros a fugir, enquanto as forças dos cidadãos morrem em seus postos, como de fato aconteceu no templo de Hermes. Para estes últimos, a fuga é desonrosa e a morte é preferível nessas condições. Já os primeiros enfrentam o perigo, desde o início, na certeza de que são os mais fortes; mas quando descobrem seu engano fogem, temendo mais a morte do que a desonra. O bravo, no entanto, não é esse tipo de pessoa.

3. A paixão às vezes é confundida com a coragem. Aqueles que agem sob o impulso da paixão, como feras arremessando-se contra os que as feriram, são considerados bravos, porque os homens bravos também são apaixonados. A paixão, acima de todas as coisas, anseia por correr perigo. Daí as frases de Homero: "colocar força em sua paixão", "despertar-lhe o ânimo e a paixão, "respirava forte, ofegante" e "seu sangue fervia". Todas essas expressões parecem indicar o ímpeto e o tumulto da paixão. Os bravos

agem em nome da honra, mas a paixão os ajuda; já as feras agem sob a influência da dor: atacam porque foram feridas ou porque sentem medo, pois nunca chegam perto de quem se perde numa floresta. Portanto, não são corajosas porque, movidas pela dor e pela paixão, correm para o perigo sem prevê-los. Até mesmo os asnos são bravos quando famintos, pois não há golpes que os afastem da comida.

Também a luxúria leva os adúlteros a cometer muitos atos ousados. (Essas criaturas não são bravas, pois o que as impele para o perigo são a dor ou a paixão.) A "coragem" promovida pela paixão parece ser a mais natural, e torna-se coragem verdadeira se lhe forem acrescentados a escolha e o motivo.

Os homens, assim como os animais, sofrem dor quando estão com raiva e prazer quando executam sua vingança. Os que lutam por esses motivos, entretanto, são combativos mas não corajosos; não agem por causa da honra, nem como estabelece a regra, mas pela força da emoção; eles têm, no entanto, algo semelhante à coragem.

4. Tampouco as pessoas otimistas são corajosas, pois mostram confiança diante do perigo apenas porque venceram muitas vezes e contra muitos inimigos. Ainda assim, assemelham-se aos bravos porque, como eles, são confiantes; mas os valentes são confiantes pelos motivos que já expusemos, ao passo que os otimistas o são porque supõem ser os mais fortes e não poder sofrer nada. (Os bêbados também se comportam dessa maneira: tornam-se otimistas pelo efeito da bebida.)

Quando suas aventuras não dão certo, porém, eles fogem; mas a marca característica de um bravo é enfrentar as coisas que são e parecem terríveis porque é nobre fazê-lo e vergonhoso não o fazer. Portanto, também é considerada marca de um homem corajoso ser mais destemido e imperturbável em alarmes repentinos do que naqueles que são previstos; pois isso deve proceder mais de um estado de caráter e menos da preparação; os atos previstos podem ser escolhidos por cálculo e regra, mas as ações imprevistas devem estar de acordo com o estado de caráter da pessoa.

5. Aqueles que ignoram o perigo também parecem valentes e não estão muito distantes daqueles de bom temperamento, mas são inferiores

porque não têm temperança, ao passo que os otimistas a têm. Também por esse motivo, os otimistas mantêm sua posição por algum tempo. Mas os que foram enganados sobre os fatos fogem ao saber ou suspeitar que estes são diferentes do que supunham, como aconteceu com os argivos quando se uniram aos espartanos ao tomá-los como siciônios.

E aqui terminamos a descrição do caráter dos homens corajosos e daqueles que são apenas considerados corajosos.

9

Embora a coragem esteja relacionada com sentimentos de confiança e de medo, ela não se ocupa de ambos da mesma maneira; está mais ligada às coisas que inspiram temor. Aquele que não se perturba e se comporta como deve diante dessas coisas é mais corajoso do que quem o faz em relação às coisas que inspiram confiança. É por enfrentar aquilo que dói, como já dissemos, que os homens são chamados bravos. Portanto, a coragem também envolve dor e é elogiada justamente por isso, uma vez que é mais difícil encarar o que é doloroso do que se abster do que é agradável.

No entanto, a finalidade da coragem se propõe como agradável, mas é encoberta pelas circunstâncias, como também acontece nas competições atléticas; pois a finalidade dos boxeadores é agradável – a coroa e as honras –, mas os golpes que recebem são dolorosos para o corpo, assim como ocorre com seus esforços. E, porque os golpes e os esforços são muitos, o fim, que é somente um e pequeno, parece não ter nada de agradável. E então, como o mesmo sucede com a coragem, a morte e os ferimentos serão dolorosos para os bravos e contrários à sua vontade, mas ele os enfrentará porque é nobre fazê-lo e vil não o fazer. E quanto mais virtuoso e feliz ele for, mais sofrerá ao pensar na morte; para um homem assim, mais valor tem a vida. Ele conscientemente renuncia ao maior dos bens e isso é doloroso. Mas nem por isso deixa de ser bravo, e talvez o seja ainda mais por sua escolha, a esse custo, recair em atos nobres na guerra.

Nem todo exercício das virtudes, assim, é agradável, exceto na medida em que atingem seu fim. Mas é bem possível que os melhores soldados não sejam homens desse tipo, e sim aqueles que são menos bravos mas não têm outros bens; estes estão prontos para enfrentar o perigo e vendem suas vidas por insignificâncias.

Em relação à coragem, discorremos o suficiente. Não é difícil entender-lhe em linhas gerais a natureza, ao menos diante do que aqui foi dito.

10

Depois da coragem, falemos da temperança; pois estas parecem ser as virtudes das partes irracionais. Dissemos que a temperança é um meio-termo em relação aos prazeres (pois diz menos respeito às dores, e não do mesmo modo), e que a intemperança se manifesta na mesma esfera. Portanto, agora vamos determinar com que tipo de prazeres ambas se relacionam. Podemos admitir a distinção entre prazeres corporais e prazeres da alma, como o amor à honra e o amor ao estudo, pois quem ama uma dessas coisas delicia-se com aquilo que ama, o corpo não sendo de modo algum afetado, mas sim a mente. Os homens que se ocupam de tais prazeres não são chamados nem temperantes, nem intemperantes. Tampouco são chamados assim aqueles que se ocupam de outros prazeres que não sejam corporais. Os que gostam de ouvir e contar histórias e que passam os dias voltados a tudo que acontece são chamados fofoqueiros, e não intemperantes; da mesma maneira, os que sofrem com a perda de dinheiro ou de amigos.

A temperança deve relacionar-se com os prazeres corporais, mas não com todos eles, uma vez que quem se delicia com os objetos da visão, como as cores, as formas e as pinturas não são chamados temperantes nem intemperantes; no entanto, parece possível deliciar-se com essas coisas tanto no meio-termo como em excesso ou em grau insuficiente.

O mesmo ocorre com os objetos ligados à audição; ninguém chama intemperantes aqueles que se encantam em demasia com a música ou com as representações teatrais, nem chama temperantes aqueles que o fazem na justa medida. Tampouco aplicamos esses nomes àqueles que se deleitam com os odores, a menos que seja de maneira incidental; não chamamos intemperantes os que se deleitam com o perfume das maçãs ou das rosas ou do incenso, mas sim aqueles que se deliciam com o cheiro de essências e de pratos saborosos; os intemperantes deleitam-se com tais odores porque estes remetem aos seus objetos de apetite. E pode-se ver que até outras pessoas, quando têm fome, sentem prazer com o cheiro da comida; deliciar-se com esse tipo de coisa é a marca do homem intemperante, pois para ele essas coisas são objetos de apetite.

Além do homem, não há nos outros animais algum prazer relacionado com esses sentidos, senão incidentalmente. Os cães, por exemplo, não se deliciam com o cheiro das lebres, mas sim em comê-las; no entanto, o faro os conduz até onde estão as lebres. Tampouco o leão se deleita com o mugido do boi, mas sim em comê-lo; contudo, percebeu, pelo mugido, que o boi estava perto, e por isso parece se deliciar com o som emitido pelo animal; da mesma maneira, o felino não se deleita porque vê "um veado ou uma cabra selvagem", mas porque vai fazer deles a sua refeição. Temperança e intemperança, assim, relacionam-se com os tipos de prazeres compartilhados com os outros animais. Por esse motivo, parecem inferiores e brutais, como o tato e o paladar. Mesmo destes, porém, parecem fazer pouco ou nenhum uso, pois a função do paladar é a discriminação dos sabores, como é feito por provadores de vinho e de temperos. Eles, contudo, dificilmente sentem prazer em provar iguarias e fazer tais discriminações; ao menos não é esse o caso das pessoas intemperantes. Elas apenas têm interesse no gozo do objeto em si, que em todos os casos vem por meio do tato, tanto em relação à comida como à bebida e à união sexual. Por esse motivo um certo glutão rogou aos deuses que sua garganta se tornasse mais longa do que a de uma garça, e daí se infere que seu prazer vinha do contato com os alimentos. Assim, o sentido com o qual a intemperança se relaciona é o mais amplamente compartilhado;

e ele parece ser motivo de censura justamente porque nos domina não como homens, mas como animais. Deliciar-se com tais coisas, então, e amá-las acima de todas as outras, é uma característica dos brutos. Pois até mesmo dos prazeres do tato os mais liberais foram afastados, como aqueles produzidos no ginásio por fricção e pelo consequente calor, pois o contato predileto do homem intemperante não afeta todo o corpo, mas apenas algumas partes.

11

Dos apetites, alguns parecem ser comuns, outros peculiares aos indivíduos e adquiridos. O apetite por alimentos, por exemplo, é natural, pois todo aquele que está sem eles anseia comer ou beber, e às vezes ambas as coisas, e por amor também (como diz Homero), quando se é jovem e vigoroso. Entretanto, nem todos anseiam por este ou por aquele tipo de alimento ou de amor, nem pelas mesmas coisas. Portanto, tal desejo parece ser algo pessoal. No entanto, isso é natural, pois coisas diferentes são agradáveis para diferentes tipos de pessoas, e algumas coisas são mais agradáveis para todos do que algum objeto tomado ao acaso. Nos apetites naturais poucos se enganam, e, quando isso acontece, vai-se apenas em uma direção, a do excesso; porque comer ou beber o que quer que seja oferecido, até a completa saciedade, é exceder a medida natural, uma vez que o apetite natural se limita a repor o que nos falta. Por isso as pessoas que se excedem são chamadas "deusas do estômago", expressão que implica encher o estômago além da medida. Apenas pessoas de caráter inteiramente servil se tornam assim. Mas com respeito aos prazeres peculiares aos indivíduos, muitas pessoas erram, e de muitas maneiras. Porque, enquanto as pessoas que "gostam disso ou daquilo" são assim chamadas ou porque se deliciam com as coisas erradas ou mais do que a maioria dos indivíduos, ou da maneira errada, os intemperantes se excedem dos três modos; deleitam-se em coisas com as quais não deveriam se deleitar (uma vez que são odiosas) e, se é correto deleitar-se em algumas das coisas que lhes agradam, eles o fazem mais do que deveriam e do que faz a maioria dos homens.

Está claro, então, que o excesso em relação aos prazeres é intemperança e é reprovável.

Em relação às dores, ninguém é, como no caso da coragem, chamado temperante por suportá-las ou intemperante por não aguentá-las, mas o homem intemperante é assim chamado porque sofre mais do que deveria por não conseguir coisas agradáveis (mesmo sendo sua dor causada pelo prazer), e o homem temperante é assim chamado porque não sofre com a ausência do que é agradável nem com sua abstinência.

O intemperante, então, anseia por todas as coisas agradáveis ou por aquelas que mais o são, e é levado por seu apetite a escolhê-las seja a que custo for; portanto, sofre tanto quando as obtêm como quando simplesmente as deseja (pois o apetite envolve dor). Parece absurdo, porém, sofrer por causa do prazer.

As pessoas que ficam aquém da medida quanto aos prazeres e deleitam-se com eles menos do que deveriam não são encontradas com frequência, pois tal insensibilidade não é natural no ser humano. Até os outros animais distinguem diferentes tipos de comida e desfrutam mais de uns que de outros; e se houver alguém que não encontre nada agradável nem mais atraente do que qualquer outra coisa, deve ser algo bem diferente de um homem; esse tipo de pessoa não recebeu um nome porque dificilmente é encontrada.

O homem temperante ocupa uma posição intermediária em relação a esses objetos. Nem gosta das coisas preferidas pelos intemperantes, as quais chegam até mesmo a desagradá-lo, nem, em geral, as coisas de que não deveria gostar, nem de nada disso em excesso. Além disso, não sente dor nem anseia por essas coisas quando estão ausentes, ou o faz apenas em grau moderado e não mais do que deveria, nem quando não deveria, e assim por diante. Entretanto, as coisas que, sendo agradáveis, contribuem para a saúde ou para o bem-estar do corpo, ele desejará de maneira moderada e como deveria, e quererá outras coisas agradáveis que não constituam obstáculos a esses fins, que não sejam contrárias ao que é nobre nem que estejam além de seus meios.

Pois aquele que negligencia essas condições ama tais prazeres mais do que eles merecem, mas o homem temperante não é esse tipo de pessoa, e sim o tipo estabelecido pela regra justa.

12

A intemperança é mais semelhante a um estado voluntário do que à covardia, pois o primeiro se relaciona ao prazer e a segunda à dor; um deles nós escolhemos, e outra evitamos; além disso, a dor cria transtornos e destrói a natureza da pessoa que a sente, mas o prazer não oferece esse tipo de efeito.

Portanto, a intemperança é mais voluntária.

Em consequência, é mais passível de reprovação, pois é mais fácil acostumar-se a seus objetos, uma vez que existem muitas coisas desse tipo na vida, e habituar-se a elas não implica perigo; já com os objetos terríveis ocorre o inverso. Mas a intemperança parece ser voluntária em um grau diferente de suas manifestações particulares. Em si, ela é indolor, mas suas manifestações provocam muita dor, levando-nos a abandonar as nossas armas e a perder a honra em outros caminhos; portanto, alguns chegam a considerar os nossos atos, praticados nessas circunstâncias, como forçados. Para o homem intemperante, por outro lado, os atos particulares são voluntários (pois ele os pratica com avidez, sob o impulso do apetite e do desejo), mas sua disposição, em sua totalidade, o é menos, pois ninguém deseja ser intemperante.

O nome "intemperante" é aplicado também às faltas infantis, pois elas guardam uma certa semelhança com o que estivemos considerando. Não interessa, a nosso propósito, questionar qual das duas acepções deriva da outra, mas é óbvio que a segunda deriva da primeira. A transferência de sentido não parece ruim; quem deseja o que é vil e que se desenvolve rapidamente deve ser refreado e mantido em uma condição disciplinatória. Essas características pertencem acima de tudo ao apetite e às crianças, uma vez que elas vivem de acordo com o apetite, e nelas o desejo das coisas agradáveis é mais forte. Se não forem obedientes nem submetidas ao princípio racional, irão a extremos, porque em um ser irracional o desejo do prazer é insaciável, mesmo que esse ser experimente todas as fontes do deleite. O exercício do apetite aumenta sua força inata, e, se os apetites são fortes e violentos, chegam a expulsar a capacidade de raciocinar. Portanto, eles devem ser moderados e poucos, e não podem se opor de forma alguma ao princípio racional – e é a isso que chamamos obediência e disciplina. Assim como a criança deve viver de acordo com a direção de seu preceptor, também o elemento apetitivo deve viver de acordo com o princípio racional. Daí se segue que o elemento apetitivo em um homem temperante deve harmonizar-se com o princípio racional, pois ambos buscam o que é nobre, e o homem temperante anseia as coisas que deve, como e quando deve; e é essa a orientação do princípio racional.

Aqui concluímos nosso exame da temperança.

Livro IV

Continuação do Livro III

1

Vamos falar agora da liberalidade, que parece ser o meio-termo em relação à riqueza. O homem liberal não é elogiado por seus feitos militares, nem pelas coisas que louvamos no homem temperante, nem por tomar decisões justas nos tribunais, mas no que diz respeito ao dar e receber riquezas, em especial quanto a dar.

Por "riquezas" entendo todas as coisas cujo valor é medido pelo dinheiro, cujos excessos e deficiências são a prodigalidade e a mesquinhez. Sempre imputamos a mesquinhez àqueles que se preocupam mais do que deveriam com a riqueza, mas às vezes aplicamos a palavra "prodigalidade" em um sentido complexo, pois chamamos pródigos os homens incontinentes, que desperdiçam seu dinheiro na busca de prazeres. Por esse motivo, eles são considerados os indivíduos de caráter mais fraco, pois combinam em si mais de um vício. Portanto, não é adequada a aplicação da palavra em relação a eles; um homem é "pródigo" quando possui uma única qualidade má, a de dilapidar os próprios bens. Pródigo é aquele que se arruína por sua própria culpa; a dilapidação dos próprios bens é considerada uma espécie de ruína de si mesmo, uma vez que muitos consideram que a vida depende da posse de riquezas. Esse, portanto, é o sentido em que entendemos a palavra "prodigalidade".

As coisas úteis podem ser bem ou mal utilizadas, e a riqueza é útil; todas as coisas são mais bem usadas pelo homem que tem a virtude relacionada com a riqueza. Esta, assim, será usada da melhor maneira pelo homem cuja virtude relaciona-se com ela – e este é o homem liberal. Gastar e dar parecem ser os modos de usar a riqueza; já sua posse está ligada a adquiri-la e mantê-la. A marca do homem liberal é dar às pessoas certas mais do que tirar das fontes certas e não das erradas. Afinal, é mais característico da virtude fazer o bem do que recebê-lo, e ainda mais característico fazer o que é nobre do que evitar atos vis. Não é difícil verificar que o dar implica fazer o bem e praticar atos nobres, ao passo que o receber implica ser o beneficiário de uma boa ação e não agir de modo vil. E nos sentimos gratos àquele que dá, não ao que recebe, e os elogios são concedidos mais ao primeiro. Também é mais fácil não receber do que dar, pois os homens preferem dar o pouco que têm a tomar o que é de outrem.

Os doadores também são chamados liberais. Aqueles que evitam tomar não são elogiados pela liberalidade, mas antes pela justiça, enquanto os que recebem dificilmente são elogiados. E os liberais são praticamente os mais louvados de todos os indivíduos virtuosos, pois são úteis em função de suas doações.

As ações virtuosas são nobres e feitas para o bem do que é nobre. Portanto, o homem liberal, como outros homens virtuosos, dará visando ao que é nobre, e como deve fazer; pois dá às pessoas certas, nas quantias certas e na hora certa, com todas as outras condições que acompanham a doação correta; e isso com satisfação e sem dor, pois o ato virtuoso é agradável e livre da dor. Mas aquele que dá à pessoa errada e não o faz por objetivos nobres, mas por alguma outra causa, não será chamado liberal, mas terá algum outro nome. Tampouco é liberal quem dá com dor, pois preferiria a riqueza ao ato nobre, e isso não é característico do homem liberal. Este tampouco receberá de fontes impróprias, uma vez que isso não é característico daquele que não dá valor à riqueza. Ele também não será muito dado a pedir, pois o homem que confere benefícios não costuma aceitá-los com facilidade.

No entanto, ele obterá a riqueza das fontes certas – por exemplo, de suas próprias posses – não como uma ação nobre mas como uma necessidade, a de possuir algo para dar. Tampouco negligenciará sua propriedade, pois deseja, por meio dela, ajudar os outros. E vai se abster de dar a qualquer pessoa e a todos, para ter o que oferecer às pessoas certas, na hora certa e onde for nobre fazer isso. Também é característico do liberal exceder-se nas doações, de modo a ficar com pouco para si; está na sua natureza não olhar para si mesmo. O termo "liberalidade" é usado em relação aos bens de um homem; essa virtude não consiste na multidão de dádivas, mas no estado de caráter do doador, e isso é relativo às suas posses. Nada impede, desse modo, que o homem que dá menos seja mais liberal, se tem menos para dar. São considerados mais liberais aqueles que não fizeram sua riqueza, mas a herdaram. Em primeiro lugar, eles não vivenciaram a necessidade e, em segundo lugar, todos os homens gostam mais daquilo que eles mesmos produziram, assim como os pais e os poetas. Não é fácil, para o homem liberal, ser rico, porque ele não tende nem a receber nem a conservar, mas a dar, e não valoriza a riqueza em si, e sim como um meio de praticar sua liberalidade. Daí vem a acusação que é feita contra a fortuna: que aqueles que mais a merecem são os que menos a conquistam. Mas é natural que seja assim, pois com a riqueza ocorre o mesmo que com todas as demais coisas: ninguém pode conquistá-la caso não se esforce para obtê-la. No entanto, o homem liberal não dará às pessoas erradas na hora errada, e assim por diante, pois então não estaria agindo de acordo com a liberalidade; e, se gastasse com esses objetos, não teria nada para gastar com os objetos certos. Pois, como dissemos, é liberal quem gasta de acordo com sua riqueza e com os objetos certos; e quem excede a medida é pródigo. Portanto, não chamamos pródigos os déspotas, pois não é fácil para eles dar e gastar além de suas posses. A liberalidade, então, é um meio-termo no que diz respeito a dar e a receber riquezas. O homem liberal dará e gastará as quantias certas nos objetos certos, tanto nas coisas pequenas como nas grandes, e com isso obterá prazer; também tomará as quantias certas das fontes certas. Pois, sendo a virtude um meio-termo com respeito a ambas, o liberal fará as duas coisas como deve.

Pelo fato de esse tipo de receber acompanhar a doação adequada, e aquilo que não for desse tipo será contrário a ele, o dar e o receber que acompanham um ao outro, consequentemente, estarão presentes, juntos, no mesmo homem, o que, é evidente, não ocorre com os tipos contrários. Mas se ele gastar de um modo contrário ao que é certo e nobre, vai sofrer com isso, embora de maneira moderada e como deve; pois é a marca da virtude sentir tanto prazer como dor diante dos objetos adequados e da maneira certa.

Além disso, é fácil lidar com o homem liberal em questões que envolvem dinheiro; como não se interessa muito pela riqueza, é fácil persuadi-lo. Ele se aborrece mais quando deixa de gastar algo que deveria do que se gastou com o que não deveria, e nisso discorda do aforismo de Simônides[17].

O pródigo erra também nesses aspectos, porque não sente nem prazer nem dor com as coisas certas e da maneira certa; isso vai se tornar mais evidente à medida que avançarmos em nossa investigação. Dissemos que a prodigalidade e a mesquinhez são excesso e carência, e em dois aspectos, o dar e o receber; pois incluímos o gastar no gênero doar. A prodigalidade se excede no dar e não no receber, mostrando-se deficiente neste último; já a mesquinhez é deficiente no dar e se excede no receber, exceto em pequenas coisas.

As características da prodigalidade nem sempre são combinadas, uma vez que não é fácil dar a todos se não se recebe de ninguém. As pessoas pródigas logo exaurem suas posses se dão em excesso. E é a estas que se aplica o nome de pródigas, embora um homem desse tipo pareça ser bem

---

17 Referência a Simônides de Ceos, poeta lírico grego que viveu entre c. 556 e 468 a.C. cujo gosto por dinheiro era bem conhecido.

superior a um homem mesquinho. Porque é facilmente curado de seu vício tanto pelos anos como pela pobreza, e assim poderá aproximar-se do estado intermediário. O pródigo tem as características do homem liberal, pois dá e se abstém de receber, embora não faça nenhuma dessas coisas direito nem da maneira certa. Portanto, se fosse levado a agir assim pelo hábito ou por algum outro meio, seria liberal; então daria às pessoas certas e não receberia de fontes inapropriadas. Por isso não é considerado um mau-caráter; dar em excesso e não receber não é típico de um homem perverso ou ignóbil, mas apenas de um tolo. Considera-se o pródigo nesse sentido muito melhor do que o mesquinho, tanto pelos motivos acima mencionados como porque ele beneficia a muitos, enquanto o outro não beneficia nem sequer a si mesmo.

Mas a maioria das pessoas pródigas, como já foi dito, também recebe de fontes inadequadas, e é, a esse respeito, mesquinha. Esses homens adquirem o hábito de tomar porque desejam gastar e não podem fazer isso com facilidade porque dilapidam suas posses. Assim, são forçados a procurar recursos em outras fontes. Ao mesmo tempo, porque não se importam com a honra, tomam, de maneira imprudente, de qualquer fonte, pois têm o apetite de dar e não lhes interessa como ou de que fonte receber. Por esse motivo não dão como um liberal; não o fazem da maneira certa, nem com nobreza, nem mesmo a visam; às vezes enriquecem aqueles que deveriam ser pobres e não dão nada às pessoas de caráter respeitável, mas muito para bajuladores ou para aqueles que lhes proporcionam algum outro prazer. Como consequência, a maioria deles é também intemperante, pois gasta sem antes refletir e desperdiça dinheiro em seus prazeres; tende para eles porque sua vida não tem em vista o que é nobre. O homem pródigo, assim, transforma-se no que descrevemos se não lhe importa nenhuma disciplina, mas, se for tratado com cuidado, chegará ao estado intermediário e justo. A mesquinharia, contudo, é incurável (a velhice e toda incapacidade tornam os homens mesquinhos) e muito mais inata do que a prodigalidade. A maioria dos homens gosta mais de obter dinheiro do que de dá-lo. Esse vício é muito difundido e multiforme, uma vez que parecem haver muitos tipos de mesquinharia. Ela consiste em duas coisas:

a deficiência em dar e o excesso em tomar, e não se encontra completa em todos os homens, mas às vezes surge dividida: alguns indivíduos exageram em receber, outros falham em dar. Todos aqueles que são chamados "avarento", "sovina", "mesquinho", todos falham em dar, mas não cobiçam as posses dos outros nem desejam obtê-las. Em alguns, isso se deve a uma espécie de honestidade e de aversão ao que é vergonhoso (certos homens parecem, ou ao menos declaram, acumular o seu dinheiro por este motivo: para que um dia não sejam forçados a fazer algo vergonhoso; a esta classe pertencem o avarento e os demais do mesmo tipo, que são assim chamados por seu excesso de má vontade para dar alguma coisa); enquanto outros mantêm as mãos longe da propriedade alheia por medo, pois acreditam que não é fácil, quando se apropriam dos bens dos outros, evitar que eles se apropriem das suas posses. Portanto, contentam-se em não dar nem receber.

Outros se excedem no que diz respeito a receber, tomando qualquer coisa e de qualquer fonte, como aqueles que praticam negócios sórdidos, cafetões e todas as pessoas desse tipo, e os que emprestam pequenas quantias com juros elevados. Por tudo isso pegam mais do que devem e de fontes inapropriadas. A todos eles é comum o amor sórdido ao lucro; não se importam com a má fama e sim com o lucro, mesmo sendo pequeno.

Aqueles que obtêm grandes lucros, e injustos, de fontes indébitas, como os déspotas quando saqueiam cidades e templos, não chamamos mesquinhos, mas perversos, ímpios e injustos. Quanto ao jogador e ao salteador, pertencem à classe do avaro, pois têm um amor sórdido pelo ganho. E é pelo ganho que ambos praticam suas maldades e suportam a vergonha que vem com isso. Um enfrenta os maiores perigos por causa do butim, enquanto o outro tira dinheiro de seus amigos, aos quais deveria dar. Ambos, então, uma vez que estão dispostos a obter ganhos de fontes erradas, são amantes sórdidos do lucro; portanto, todas essas formas de receber são mesquinhas.

E é natural que a mesquinhez seja descrita como o contrário da liberalidade; pois não só é um mal maior do que a prodigalidade, mas os homens erram mais, e muitas vezes, quando escolhem esse caminho do que o caminho da prodigalidade, tal como a descrevemos.

Já falamos o bastante sobre a liberalidade e os vícios contrários a ela.

2

Talvez seja apropriado, agora, discutir a magnificência. Ela parece ser uma virtude relacionada com a riqueza, mas, ao contrário da liberalidade, que se estende a todas as ações que dizem respeito à riqueza, a magnificência liga-se apenas às ações que envolvem despesas; e nestas, ultrapassa a liberalidade em escala. Porque, como o próprio nome sugere, trata-se de um gasto adequado que envolve altas quantias. Mas a escala é relativa, uma vez que a despesa de equipar uma trirreme não se compara à de quem chefia uma embaixada sagrada. Desse modo, a magnificência deve convir tanto ao agente como às circunstâncias e ao objeto. O homem que em coisas pequenas e medianas gasta de acordo com os méritos do caso não é chamado magnificente (por exemplo, aquele que pode dizer "muitas dádivas ofereci ao peregrino"[18]), mas apenas o homem que gasta em grandes coisas. O magnificente é liberal, mas o liberal não é necessariamente magnificente. A deficiência desse estado de caráter é chamada mesquinhez, e o excesso, vulgaridade, mau gosto e coisas do gênero, pois que o excesso da quantia gasta não vai para os objetos certos, mas sim para despesas vistosas em circunstâncias inadequadas e da maneira errada. Falaremos desses vícios mais adiante.

O homem magnificente é como um artista, pois conhece o que é apropriado e sabe gastar grandes somas com bom gosto. Como dissemos no início, um estado de caráter é determinado pelas atividades e os objetos de um homem. As despesas do indivíduo magnificente são grandes e

[18] Referência ao poema épico *Odisseia*, no qual Homero conta a longa viagem de Ulisses (Odisseu, em grego), que depois de 10 anos na guerra de Troia leva mais 17 para voltar à sua pátria, Ítaca.

adequadas; assim, portanto, serão seus resultados. Desse modo, uma grande despesa estará em conformidade com seus resultados. Portanto, o resultado deve ser digno da despesa, e a despesa deve ser digna do resultado, ou mesmo excedê-lo. Além disso, o homem magnificente vai gastar tais somas pensando na honra, pois essa finalidade é comum a todas as virtudes. Também o fará com prazer e de maneira pródiga, pois os cálculos rigorosos são típicos dos avarentos. O magnificente vai considerar os meios de tornar o resultado o mais belo possível e o mais apropriado a seu objeto, em vez de se preocupar com os custos e com os meios mais baratos de obtê-lo. É necessário, então, que o homem magnificente também seja liberal. Porque o liberal, igualmente, gasta o que deve e como deve; e é em tais questões que se apresenta a grandeza envolvida no nome "magnificente", uma vez que a liberalidade está relacionada a esses assuntos.

Com uma despesa igual, o homem magnificente produzirá uma obra de arte magnífica. Todavia, uma posse e uma obra de arte não têm a mesma excelência. A posse mais valiosa é aquela que vale mais, como o ouro, mas a obra de arte mais valiosa é aquela que é grande e bela (pois a contemplação de tal obra inspira admiração, tal como a magnificência). Uma obra de arte tem uma espécie de excelência – isto é, uma magnificência – que envolve grandeza. A magnificência é um atributo dos gastos que chamamos honrosos, como os que se relacionam com os deuses – ofertas votivas, construções, sacrifícios – e do mesmo modo no que diz respeito a todas as formas de culto religioso e todas as coisas que são objetos apropriados de ambição pública, como quando as pessoas se julgam no dever de organizar um coro, equipar uma trirreme ou oferecer espetáculos públicos com brilhantismo. Em todos os casos, entretanto, como já dissemos, levamos em consideração o agente e perguntamos quem ele é e que recursos possui, pois as despesas devem ser dignas de seus recursos e adequar-se não apenas ao resultado, mas também àquele que o produz. Portanto, um homem pobre não pode ser magnificente, uma vez que não possui os recursos necessários para gastar grandes somas de maneira apropriada; e quem tenta fazer isso é um tolo, pois gasta além do que se pode esperar dele e do que é mais adequado. Afinal, a despesa virtuosa é a despesa *justa*.

Mas, em geral, os grandes gastos ficam bem àqueles que, para começar, possuem os recursos adequados, adquiridos por seus próprios esforços ou herdados de seus ancestrais ou de seus amigos; ficam bem, igualmente, às pessoas de nascimento ou de reputação nobre e assim por diante, pois todas essas coisas trazem consigo grandeza e prestígio. Assim, o homem magnificente é desse tipo, e a magnificência se revela nas despesas que descrevemos, pois estas são as maiores e as mais honrosas. Entre as ocasiões privadas de mostrar magnificência, as mais adequados são aquelas que ocorrem uma vez na vida, como os casamentos ou outras coisas semelhantes, ou tudo que interesse à cidade inteira ou às pessoas de posição que vivem nela, além da recepção e da despedida de hóspedes estrangeiros, bem como à troca de presentes; pois o homem magnificente não gasta consigo mesmo mas sim com objetos públicos, e os presentes têm alguma semelhança com as ofertas votivas.

O homem magnificente também mobiliará sua casa de acordo com sua riqueza (pois até mesmo uma casa é uma espécie de ornamento público), e gastará de preferência em obras duradouras (pois são as mais belas), e em cada classe de coisas gastará o que for de decoro, uma vez que as mesmas coisas não são adequadas aos deuses e aos homens, nem a um templo e a uma tumba. Toda despesa pode ser grande em sua espécie, e o que há de mais magnificente, em definitivo, é um gasto generoso com um objeto grandioso, mas o magnificente em cada caso é o que é grande nas circunstâncias dadas, e a grandeza na obra difere da grandeza na despesa (pois a mais bela de todas as bolas ou de todos os brinquedos é um presente magnífico para uma criança, embora seu preço seja pequeno); segue-se daí que a característica do homem magnificente, qualquer que seja o resultado do que realiza, é realizá-lo com magnificência (para que não seja fácil superar tal resultado) e torná-lo digno das despesas efetuadas.

Assim é o homem magnificente. O vulgar e extravagante se excede, como já dissemos, por gastar além do que é justo, pois em pequenos objetos ele gasta muito e ostenta mau gosto. Oferece, por exemplo, um jantar para amigos na escala de um banquete de casamento, e quando fornece o coro para uma comédia, coloca-o no palco vestido de púrpura, como fazem em Mégara[19]. E ele não realiza todas essas coisas pela honra, mas para exibir sua riqueza e porque acredita ser admirado por isso; e gasta pouco onde deveria gastar muito e vice-versa. O homem mesquinho, por outro lado, ficará aquém da medida em tudo, e depois de gastar as maiores somas estraga a beleza do resultado por uma ninharia; e em tudo que faz, hesita, considera como poderá gastar menos, lamenta o que despende e acredita fazer tudo em uma escala maior do que deveria.

Esses estados de caráter são vícios; ainda assim não desonram ninguém porque não são prejudiciais aos demais, nem muito impróprios.

3

A magnanimidade, a começar por seu nome, parece se ocupar com coisas grandiosas. Que tipo de coisas? Essa é a primeira pergunta que devemos responder.

Não faz diferença considerar o estado de caráter ou o homem que o possui. Diz-se que magnânimo é o indivíduo que se considera digno de grandes coisas, sendo realmente digno delas; já aquele que se julga possuidor de uma dignidade que não merece é um tolo, e nenhum homem virtuoso é tolo ou ridículo. O magnânimo, então, é o homem que acabamos de definir.

Aquele que é digno de pouco e se considera digno de pouco é temperante e não magnânimo, pois a magnanimidade implica grandeza assim como beleza implica um corpo de estatura adequada, e as pessoas pequenas podem ser bonitas e bem-proporcionadas, mas não são belas. Por outro lado, aquele que se julga digno de grandes coisas, sendo indigno delas,

[19] Mégara, ou Megara, foi uma florescente cidade-Estado grega, a oeste de Atenas. Hoje se dedica ao turismo e à agricultura.

é vaidoso, embora nem todos os que se consideram mais dignos do que realmente são podem ser chamados vaidosos. O homem que se considera menos digno do que realmente é, é indevidamente humilde, sejam seus méritos grandes, sejam moderados, sejam pequenos, mas suas pretensões são ainda menores. E o homem cujos méritos são grandes parece ser inadequadamente humilde, pois que ele faria se merecesse menos? O homem magnânimo, então, está em um extremo em relação à grandeza de suas pretensões, mas em meio-termo no que diz respeito à justeza delas, pois atribui a si o que está de acordo com seus méritos, enquanto os outros se excedem ou ficam aquém da medida.

Se, então, ele merece e reivindica grandes coisas, acima de todas as outras, ambicionará uma coisa em particular. O mérito é relativo aos bens externos; e o maior deles, devemos dizer, é o que prestamos aos deuses, e a que as pessoas de posição mais visam, e que é o prêmio designado aos atos mais nobres. Falo da honra, que é, certamente, o maior dos bens externos.

Honras e desonras, portanto, são os objetos com relação aos quais o homem magnânimo é como deve ser. E mesmo colocando à parte da discussão o nosso argumento, é a honra que os homens magnânimos parecem ter em mente, uma vez que é ela que reivindicam acima de tudo, mas de acordo com seus méritos.

O homem indevidamente humilde fica aquém, tanto em comparação com os seus méritos como em comparação com as pretensões do homem magnânimo. O vaidoso se excede em relação a seus méritos, mas não excede as pretensões do magnânimo. Este, visto merecer mais do que os outros, deve ser bom no mais alto grau; pois o melhor homem sempre merece mais, e o melhor de todos é o que mais merece. Portanto, o homem verdadeiramente magnânimo deve ser bom.

A grandeza em todas as virtudes parece ser a característica do homem magnânimo. E não haveria nada mais impróprio para um homem altivo do que fugir do perigo, balançando as mãos ou cometendo algum tipo de injustiça a outrem; pois com que fim cometeria atos vergonhosos aquele para quem nada é grande? Se considerarmos ponto a ponto, veremos o absurdo de um homem magnânimo que não seja bom. Nem mereceria ele ser digno de honra se fosse mau, pois a honra é o prêmio da virtude, e somente é oferecido aos bons. A magnanimidade, então, parece ser uma espécie de coroa das virtudes, pois as torna maiores e não é encontrada sem elas. Por esse motivo é difícil ser verdadeiramente magnânimo: sem um caráter bom e nobre não se pode sê-lo.

Assim, é principalmente por honras e desonras que o homem magnânimo se interessa; e as grandes honras, conferidas por homens bons, ele as receberá com satisfação moderada, pensando receber o que merece ou até menos, pois não pode haver honra que esteja à altura da virtude perfeita. Todavia, ele a aceitará, pois os demais nada têm de maior para lhe conceder. Mas as honras ofertadas por pessoas comuns e por motivos insignificantes, ele as desprezará, assim como fará com a desonra, que no caso dele não pode ser justa. Em primeiro lugar, como dissemos, o homem magnânimo se preocupa com as honras. Apesar disso, ele irá se comportar com moderação em relação à riqueza, ao poder e a toda boa ou má fortuna, o que quer que lhe aconteça, e não será nem exultante pela boa sorte, nem aflito pelo mal. Pois nem mesmo para com a própria honra o homem magnânimo se comporta como se estivesse diante de uma coisa extraordinária. O poder e a riqueza são desejáveis pela honra (ao menos aqueles que os possuem desejam servir-se deles para obter a honra); e, para quem tem a própria honra em pouca conta, eles também devem ser algo sem muita importância. Daí por que os homens magnânimos são considerados desdenhosos.

Acredita-se que os bens da fortuna também contribuam para a magnanimidade, pois os homens bem-nascidos são considerados dignos de honra, assim como aqueles que desfrutam de poder e riqueza, pois estão em uma posição superior, e tudo que é superior em algo bom é tido em grande honra. Daí por que até mesmo essas coisas tornem os homens mais magnânimos, uma vez que alguns os honram pelo fato de possuí-las. Mas na verdade só merece ser honrado o homem bom. Contudo, aquele que possui ambas as vantagens é considerado mais digno de honra. Aqueles, porém, que sem serem virtuosos possuem tais bens, não têm por que alimentar grandes pretensões nem fazem jus ao uso do nome "magnânimos", pois essas coisas implicam virtude perfeita. Isso não evita, no entanto, que se tornem desdenhosos e insolentes, pois sem virtude é difícil carregar com elegância os bens da fortuna. Sendo incapazes disso, e julgando-se superiores aos demais, eles os desprezam e fazem o que querem.

Imitam o magnânimo sem ser como ele e fazem isso naquilo que podem; são incapazes de agir como homens virtuosos, mas são capazes de desprezar os outros. O homem magnânimo despreza com justiça (uma vez que pensa com acerto), mas o vulgo o faz sem causa nem motivo sério. O magnânimo não se expõe a perigos insignificantes, nem tem amor ao perigo, porque honra poucas coisas; mas enfrentará os grandes perigos, e nesses casos não poupará a própria vida, sabendo que existem condições em que não vale a pena viver. É o tipo de homem que confere benefícios mas tem vergonha de recebê-los, uma vez que o primeiro é característico do homem superior, ao passo que o segundo o é do inferior. Ele costuma retribuir com grandes benefícios, pois assim o benfeitor original, além de ser pago, incorrerá em dívida para com ele e será aquele que lucra com a transação. Também parece se lembrar dos serviços que prestou, mas não dos que recebeu (pois quem recebe um serviço é inferior àquele que o presta, mas o magnânimo deseja ser superior). E ouve sobre os primeiros com prazer, e sobre os segundos com desagrado; parece ser por isso que Tétis não contou a Zeus acerca dos serviços que lhe prestara, nem os espartanos relataram seus serviços aos atenienses, mas somente àqueles que haviam recebido.

É também marca do homem magnânimo não pedir nada ou quase nada, mas ajudar prontamente e de bom grado, além de adotar uma atitude digna para com as pessoas que desfrutam de uma posição elevada e da boa sorte, enquanto se mostram despretensiosos para com os de classe mediana; pois é uma coisa difícil e altiva ser superior aos primeiros, mas fácil ser assim para com os segundos, e uma postura altiva no primeiro caso não é sinal de má educação, mas entre pessoas humildes é tão vulgar como uma demonstração de força contra os fracos. É também característico do homem magnânimo não ambicionar as coisas vulgarmente consideradas, nem aquelas em que os outros se destacam; mostrar desinteresse e abster-se de agir, senão quando se trata de uma grande honra ou de uma grande obra, e ser homem de poucos feitos, mas grandes e notáveis.

Deve igualmente ser franco nos seus ódios e amores (porque esconder os sentimentos, ou seja, ocupar-se menos com a verdade do que com a opinião alheia é próprio de um covarde), e deve falar e agir abertamente. O magnânimo se expressa com franqueza por desdém e é dado a dizer a verdade, exceto quando usa de ironia para com as pessoas vulgares. Deve ser incapaz de fazer sua vida girar em torno de outrem, a menos que se trate de um amigo; pois isso é próprio de um escravo, e por essa razão todos os aduladores são servis e carentes de respeito próprio. Não é dado à admiração, porque para ele nada é grandioso. Nem guarda rancor quando o ofendem, uma vez que não é próprio de um homem magnânimo manter na memória fatos passados, em particular aqueles que incluem afrontas; ele ignora esse tipo de coisas.

Tampouco se interessa por conversas fúteis, pois não fala sobre si nem sobre os outros; não se importa com os elogios que lhe são dirigidos nem com as críticas feitas aos demais. Não é homem de tecer elogios nem censuras, nem mesmo a seus inimigos, a menos que seja por altivez. No que diz respeito ao que acontece necessariamente ou às questões pequenas, não se lamenta nem pede favores; apenas os que levam a sério tais coisas comportam-se dessa maneira. Ele prefere ter em sua posse coisas belas e não lucrativas do que as úteis e proveitosas; é isso mais próprio do caráter que basta a si mesmo.

Além disso, um passo lento, uma voz profunda e uma entonação uniforme são considerados adequados ao homem magnânimo, pois aquele que leva poucas coisas a sério não se apressa, nem se excita com facilidade, uma vez que para ele nada é grandioso. Por outro lado, uma voz estridente e um andar rápido são característicos dos que se submetem à pressa e à emoção.

Assim é o homem magnânimo. Os que lhe ficam aquém são indevidamente humildes, e os que vão além dele são vaidosos. Nem mesmo esses, porém, são considerados maus (pois não são maliciosos), mas apenas equivocados.

Porque o homem indevidamente humilde, sendo digno de coisas boas, rouba de si aquilo que merece e parece ter algo de censurável porque não se considera digno de coisas boas, e parece não se conhecer; do contrário, desejaria as coisas que merece, uma vez que são boas. No entanto, essas pessoas não são consideradas tolas, mas modestas em excesso. Tal reputação, porém, parece torná-las piores, porque cada classe de pessoas ambiciona o que corresponde a seus méritos, ao passo que as indevidamente modestas se afastam até mesmo de ações e de empreendimentos nobres, julgando-se indignas, e sentem o mesmo em relação aos bens externos.

Os vaidosos, por outro lado, são tolos e ignoram a si mesmos de modo manifesto. Sem ser dignos de tais coisas, aventuram-se em empreendimentos honrosos que logo denunciam quem eles na verdade são. Enfeitam-se com belas roupas, ares afetados e coisas do gênero, desejando que seus golpes de sorte se tornem públicos e fazendo deles temas de conversa, como se quisessem ser honrados em função deles. Mas a humildade indevida se opõe mais à magnanimidade do que a vaidade, por ser mais comum e pior.

O homem magnânimo está preocupado com a honra em grande escala, como já dissemos.

4

Parece haver também na esfera da honra, como dissemos em nossas primeiras observações sobre o assunto, uma virtude que tem com a magnanimidade a mesma relação da liberalidade para com a magnificência. Nenhuma das duas tem algo a ver com as coisas em grande escala, mas ambas nos dispõem de maneira correta em relação aos objetos de pouca ou média importância. Do mesmo modo como nos atos de receber e dar riqueza há um meio-termo, um excesso e uma deficiência, assim também a honra pode ser desejada mais, ou menos, do que é correto, e das fontes e da maneira convenientes. Criticamos tanto o homem ambicioso por exceder-se no seu desejo de obter a honra de fontes indevidas quanto os pouco ou nada ambiciosos, por não buscarem ser honrados mesmo por motivos nobres. Mas às vezes louvamos o homem ambicioso por ser viril e amante do que é nobre, e o desambicioso por ser moderado e autossuficiente, como dissemos na primeira vez que tratamos do assunto.

Uma vez que a expressão "gostar de tal ou tal objeto" tem mais de um significado, não atribuímos sempre à mesma coisa o termo "ambição" ou "amor à honra". Mas quando elogiamos a qualidade, pensamos no homem que tem mais amor à honra do que a maioria das pessoas, e ao censurá-la pensamos naquele que ama a honra em demasia. Como não existe palavra para designar o meio-termo, os extremos parecem disputar o seu lugar, como se estivesse vago por abandono. Mas onde existe excesso e falta também há meio-termo. Os homens desejam a honra não somente mais como também menos do que deveriam; portanto, é possível desejá-la também como se deve. É esse o estado de caráter elogiado, sendo sem nome o meio-termo relacionado com a honra. Em confronto com a ambição parece estar a desambição, e vice-versa; e em confronto com as duas, em conjunto, parecem estar ambas, em certo sentido. Isso se assemelha verdadeiro também para as outras virtudes. Mas, no caso que examinamos, os extremos se mostram contraditórios porque o meio-termo não recebe um nome.

5

O bom humor é o meio-termo com relação à raiva; já o estado intermediário não tem nome e os extremos, praticamente, também não os têm. Por isso colocamos o bom humor na posição intermediária, embora ele tenda para a deficiência, que tampouco tem nome. O excesso pode ser chamado "irascibilidade", pois a paixão é a raiva, enquanto suas causas são muitas e diversas.

Elogia-se o homem que sente raiva pelas coisas e as pessoas certas, além de como, quando e enquanto deve. Este será o homem de bom temperamento, pois o bom temperamento é elogiado. Um homem assim tende a não se perturbar nem a se deixar levar pela paixão, mas a enfurecer-se com as coisas, da maneira e pelo período prescrito pela regra. Pensa-se, porém, que ele erra, de certo modo, no sentido da deficiência, uma vez que não é vingativo e tende a fazer concessões.

A deficiência, seja uma espécie de "não irascibilidade", seja alguma outra coisa, é censurada. Aqueles que não se zangam com as coisas que deveriam estimular-lhes a raiva são considerados tolos, assim como aqueles que não se enfurecem da maneira certa, na hora certa ou com as pessoas certas, pois se julga que tal homem é insensível, não sente as coisas nem sente dor por elas. E, uma vez que não se enraivece, considera-se improvável que consiga se defender; e suportar insultos, sejam pessoais, sejam dirigidos a amigos, é próprio de escravos.

O excesso pode se manifestar em todos os pontos que indicamos (pois alguém pode ficar com raiva das pessoas e das coisas erradas mais do que deveria, de modo muito rápido ou por muito tempo). Nem todos, contudo, foram encontrados na mesma pessoa. Isso não seria possível, na verdade, pois o mal destrói até a si mesmo, e, se for completo, torna-se insuportável. Pessoas irascíveis se enfurecem depressa, com as coisas e com as pessoas erradas, e mais do que é conveniente. No entanto, sua raiva cessa rapidamente, o que é o melhor que há nelas. Isso acontece porque tais pessoas não reprimem sua ira, pois seu temperamento ardente as leva ao revide imediato e, feito isso, a raiva se dissipa. O excesso torna explosivo o temperamento das pessoas coléricas, levando-as a sentir raiva de tudo, em todas as ocasiões; daí seu nome.

Já as pessoas teimosas são difíceis de apaziguar e conservam sua raiva por muito tempo porque a reprimem. Mas isso cessa quando elas revidam, pois a vingança lhes alivia a cólera, produzindo prazer em vez de dor. Se isso não acontecer, elas reterão o seu fardo; e, como este não é visível, ninguém atina com isso e, portanto, nem sequer pensa em apaziguá-las;

desse modo, elas têm de digerir sozinhas a raiva, e isso leva tempo. Essas pessoas causam transtornos para si e para seus amigos mais próximos.

Chamamos mal-humorados aqueles que sentem raiva do que não devem, mais do que devem e por um longo período. Não se pode apaziguá-los até que punam ou se vinguem do objeto de sua ira.

Ao bom temperamento opomos o excesso e não a deficiência, pois ele não só é mais comum (uma vez que a vingança é mais humana) como as pessoas de mau gênio são as piores com as quais conviver.

O que já dissemos sobre esse assunto fica claro também por aquilo que dizemos agora: não é fácil definir como, com quem, com o que e por quanto tempo alguém deve sentir raiva, e em que ponto cessa a ação justa e tem início a injusta. O homem que desvia um pouco do caminho, seja para o mais, seja para o menos, não é criticado; às vezes elogiamos aqueles que apresentam a deficiência e os chamamos bem-humorados, e outras vezes elogiamos as pessoas raivosas, chamando-as viris e capazes de governar as demais. É difícil determinar até que ponto, e como, um homem pode extraviar-se do caminho sem se tornar merecedor de censura, porque a decisão depende dos fatos particulares e da percepção. Mas ao menos uma coisa é certa: o meio-termo (aquilo em virtude do qual nos enfurecemos com as pessoas e as coisas certas, da maneira certa e assim por diante) é louvável, ao passo que os excessos e as deficiências são censuráveis – de modo leve, se estiverem presentes em um grau modesto, e de maneira enérgica se em grau elevado.

É evidente, então, que devemos nos ater ao meio-termo.

Isso basta quanto aos estados relativos à raiva.

6

Nas reuniões de homens, na vida social e na troca de palavras e ações, alguns são considerados obsequiosos – ou seja, aqueles que, para se mostrar agradáveis, elogiam tudo e nunca se opõem a quem quer que seja, julgando que seu dever não é "magoar as pessoas que encontram" – enquanto aqueles que, ao contrário, opõem-se a tudo e não se importam em magoar são chamados grosseiros e contenciosos. É evidente que os estados que acabamos de nomear são censuráveis e que é louvável o estado intermediário (aquele em virtude do qual um homem tolera ou se rebela com as coisas certas e da maneira certa). Mas nenhum nome foi atribuído a isso, embora se assemelhe mais à amizade. O homem que corresponde a esse estado intermediário aproxima-se muito daquele que, com o acréscimo da afeição, chamamos um bom amigo. O estado em questão, entretanto, difere da amizade porque não implica paixão nem afeição pelas pessoas próximas. Não é por amor ou por ódio que um homem acolhe tudo da maneira certa, mas por ser de um certo tipo.

Ele vai se comportar da mesma maneira tanto com os conhecidos como com os desconhecidos, com os íntimos e com aqueles que não o são, embora em cada um desses casos se comportará como convém; pois não é apropriado ter o mesmo cuidado com pessoas íntimas e com estranhos, nem são iguais as condições que tornem justo causar-lhes mágoa. Dissemos que, de modo geral, esse homem irá se relacionar com as outras pessoas de maneira conveniente; mas é com referência ao que é honrado e conveniente que ele terá como objetivo não causar dor nem proporcionar prazer. Esse homem parece interessar-se pelos prazeres e as dores da vida social; e quando não for honroso ou for nocivo proporcionar prazer, ele se recusará a fazê-lo, preferindo causar dor. Além disso, se sua aquiescência à ação de um outro trouxesse desgraça ou dano a esse outro, enquanto sua oposição lhe causasse um pouco de dor, ele escolheria a recusa e não a aquiescência. Esse tipo de homem vai se relacionar de maneira diferente com pessoas em posições elevadas e com pessoas comuns, com conhecidos mais próximos e outros mais distantes, e assim também em relação a todas as demais diferenças, tratando cada classe como for adequado. E embora, de maneira geral, ele prefira proporcionar prazer em vez de causar dor, irá guiar-se pelas consequências, se estas forem mais importantes – ou seja, a honra e a conveniência. E, em vista de um grande prazer futuro, ele também infligirá pequenas dores.

O homem que atinge o meio-termo, então, é tal como o descrevemos, embora não tenha recebido um nome. Daqueles que proporcionam prazer, o que almeja ser agradável sem nenhum objetivo oculto é obsequioso, mas aquele que o faz a fim de obter alguma vantagem em dinheiro ou nas coisas que o dinheiro compra é um adulador, ao passo que o homem que a tudo se opõe é, como dissemos, grosseiro e contencioso. E os extremos parecem ser contraditórios um ao outro porque o meio-termo não tem nome.

7

O meio-termo oposto à jactância é encontrado quase na mesma esfera; e ele também não tem nome. Não será fora de propósito descrever esses estados, pois examinando os detalhes seremos capazes de conhecer melhor essa disposição de caráter e seremos convencidos de que as virtudes são meios-termos se verificarmos que é assim em todos os casos. No campo da vida social, já descrevemos aqueles que têm por finalidade proporcionar prazer ou dor em suas relações; vamos agora descrever aqueles que buscam a verdade ou a falsidade em palavras e ações e em suas pretensões.

O homem orgulhoso é considerado capaz de reivindicar para si as coisas que trazem glória quando não as tem, ou arrogar-se mais do que possui. O falso modesto, por outro lado, nega ou menospreza o que tem, enquanto o homem que observa o meio-termo não subestima nem exagera as coisas e é verdadeiro tanto na maneira de viver como em suas palavras, declarando o que possui, nem mais, nem menos. Cada uma dessas linhas de conduta pode ser adotada com ou sem um objetivo; cada homem fala e age e vive de acordo com seu caráter, se não estiver agindo com algum objetivo ulterior. E a falsidade é em si mesquinha e culpável, e a verdade, nobre e digna de louvor. Assim, o homem verdadeiro é confiável, outro exemplo dos que, conservando-se no meio-termo, são dignos de elogios. Já ambas as formas do homem mentiroso são censuráveis, em especial o orgulhoso.

Vamos examinar os dois tipos, a começar pelo homem verdadeiro. Não estamos falando daquele que mantém sua palavra nas coisas ligadas à justiça ou à injustiça (pois isso pertence a outra virtude), mas do homem que, nas questões em que nada disso está em jogo, é verdadeiro tanto na palavra quanto no viver, porque tal é o seu caráter. Um indivíduo assim será por natureza equitativo, pois o homem confiável ama a verdade quando nada está em jogo e será ainda mais verdadeiro quando houver algo em jogo. Nesse caso, evitará a falsidade como algo vil, visto que já a evita por si mesma; e tal homem é digno de louvor.

Ele prefere atenuar a verdade, pois isso lhe parece de mais bom gosto; os exageros lhe são enfadonhos.

Aquele que reivindica para si mais do que possui, sem nenhum objetivo oculto, é um ser desprezível (caso contrário não teria prazer na falsidade), mas antes parece mais fútil do que mau. Contudo, se ele faz isso visando à boa reputação ou à honra, não é digno de muita crítica; mas quem o faz por dinheiro, ou pelas coisas que levam ao dinheiro, tem um caráter mais detestável. Na verdade, não é a capacidade que faz o orgulhoso, mas o propósito, pois é em virtude de seu estado de caráter e por ser um homem de certo tipo que ele é orgulhoso; assim como um homem é mentiroso porque gosta da mentira em si e não por desejar a reputação ou o lucro. Aqueles que se gabam para ter boa reputação arrogam-se qualidades que lhes possam trazer elogios ou congratulações, mas aqueles cujo objetivo é obter vantagens atribuem-se qualidades valiosas para os outros; e não é fácil detectar essa mentira como o fariam os poderes de um vidente, de um sábio ou de um médico. Por esse motivo, a maioria das pessoas orgulhosas arroga-se e se gaba de tais coisas, pois nelas encontram-se as qualidades acima mencionadas.

As pessoas falsamente modestas, que subestimam seus méritos, parecem mais simpáticas porque se pensa que não falam em proveito próprio, mas para evitar a ostentação; e aqui também as qualidades que elas negam possuir, como Sócrates costumava fazer, são as que trazem boa reputação. Aqueles que se declaram destituídos de qualidades evidentes e insignificantes são chamados farsantes e são os mais desprezíveis; isso às vezes parece arrogância, como a maneira de se vestir dos espartanos, pois tanto o excesso como a grande deficiência são próprios dos orgulhosos. Mas os que usam da modéstia com moderação e subestimam qualidades não muito manifestas parecem simpáticos. É o fanfarrão que parece se opor ao homem verdadeiro, pois é o de pior caráter.

8

Visto que a vida inclui tanto o descanso como a atividade, e nisso estão incluídos o lazer e a diversão, parece haver também aqui uma espécie de troca de bom gosto; podemos dizer e ouvir o que devemos e o que não devemos. O tipo de pessoa à qual falamos ou ouvimos fará a diferença. É evidente que neste campo existem o excesso e a deficiência, em confronto com o meio-termo. Os que possuem orgulho em excesso são considerados bufões vulgares, esforçando-se por ser espirituosos a todo custo. Na sua ânsia de provocar risos, não se preocupam com o que dizem nem poupam as suscetibilidades daqueles que transformam em objetos de suas pilhérias; já aqueles que são incapazes de gracejar e que não suportam os que o fazem são considerados grosseiros e mal-educados. Mas os que gracejam com bom gosto são chamados espirituosos, o que implica uma espécie de prontidão em se voltar para um lado e para outro. Tais sagacidades são consideradas movimentos do caráter, e aos corpos, assim como aos caracteres, distinguimos por seus movimentos. Mas não é difícil descobrir o lado ridículo das coisas, e a maioria das pessoas gosta mais do que deveria dos gracejos e das brincadeiras. Por isso até mesmo os bufões são considerados espirituosos, porque proporcionam momentos agradáveis; mas, como dissemos, eles diferem em grande medida do homem perspicaz.

Ao estado intermediário também pertence o tato; é marca de um homem de tato dizer e ouvir coisas que convêm a uma pessoa digna e bem-educada, pois há algumas coisas que cabem a esse homem dizer e ouvir a título de brincadeira, e os gracejos da pessoa bem-educada diferem daqueles do indivíduo vulgar, assim como os de uma pessoa instruída são diferentes dos de alguém inculto. Pode-se ver isso até nas velhas e nas novas comédias; para os autores das primeiras, a indecência da linguagem era divertida, ao passo que os autores das segundas preferem a insinuação; e ambos diferem muito em relação à propriedade daquilo que dizem.

Devemos, contudo, definir o homem que sabe gracejar bem porque ele diz somente o que não é impróprio a alguém bem-educado, por não magoar o ouvinte ou por até mesmo deleitá-lo? Ou esta última definição não será ela mesma indefinida, uma vez que diferentes coisas são odiosas ou agradáveis para pessoas diferentes? O tipo de gracejo que uma pessoa estará disposta a ouvir será o mesmo, pois aqueles que ela tolera são como aqueles que gosta de fazer. Existem, então, chistes que ela jamais fará, por considerá-los uma espécie de abuso, e há coisas que os legisladores nos proíbem de abusar; e talvez devessem proibir também que zombássemos delas. O homem refinado e bem-educado, desse modo, será como o descrevemos, e ditará, por assim dizer, sua própria lei.

Tal é, então, o homem que observa o meio-termo, seja ele diplomático, ou de tato, seja espirituoso. O bufão, por outro lado, é escravo de seu senso de humor, e não poupa nem a si nem aos outros, dizendo coisas que um homem refinado nunca diria, algumas das quais nem ele gostaria de ouvir. A pessoa rude, por seu turno, é inútil para tais relações sociais, pois em nada contribui e encontra defeito em tudo. Mas o lazer e a diversão são considerados elementos necessários à vida.

Os meios-termos que descrevemos em relação à vida são três, e estão todos relacionados com algum tipo de intercâmbio de palavras e ações. Diferem, contudo, no sentido de um se ocupar com a verdade e os outros dois com o prazer. Daqueles ocupados com o prazer, um se manifesta por gracejos e outro nas relações sociais comuns.

9

A vergonha não deve ser descrita como uma virtude, pois se assemelha mais a um sentimento do que a um estado de caráter. É definida, de toda maneira, como uma espécie de medo da desonra, e produz um efeito semelhante ao do medo causado pelo perigo. As pessoas que se sentem envergonhadas coram, e aquelas que temem a morte empalidecem. Ambas, portanto, parecem ser, em certo sentido, condições físicas, o que seria mais característico de um sentimento do que de um estado de caráter.

O sentimento não é adequado a todas as idades, mas apenas aos jovens. Para nós, os jovens deveriam ser propensos ao sentimento de vergonha porque vivem pelos sentimentos e, portanto, cometem muitos erros, mas são contidos pela vergonha; e elogiamos os jovens que são propensos a esse sentimento, mas uma pessoa mais velha não seria elogiada por esse mesmo motivo, pois pensamos que ela não deveria fazer nada do que precisasse se envergonhar. O sentimento de vergonha não é nem mesmo característico de um homem bom, uma vez que é consequência das más ações – e tais ações não devem ser praticadas. Não faz diferença se algumas delas são vergonhosas em si e outras o sejam apenas de acordo com a opinião comum, pois ambas não devem ser realizadas, a fim de que não venhamos a sentir vergonha. E é marca de um homem mau ser capaz de praticar todo tipo de ação vergonhosa.

Julgar bom um homem quando sente vergonha de praticar tal ato é um absurdo, pois nos envergonhamos de nossas ações voluntárias e um homem bom nunca cometerá voluntariamente más ações. Mas a vergonha pode ser considerada uma coisa boa em algumas condições: um homem bom sentirá vergonha se cometer uma ação assim. As virtudes, contudo, não estão sujeitas a tais condições. E se o despudor – não ter vergonha de praticar ações vis – é mau, isso não significa que seja bom envergonhar-se de cometê-las. A continência não é uma virtude, mas uma espécie de estado misto, e isso será mostrado mais adiante. Agora, vamos tratar da justiça.

Livro V

Da justiça

1

Com relação à justiça e à injustiça, devemos considerar: (1) com que tipo de ações elas se relacionam; (2) que espécie de meio-termo é a justiça; e (3) entre quais extremos o ato justo é o intermediário. Nossa investigação seguirá o mesmo caminho das anteriores.

Observamos que todos os homens entendem por justiça o estado de caráter que torna as pessoas dispostas a fazer o que é justo, levando-as a agir com justiça e a desejar o que é justo; da mesma maneira, por injustiça entende-se a disposição que conduz os homens a agir injustamente e a desejar o que é injusto. Também nós, portanto, estabeleceremos isso como base geral, porque as mesmas coisas não são verdadeiras para as ciências e as capacidades nem para os estados de caráter. Considera-se que uma capacidade ou uma ciência que seja uma e a mesma relaciona-se com objetos contrários, mas um estado de caráter, que é um de dois contrários, não produz resultados opostos. Por motivo de saúde, por exemplo, não fazemos o que é contrário à saúde, mas apenas o que é saudável, pois dizemos que um homem tem saúde quando age como alguém que está saudável.

Muitas vezes um estado é reconhecido por seu contrário, e com frequência os estados são reconhecidos pelos sujeitos que os manifestam porque: (a) se o bom estado é conhecido, o mau estado também se torna conhecido; e (b) o bom estado é conhecido pelas coisas que estão em boas condições e vice-versa.

Se a boa condição for a firmeza da carne, é necessário que a má condição seja a flacidez da carne e que o saudável seja o que torna as carnes firmes. E segue-se, de modo geral, que, se um dos contrários for ambíguo, o outro também o será; por exemplo, se o "justo" for ambíguo, o "injusto" igualmente o será.

"Justiça" e "injustiça" parecem ser termos ambíguos, mas, porque seus diferentes significados se aproximam uns dos outros, a ambiguidade escapa à observação e não é evidente, por comparação, quando os significados se afastam muito uns dos outros; por exemplo (pois aqui a diferença na forma externa é grande), a ambiguidade no uso da palavra *kleis*, a qual designa a clavícula de um animal e o ferrolho com que trancamos uma porta. Vamos tomar como ponto de partida os vários significados de "um homem injusto". O homem sem lei, bem como o ganancioso e o desonesto, são considerados injustos, de modo que tanto o homem que cumpre a lei como o honesto serão justos. O justo é, portanto, o respeitador da lei e o honesto, ao passo que o injusto é o homem sem lei e desonesto.

Uma vez que o homem injusto é ganancioso, deve ter alguma relação com os bens – não todos os bens, mas aqueles que dizem respeito à prosperidade e à adversidade, e que, tomados de modo absoluto, são sempre bons, mas nem sempre o são para uma pessoa em particular. Os homens desejam essas coisas e as buscam com diligência, mas não deveriam fazê-lo porque isso é o contrário do que deveria ser. Deveriam, antes, pedir aos deuses que as coisas que são boas em absoluto o fossem também para eles, e escolhê-las. O homem injusto nem sempre escolhe o maior, mas também o menor – no caso das coisas que são más em absoluto. Contudo, porque o mal menor é considerado bom em certo sentido, e a ganância se dirige para o bom, julga-se ganancioso esse homem. E isso é mau, pois tal característica contém ambas as outras e é comum a elas.

Visto que o homem sem lei é injusto e o cumpridor da lei é justo, fica evidente que todos os atos legítimos são, em certo sentido, justos, porque os atos prescritos pela arte legislativa são lícitos, e cada um deles, dizemos nós, é justo. As leis, em suas disposições sobre todos os assuntos, visam à vantagem comum, seja de todos, seja dos melhores, seja daqueles que detêm o poder ou algo do gênero; de modo que, em certo sentido, nós chamamos justos apenas aqueles atos que tendem a produzir e a preservar, para a sociedade política, a felicidade e seus componentes. E a lei nos ordena a praticar tanto os atos de um homem valente (por exemplo, não abandonar nosso posto nem fugir nem largar nossas armas) como os de um homem temperante (por exemplo, não cometer adultério nem para satisfazer a luxúria) e os de alguém calmo (por exemplo, não bater em ninguém nem caluniar). E da mesma maneira no que diz respeito às outras virtudes e às formas da maldade, a lei prescreve alguns atos e proíbe outros; e a lei bem formulada faz isso corretamente, ao passo que aquelas concebidas às pressas o fazem menos bem. Essa forma de justiça, assim, é uma virtude completa, mas não em absoluto e sim em relação ao nosso próximo. Por isso a justiça é muitas vezes considerada a maior das virtudes; "nem Vésper nem a estrela da manhã"[20] são tão admiráveis; e, proverbialmente, "na justiça todas as virtudes estão compreendidas"[21]. A justiça é a virtude completa em seu sentido mais pleno, porque é o exercício em ato da virtude completa. E é completa porque aquele que a possui pode exercer sua virtude não só sobre si mas também em relação ao próximo, pois muitos homens podem exercer a virtude em seus assuntos particulares, mas não em suas relações com os demais. Por isso o ditado

[20] Fragmento da peça trágica *Melanipa, a filósofa*, do poeta e dramaturgo grego Eurípides (c. 480-406 a.C.)

[21] Fragmento do poeta grego Teógnis, que viveu no século VII a.C.

de Bias[22] é considerado verdadeiro, "que o mando revela o homem", pois quem governa, necessariamente, está em relação com outros homens e é um membro da sociedade.

Por essa mesma razão se diz que somente a justiça, entre todas as virtudes, é "o bem de um outro"[23], porque se relaciona com o nosso próximo, fazendo o que é vantajoso para outrem, seja um governante, seja um associado.

O pior dos homens é aquele que exerce a sua maldade tanto para consigo mesmo como para com seus amigos, e o melhor não é aquele que exerce sua virtude para consigo, mas para com um outro, pois essa é uma tarefa difícil. A justiça, nesse sentido, não é uma parte da virtude, mas a virtude inteira; nem seu contrário, a injustiça, é uma parte do vício, mas o vício todo. O que dissemos mostra a diferença entre a virtude e a justiça neste sentido: elas são a mesma coisa, mas sua essência não é a mesma. Aquilo que, em relação a nosso próximo, é justiça, é, como um determinado estado de caráter e em si mesmo, virtude.

2

De todos os eventos que estamos investigando, é a justiça uma parte da virtude; pois afirmamos que existe uma justiça desse tipo. De modo similar, é pela injustiça no sentido particular que estamos interessados.

Que tal coisa existe é indicado pelo fato de que o homem que exibe em seus atos as várias formas de maldade age muito mal, mas não de maneira gananciosa (por exemplo, o homem que joga ao chão o seu escudo por covardia, ou que fala asperamente por mau humor ou que, por avareza, falha em dar dinheiro a um amigo); muitas vezes o ganancioso não apresenta nenhum desses vícios, nem todos juntos, mas revela

[22] Referência ao filósofo Bias de Priene (c. 600-530 a.C.), um dos sete sábios da Grécia.

[23] Citação de Platão (c. 428-348 a.C.) em *A República*.

certo tipo de maldade (pois nós o criticamos) e de injustiça. Há, então, outro tipo de injustiça, que é parte da injustiça em sentido amplo, e um dos usos da palavra "injusto" corresponde a uma parte do que é injusto no sentido amplo de "contrário à lei". Se um homem comete adultério por causa do lucro e ganha dinheiro com isso, enquanto outro o faz em razão do apetite, embora perca dinheiro e sofra com seu ato, o segundo será considerado intemperante e não ganancioso, ao passo que o primeiro é injusto, mas não intemperante. É evidente, portanto, que ele é injusto por lucrar com seu ato. Além disso, todos os outros atos injustos são invariavelmente atribuídos a algum tipo particular de maldade; por exemplo, o adultério à intemperança, o abandono de um camarada em uma batalha à covardia, a violência física à raiva. No entanto, quando um homem tira proveito de sua ação, esta não é atribuída a nenhuma outra forma de maldade senão à injustiça. Evidentemente, portanto, há outra injustiça, no sentido lato, uma injustiça "particular", que compartilha o nome e a natureza da primeira porque sua definição está incluída no mesmo gênero. O significado de ambas consiste em uma relação com o próximo, mas uma delas diz respeito à honra, ao dinheiro ou à segurança – ou a algo que inclui tudo isso, se tivéssemos um nome para lhe dar –, e seu motivo é o prazer que o lucro proporciona; já a outra ocupa-se de todos os objetos com os quais se relaciona o homem bom.

Está claro, então, que existe mais de um tipo de justiça, e uma delas se distingue da virtude no sentido pleno da palavra. Cumpre-nos compreender o seu gênero e a sua diferença específica.

O injusto foi dividido em ilegítimo e desonesto, e o justo em lícito e honesto. Corresponde ao ilegítimo o sentido de injustiça já mencionado. Mas, uma vez que o ilegítimo e o desonesto não são iguais, mas diferem entre si como uma parte difere do seu todo (pois tudo que é desonesto é ilegítimo, mas nem tudo que é ilegítimo é desonesto), o injusto e a injustiça no sentido da improbidade não são iguais à primeira espécie citada, mas diferem dela como a parte do todo. Nesse sentido, a injustiça é uma parte da injustiça no sentido amplo e, da mesma maneira, a justiça em um sentido o é da justiça no sentido amplo. Portanto, devemos falar também sobre a justiça e a injustiça particulares, e da mesma maneira sobre o justo e o injusto. A justiça que corresponde ao todo da virtude e à respectiva injustiça, sendo uma delas o exercício da virtude como um todo e a outra, do vício como um todo, ambas em relação ao nosso próximo, podemos deixá-las de lado.

E é evidente o modo como os significados de "justo" e de "injusto" que lhes correspondem devem ser separados, porque praticamente a maioria dos atos determinados pela lei são aqueles prescritos do ponto de vista da virtude tomada como um todo. A lei nos obriga a praticar todas as virtudes e nos proíbe a prática de todos os vícios. E as coisas que tendem a produzir a virtude tomada como um todo são os atos prescritos pela lei em razão da educação para o bem comum.

Mas no que diz respeito à educação do indivíduo como tal, educação essa que o torna um homem bom em si, devemos determinar mais adiante se essa é a função da arte política ou de alguma outra; talvez não seja o mesmo ser um bom homem e um bom cidadão de algum Estado tomado ao acaso.

Da justiça particular e do que é justo no sentido correspondente, (a) um tipo é aquele que se manifesta nas distribuições de honras, de dinheiro ou das outras coisas que devem ser divididas entre aqueles que têm uma parte na constituição (pois aí é possível receber uma parte igual ou desigual à de um outro); e (b) outro tipo é aquele que desempenha um papel retificador nas transações entre indivíduos.

Neste último existem duas divisões: entre as transações, (1) algumas são voluntárias; e (2) outras são involuntárias. Voluntárias, por exemplo, são as transações como as vendas e as compras, os empréstimos para consumo, os penhores, os empréstimos para uso, os depósitos, as locações (todos estes são chamados voluntários porque a origem de tais transações é voluntária), enquanto, entre as involuntárias, (a) algumas são clandestinas, como o roubo, o adultério, o envenenamento, o lenocínio, o engodo com o objetivo de escravizar, o falso testemunho; e (b) outras são violentas, como a agressão, o sequestro, o assassinato, o roubo com o uso de armas, a mutilação, o abuso, o insulto.

3

(A) Mostramos que tanto o homem como o ato injustos são desonestos ou perversos. Agora está claro que há também um ponto intermediário entre as duas iniquidades envolvidas em cada caso. E esse ponto é a equidade, pois em todo tipo de ação em que haja o mais e o menos há também o que é igual. Se, então, o injusto é iníquo, o justo é equitativo, como todos os homens supõem que seja, mesmo sem discussão. E como o igual é um ponto intermediário, o justo será o meio-termo.

A igualdade implica ao menos duas coisas. O justo deve ser a um só tempo intermediário, igual e relativo (para certas pessoas). Como intermediário, deve estar entre certas coisas (que são, respectivamente, maiores e menores); como igual, envolve duas coisas; e, como justo, o é para certas pessoas. O justo, portanto, envolve ao menos quatro termos, uma vez que duas são as pessoas para as quais ele é de fato justo, e duas são as coisas em que ele se manifesta: os objetos distribuídos.

E a mesma igualdade existirá entre as pessoas e entre as coisas envolvidas, pois a mesma relação que há entre as segundas (as coisas envolvidas) também existe entre as primeiras. Se não forem iguais, não irão receber coisas iguais, e isso é origem de disputas e reclamações: ou quando os iguais têm e recebem partes desiguais, ou quando os desiguais recebem partes iguais. Isso fica claro pelo fato de que os prêmios devem ser distribuídos "de acordo com o mérito", pois todos os homens concordam que a distribuição justa deve corresponder ao merecimento em algum sentido, embora nem todos lhe especifiquem a mesma espécie. Os democratas o identificam com a condição de homem livre; os partidários da oligarquia, com a riqueza (ou com o nascimento nobre); e os partidários da aristocracia, com a excelência.

O justo, então, é uma espécie de termo proporcional (sendo a proporção não apenas uma propriedade do tipo de número que consiste em unidades abstratas, mas do número em geral). A proporção é uma igualdade de razões e envolve ao menos quatro termos (isso é evidente, mas também acontece com a proporção contínua, que usa um termo em duas posições e o menciona duas vezes; por exemplo: "a linha A está para a linha B assim como a linha B está para a linha C". A linha B foi mencionada duas vezes, e, por ser usada em duas posições, os termos proporcionais serão quatro).

O justo também envolve ao menos quatro termos, e a razão entre dois deles é a mesma entre os outros dois; por isso há um significado semelhante entre as pessoas e as coisas. Assim como o termo A está para B, o termo C está para D; alternando, assim como A está para C, B está para D. Portanto, também o todo guarda a mesma relação para com o todo, e esse acoplamento é efetuado pela distribuição; se os termos forem combinados como indicamos, ela será efetuada de modo justo. Segue-se, então, que a conjunção do termo A com o C e do B com o D é o justo na distribuição; essa espécie do justo é intermediária, e o injusto é o que viola a proporção, pois o proporcional é intermediário e o justo é proporcional. (Os matemáticos chamam "geométrica" essa proporção, pois somente na proporção geométrica o todo está para o todo assim como cada parte está para a parte correspondente.)

Essa proporção não é contínua, pois não podemos obter um termo único representando uma pessoa e uma coisa. Eis, então, o que é o justo: o proporcional. E o injusto é o que viola a proporção. Portanto, um dos termos se torna muito grande e o outro, muito pequeno, como de fato acontece na prática, porque o homem que age injustamente possui em excesso o que é bom, e o que é tratado injustamente tem muito pouco. No caso do mal, acontece o inverso, pois o mal menor é considerado um bem em comparação com o mal maior, uma vez que o mal menor deve ser preferido, e não o mal maior. O que é digno de escolha é bom, e de duas coisas a mais digna de escolha é um bem maior. Portanto, essa é uma das espécies do justo.

4

(B) O restante é retificatório, e surge em conexão com transações voluntárias e involuntárias. Essa forma de justo tem um caráter específico, diferente do anterior. Porque a justiça que distribui os bens comuns está sempre de acordo com o tipo de proporção já mencionado (mesmo quando se trata de fazer a distribuição dos fundos comuns de uma sociedade, ela estará de acordo com a mesma razão que guardam entre si os fundos investidos no negócio pelos diferentes sócios); e a injustiça contrária a esse tipo de justiça é aquela que viola a proporção. Mas a justiça nas transações entre dois homens é uma espécie de igualdade, ao passo que a injustiça é uma espécie de desigualdade; não de acordo com esse tipo de proporção, porém, mas de acordo com a proporção aritmética.

Não faz diferença se um homem bom fraudou um homem mau ou vice-versa, nem se um homem bom ou mau cometeu adultério; a lei considera apenas o caráter distintivo da lesão e trata as partes como iguais: se uma comete e a outra sofre injustiça, se uma inflige a lesão e a outra a recebe. Portanto, sendo esse tipo de injustiça uma desigualdade, o juiz procura equalizá-la; porque também no caso em que um recebeu e o outro infligiu um ferimento, ou um matou e o outro foi morto, o sofrimento e a ação foram distribuídos de modo desigual; mas o juiz procura igualá-los por meio da pena, tirando uma parte do ganho do acusado.

O termo "ganho" é geralmente aplicado a tais casos, mesmo que não seja apropriado a alguns deles, como à pessoa que inflige um ferimento e uma "perda" à vítima. Em todos os eventos, quando o dano é estimado, um é chamado perda e o outro, ganho. Portanto, o igual é intermediário entre o maior e o menor, mas o ganho e a perda são, respectivamente, maiores e menores em sentidos contrários; maior quantidade do bem e menor quantidade do mal são ganho, e o contrário é perda; o intermediário entre ambos é, como vimos, o igual, o que dizemos ser justo. Portanto, a justiça corretiva será o intermediário entre a perda e o ganho. É por isso que, quando as pessoas disputam, recorrem ao juiz; e recorrer ao juiz é recorrer à justiça; pois a natureza do juiz é uma espécie de justiça animada; procura-se o juiz como intermediário e, em alguns Estados, os juízes são chamados mediadores, no pressuposto de que, se os litigantes conseguirem o meio-termo, obterão o que é justo. O justo, então, é um meio-termo, uma vez que o juiz o é. O juiz restaura a igualdade; é como se houvesse uma linha dividida em partes desiguais e ele retira a diferença pela qual o segmento maior excede a metade e a acrescenta ao segmento menor. E quando o todo foi dividido igualmente, os litigantes dizem ter recebido "o que lhes pertence" – ou seja, receberam o que é igual.

O igual é o intermediário entre a linha maior e a menor, de acordo com uma proporção aritmética. Por isso ele é chamado justo (*δίκαιον*, *díkaion*), porque é uma divisão em duas partes iguais (δίκα, *dika*), como se alguém fosse chamá-lo δίχιον (*díkhion*); e o juiz δικαστής (*dikastés*) é aquele que divide um todo em duas partes (διχαστής, *dikhastés*). Quando uma parte é subtraída de um de dois iguais e adicionada ao outro, este se excede ao ficar com o dobro; pois se o que foi tirado de um não tivesse sido acrescentado ao outro, este último teria apenas uma parte em excesso. Portanto, o maior excede o intermediário em um, e o intermediário excede em um aquele do qual uma parte foi retirada. Por isso, devemos tanto subtrair do que tem mais como acrescentar ao que tem menos; a este adicionaremos a quantidade pela qual o intermediário o excede, e do maior subtrairemos o seu excesso em relação ao intermediário.

Sejam as linhas AA', BB' e CC' iguais umas às outras. Subtraia-se da linha AA' o segmento AE e acrescente-se à linha CC' o segmento CD, de modo que toda a linha DCC' exceda a linha EA' pelo segmento CD e o segmento CF; portanto, ela excede a linha BB' pelo segmento CD. (Veja o diagrama.)

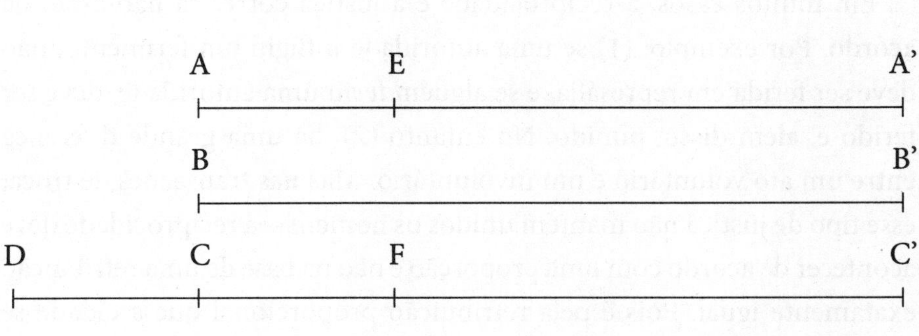

Os nomes "perda" e "ganho" vêm das trocas voluntárias, pois ter mais do que é nosso é chamado ganho, e ter menos chama-se perda. Nas compras e nas vendas, por exemplo, e em todas as outras transações nas quais a lei nos dá liberdade para determinar nossas próprias condições; quando não recebemos nem mais nem menos, porém apenas o que nos pertence, dizemos que possuímos aquilo que é nosso, e que não perdemos nem ganhamos.

Portanto, o justo é o intermediário entre uma espécie de ganho e uma espécie de perda, isto é, aquelas que são involuntárias. Consiste em ter um montante igual antes e depois da transação.

5

Alguns pensam que a reciprocidade é justa sem reservas, como diziam os pitagóricos; assim eles definiam a justiça. A "reciprocidade", porém, não se encaixa nem na justiça distributiva nem na retificatória ou corretiva; e todavia as pessoas querem que até mesmo a justiça de Radamanto[24] signifique isto:

Se um homem sofrer o que fez,
a justiça correta será feita[25].

Em muitos casos, a reciprocidade e a justiça corretiva não estão de acordo. Por exemplo: (1) se uma autoridade infligiu um ferimento, não deve ser ferida em represália, e se alguém feriu uma autoridade, deve ser ferido e, além disso, punido. No entanto (2), há uma grande diferença entre um ato voluntário e um involuntário. Mas nas transações de troca, esse tipo de justiça não mantém unidos os homens – a reciprocidade deve acontecer de acordo com uma proporção e não na base de uma retribuição exatamente igual. Pois é pela retribuição proporcional que a cidade se

[24] Radamanto, filho de Zeus e Europa, era conhecido pelo alto senso de justiça e pela severidade. Ao morrer, por sua condição de príncipe justo, foi nomeado um dos três juízes do Hades.

[25] Citação de um fragmento do poeta grego Hesíodo, que esteve em atividade entre c. 750-650 a.C.

mantém unida. Os homens procuram retribuir o mal com o mal, e, se não puderem fazer isso, irão considerar-se reduzidos à condição de escravos. Também costumam retribuir o bem com o bem, e se não podem fazê-lo, não há troca – e é pela troca que se mantêm unidos. É por isso que eles dão um lugar de destaque ao templo das Graças[26]: promover a retribuição de serviços é uma característica da graça, e devemos servir em troca daquele que nos ofereceu uma graça, tomando em outro momento a iniciativa de lhe fazer o mesmo.

A retribuição proporcional é garantida pela conjunção cruzada. Seja A um arquiteto, B um sapateiro, C uma casa, D um par de sapatos. O arquiteto deve receber do sapateiro o produto do trabalho deste último, e dar-lhe em troca o seu. Se houver uma igualdade proporcional de bens, ocorre a ação recíproca, e o resultado que mencionamos será alcançado. Caso contrário, a permuta não será igual nem válida, pois não há nada que impeça o trabalho de um deles ser superior ao do outro. Eles devem, portanto, ser igualados. (E isso é verdadeiro também nas outras artes, que não subsistiriam se aquilo que o paciente sofre não fosse precisamente o mesmo que o agente faz, e na mesma quantidade e do mesmo tipo.) Pois não são dois médicos que se associam para a troca, mas um médico e um agricultor, e, de maneira geral, pessoas que são diferentes e desiguais; essas pessoas devem ser igualadas. É por esse motivo que todas as coisas tornadas objetos de troca devem ser, de algum modo, comparáveis. Para esse fim foi introduzido o dinheiro, que se transforma, de certa maneira, em um meio-termo, pois mede todas as coisas e, portanto, também o excesso e a deficiência – quantos pares de sapatos são iguais a uma casa ou a uma determinada quantidade de alimentos. O número de sapatos trocados por uma casa (ou por uma determinada quantidade de alimentos) deve, portanto, corresponder à razão entre o arquiteto e o sapateiro. Pois, se não for assim, não haverá troca nem intercâmbio. E essa proporção não será estabelecida, a menos que os bens sejam iguais de algum modo. Todos os bens devem, portanto, ser medidos por uma só e mesma coisa, como

[26] Na mitologia grega, as três Graças regiam, entre outras coisas, a concórdia, a gratidão e a sorte.

dissemos. Essa unidade é na verdade a demanda, que mantém todas as coisas juntas (porque, se os homens não precisassem em absoluto dos bens uns dos outros, ou não necessitassem deles de maneira igual, não haveria troca, ou não a mesma troca); mas o dinheiro tornou-se, por convenção, uma espécie de representante da demanda; e por isso tem o nome de dinheiro (*νόμισμα, nómisma*): porque existe não por natureza, mas por lei (*νόμος, nómos*), e está em nosso poder mudá-lo e torná-lo inútil. Haverá, então, reciprocidade quando os termos forem igualados de modo que, assim como o agricultor está para o sapateiro, a quantidade de produtos do sapateiro esteja para os produtos do trabalho do agricultor, pela qual é trocada. Mas não devemos colocá-los em proporção depois da troca (caso contrário os dois excessos se unirão em um dos extremos), mas sim antes, quando eles ainda têm seus próprios bens. Desse modo, serão iguais e associados porque essa igualdade pode ser efetuada. Seja A um agricultor, C uma certa quantidade de alimentos, B um sapateiro e D, o seu produto, que equiparamos a C. Se não fosse possível efetuar dessa maneira a reciprocidade, não haveria associação das partes. A demanda reúne as coisas como se fossem uma unidade e isso é mostrado pelo fato de que, quando os homens não precisam um do outro, ou seja, quando nenhum dos dois precisa do outro, ou um não precisa do outro, não há troca, ao contrário do que ocorre quando alguém quer o que temos. Por exemplo, quando se permite a exportação do trigo em troca do vinho. Essa equação, portanto, deve ser estabelecida.

Em relação às trocas futuras – para que possamos ter uma coisa agora e a usarmos quando viermos a precisar dela –, o dinheiro é, de certa maneira, a nossa garantia, pois deve ser possível, para nós, obter o que queremos em troca do dinheiro. Com o dinheiro acontece a mesma coisa que ocorre com os bens: ele nem sempre tem o mesmo valor; no entanto, tende a ser mais estável. É por isso que todos os bens devem ter um preço definido, pois então sempre haverá troca, e, se assim for, acontecerá a associação do homem com o homem. O dinheiro, então, funcionando como uma medida, torna os bens comensuráveis e os iguala; pois não haveria associação se não houvesse troca, nem troca se não houvesse igualdade, nem igualdade se não houvesse comensurabilidade. Na verdade, é impossível que coisas tão diferentes entre si se tornem comensuráveis, mas com referência à demanda podem vir a ser assim em grau suficiente. Deve haver, então, uma unidade, estabelecida de comum acordo (o dinheiro), pois é isso que torna todas as coisas comensuráveis, uma vez que todas elas são medidas pelo dinheiro. Seja A uma casa, B dez minas, C uma cama. A é metade de B, se a casa valer cinco minas ou for igual a elas; a cama, C, é um décimo de B; fica claro, então, quantas camas são iguais a uma casa: cinco. Essa troca ocorria antes que houvesse dinheiro, pois não faz nenhuma diferença que cinco camas sejam trocadas por uma casa ou pelo valor em dinheiro de cinco camas.

Definimos, pois, o justo e o injusto. E depois de diferenciá-los um do outro, fica evidente que a ação justa é intermediária entre o agir injustamente e o ser tratado injustamente, pois um deles é ter muito e outro é ter bem pouco. A justiça é um tipo de meio-termo, mas não da mesma forma que as outras virtudes, e sim porque diz respeito a um montante intermediário, enquanto a injustiça se relaciona com os extremos. E justiça é aquilo em virtude do qual se diz que o homem justo pratica, por escolha própria, o que é justo, e assim distribui, quer entre si e um outro, quer entre dois outros, não de modo a dar mais do que é desejável para si mesmo e menos para o próximo (e, inversamente, o que é inconveniente), mas de modo a dar o que é igual de acordo com a proporção; e da mesma maneira quando se trata de fazer a distribuição entre duas outras pessoas. A injustiça, por outro lado, relaciona-se de modo semelhante com o injusto, que é excesso e deficiência, ou seja, contrários à proporção do útil ou do prejudicial – razão pela qual a injustiça é excesso e falta, ou seja, porque produz tais coisas. No nosso caso pessoal, excesso do que é útil por natureza e falta do que é nocivo, mas o caso de outras pessoas é equiparável ao nosso, com a diferença de que a proporção pode ser violada de um ou de outro modo. No ato injusto, ter muito pouco é ser vítima de injustiça, e ter demais é agir injustamente.

Que essa seja nossa consideração da natureza da justiça e da injustiça, e, do mesmo modo, do justo e do injusto em geral.

6

Visto que agir com injustiça não implica necessariamente ser injusto, devemos perguntar que tipo de atos injustos indicam que o agente é injusto com respeito a cada tipo de injustiça; por exemplo, um ladrão, um adúltero ou um bandido. A resposta, é evidente, não gira em torno da diferença entre esses tipos. Um homem pode até se deitar com uma mulher sabendo quem ela é, mas o motivo de sua escolha pode não ser deliberado, mas movido pela paixão. Tal homem age injustamente, então, mas não é injusto. Outro exemplo: um indivíduo pode não ser um ladrão, e no entanto cometeu um roubo; pode não ser um adúltero, e ainda assim cometeu adultério; e similarmente em todos os outros casos.

Já mostramos como o recíproco se relaciona com o justo, mas não devemos esquecer que o que procuramos agora não é apenas o que é justo incondicionalmente, mas também a justiça política. Esta é encontrada entre os homens que compartilham suas vidas com vistas à autossuficiência, homens que são livres e iguais tanto de maneira proporcional como aritmética, de modo que entre aqueles que não cumpram essa condição não haja justiça política, mas justiça em um sentido especial e por analogia.

A justiça existe apenas entre homens cujas relações mútuas são governadas pela lei, e a lei existe para homens entre os quais há injustiça; pois a justiça legal é a discriminação do justo e do injusto. E se há injustiça entre homens, há também ações injustas (embora do fato de existirem ações injustas nem sempre se segue que haja injustiça), as quais consistem em atribuir a si mesmo muitas coisas boas em si, e bem poucas coisas más em si.

É por esse motivo que não permitimos entregar o governo a *um homem*, mas ao *princípio racional*, porque um homem pode governar em seu próprio interesse e se tornar um tirano. O magistrado, por outro lado, é o guardião da justiça, e, consequentemente, também da igualdade. Presumindo que ele não possua mais do que a sua parte, se for um homem justo (pois não atribui a si mesmo mais daquilo que é bom em si, a menos que tal parcela seja proporcional aos seus méritos, e é por esse motivo que ele, como afirmamos anteriormente, diz ser a justiça "o bem de outro"), deve ser recompensado por isso, e sua recompensa consiste na honra e no privilégio; mas aqueles para os quais essas coisas não bastam, tornam-se tiranos.

A justiça de um senhor e a de um pai não são a mesma que a justiça dos cidadãos, embora se pareçam com ela – pois não pode haver justiça no sentido irrestrito em relação às coisas que são nossas; mas os bens móveis de um homem, até que seu filho atinja uma certa idade e se torne independente, são como se fizessem parte dele, e ninguém escolhe ferir a si mesmo (razão pela qual não pode haver injustiça contra si). Portanto, a justiça ou a injustiça dos cidadãos não se manifesta nessas relações, pois, como vimos, isso se dá de acordo com a lei, e entre as pessoas naturalmente sujeitas à lei, como também vimos, têm igual participação em governar e em ser governadas.

Portanto, a justiça pode se manifestar de modo mais verdadeiro em relação a uma esposa do que em relação a filhos e bens móveis. Trata-se, nesse caso, da justiça doméstica, a qual é diferente da justiça política.

7

Da justiça política, uma parte é natural e outra é parte legal. A natural é aquela que em todos os lugares tem a mesma força e não existe pelo fato de as pessoas pensarem isso ou aquilo. A parte legal originalmente é indiferente, mas deixa de sê-lo quando a lei é estabelecida – por exemplo, que o resgate de um prisioneiro deva ser de uma mina, ou que deva ser sacrificada uma cabra e não duas ovelhas, e todas as leis aprovadas para casos particulares, como aquela que mandava oferecer sacrifícios em homenagem a Brásidas[27] e as disposições dos decretos. Alguns pensam que

[27] Brásidas (?-422 a.C.) foi um guerreiro espartano famoso pela coragem, pela inteligência e pela simpatia. Suas estratégias e ações rápidas eram imbatíveis. Ele acabou com a reputação militar do historiador Tucídides, que reconheceu o valor do adversário em sua *História da Guerra do Peloponeso*.

toda justiça é desse tipo, porque as coisas que existem por natureza são imutáveis e têm a mesma força em todos os lugares (como o fogo, que queima tanto aqui como na Pérsia), ao passo que eles veem mudanças nas coisas reconhecidas como justas. Isso, no entanto, não é verdadeiro de maneira absoluta, mas sim em certo sentido; ou melhor, para os deuses talvez não seja verdadeiro, mas para nós há algo justo mesmo nas coisas que existem por natureza, embora tudo seja mutável; ainda assim, algumas coisas são por natureza e outras, não. É evidente que percebemos quais tipos de coisas, entre aquelas capazes de ser de outra maneira, são por natureza e quais não o são, sendo-o por lei e por convenções, admitindo que ambas sejam igualmente mutáveis. E em todas as outras coisas a mesma distinção se aplicará: por natureza, a mão direita é mais forte, contudo é possível que todos os homens venham a se tornar ambidestros. As coisas que são justas em virtude da convenção e da conveniência se parecem com medidas, pois para o vinho e para o trigo elas não são iguais em todos os lugares, mas maiores nos mercados por atacado e menores nos mercados de varejo. Da mesma forma, as coisas que não são justas por natureza, mas por ação humana, não são iguais em todos os lugares. As constituições também não são iguais, embora haja apenas uma que é, por natureza, a melhor em toda parte. Das coisas justas e legítimas, cada uma está relacionada como o universal para com suas particularidades, pois as coisas feitas são muitas, mas cada uma delas é única, uma vez que é universal.

Existe uma diferença entre o ato de injustiça e o que é injusto, e entre o ato de justiça e o que é justo, porque uma coisa é injusta por natureza ou por decreto; e essa mesma coisa, depois que alguém a faz, é um ato de injustiça; antes disso, no entanto, é apenas injusta. O mesmo ocorre com um ato de justiça (embora o termo geralmente utilizado seja "ação justa"; "ato de justiça" é aplicado à correção do ato de injustiça).

Cada uma dessas coisas deve ser examinada mais tarde, separadamente, no que diz respeito à natureza e ao número de suas espécies, bem como à natureza das coisas com as quais se relaciona.

8

Os atos justos e os injustos, sendo como os descrevemos, nos levam a concluir que um homem age de modo justo ou injusto sempre que pratica tais atos de maneira voluntária. Quando age involuntariamente, seus atos não são justos nem injustos, exceto por acidente, isto é, porque ele fez coisas que resultaram em justiças ou em injustiças. O que determina se um ato é justo ou injusto é sua voluntariedade ou sua involuntariedade, pois, quando o ato é voluntário, é censurado e injusto; assim, se a voluntariedade não estiver presente, as coisas serão injustas sem que haja atos de injustiça. Por voluntário entendo, como já disse, tudo aquilo que um homem tem o poder de fazer e o faz com conhecimento de causa, ou seja, sem ignorar a pessoa atingida por seu ato nem o instrumento usado, nem o fim a ser alcançado (por exemplo, a quem ataca, com que instrumento e com qual fim); cada ato assim sendo feito não acidentalmente nem sob compulsão (por exemplo, se A pegar a mão de B e com ela bater em C, B não agirá de modo voluntário, pois o ato não dependia dele).

A pessoa atingida pode ser o pai do agressor, e este pode ter ciência de que atacou um homem ou uma das pessoas presentes, sem saber, contudo, que se tratava de seu pai; uma distinção semelhante pode ser feita no caso da finalidade da ação e da ação completa. Portanto, aquilo que é feito por ignorância – ou, embora não seja feito por ignorância, não depende do agente, ou é feito sob coação – é involuntário (pois existem muitos processos naturais que nós, conscientemente, realizamos e experimentamos, sem que nenhum deles seja voluntário ou involuntário, como envelhecer ou morrer). Mas tanto no caso dos atos justos como dos injustos, a justiça ou a injustiça pode ser apenas acidental, pois talvez aconteça de um homem devolver uma quantia de má vontade ou por medo, e nesse caso não se deve dizer que ele praticou um ato justo ou que agiu com justiça, exceto de modo acidental. De maneira similar, deve-se dizer que o homem sob coação que, involuntariamente, não devolve o valor, age injustamente e faz o que é injusto, mas apenas por acidente. Dos atos voluntários, praticamos alguns por escolha e outros não; por escolha são aqueles que praticamos após deliberar, e por não escolha aqueles que cometemos sem prévia deliberação. Portanto, existem três tipos de danos nas transações entre dois homens. Aqueles realizados por ignorância são enganos quando a pessoa atingida pelo ato, o ato em si, o instrumento utilizado e o fim a ser alcançado são diferentes do que o agente supõe; ou ele pensou que não atingiria ninguém ou que não o faria com determinado objeto, ou que não atingiria determinada pessoa nem alcançaria determinado fim, ou obteve um resultado que não imaginou possível (por exemplo, se atirou algo sem a intenção de ferir, mas apenas de incitar, ou se a pessoa atingida ou o objeto usado eram diferentes do que ele supunha). Mas (1) quando o dano ocorre contrariando as expectativas, trata-se de um infortúnio. Quando (2) não é contrário a uma expectativa razoável, mas não implica vício, trata-se de um engano (pois o agente comete um engano quando a falha se origina nele, mas é vítima de um acidente quando a origem lhe é externa). Quando (3) ele age com conhecimento do que faz, mas sem deliberação prévia, comete um ato de injustiça, como aqueles que têm origem na raiva ou em outras paixões necessárias ou naturais ao homem. Quando os homens praticam atos prejudiciais e equivocados, agem injustamente e seus atos são atos de injustiça, mas isso não implica que os agentes sejam injustos ou perversos, pois o dano não é devido ao vício. Mas quando (4) um homem age por escolha, é injusto e vicioso.

Em consequência, os atos provenientes da raiva são julgados como não premeditados, pois a causa do mal não foi o homem que agiu sob o impulso da raiva, mas aquele que o enfureceu. O assunto em disputa não é se a coisa aconteceu ou não, mas sua justiça, pois é a injustiça aparente que ocasiona a raiva. Porque os adversários não disputam sobre a ocorrência do ato – como em transações comerciais, em que uma das duas partes forçosamente agiu de má-fé –, a menos que o façam devido ao esquecimento; mas, concordando sobre o fato, disputam sobre qual deles está com a justiça (considerando que um homem, ao prejudicar deliberadamente um outro, não pode ignorar que o fez), de modo que um pensa estar sendo tratado injustamente e outro discorda dessa opinião.

Mas se um homem prejudica outro por escolha, age injustamente; e esses são os atos de injustiça que caracterizam seus autores como homens injustos, desde que o ato viole a proporção ou a igualdade. De modo similar, um homem é justo quando age com justiça e por escolha; mas age justamente se sua ação é simplesmente voluntária.

Dos atos voluntários, alguns são desculpáveis e outros não. Os erros que os homens cometem não só *na* ignorância mas também *por* ignorância são desculpáveis, ao passo que aqueles não devidos à ignorância (embora sejam cometidos na ignorância) mas a uma paixão não natural e que não está entre aquelas a que o gênero humano está sujeito, esses são indesculpáveis.

9

Dando como definidos de maneira suficiente o cometimento da injustiça e o ser vítima dela, podemos perguntar (1) se a verdade está expressa nas palavras paradoxais de Eurípides:

Matei minha mãe, essa é minha história resumida.
Tu o fizeste por querer ou os dois sentiram pesar?

É realmente possível ser tratado injustamente por querer, ou, ao contrário, todo injustiça sofrida será involuntária, assim como toda ação injusta é voluntária?

E toda injustiça sofrida será da primeira ou da segunda espécie, ou às vezes é voluntária e outras vezes involuntária? Da mesma maneira, temos o caso de um tratamento justo; como toda ação justa é voluntária, seria razoável haver uma oposição semelhante em cada um dos dois casos: que tanto ser tratado com justiça como com injustiça seriam atos igualmente voluntários ou involuntários. Mas pareceria paradoxal, mesmo no caso do tratamento com justiça, que isso fosse sempre voluntário, pois alguns indivíduos são tratados com justiça contra a sua vontade. (2) Alguém poderia levantar outra questão: cada um que sofre uma injustiça está sendo tratado injustamente ou com a passividade acontece o mesmo que ocorre com a ação? Tanto em um caso como no outro é possível participar da justiça acidentalmente, e, da mesma forma (é evidente), da injustiça, pois praticar um ato injusto não é o mesmo que agir injustamente, nem sofrer o que é injusto é o mesmo que ser tratado injustamente; de maneira semelhante, há o caso de agir com injustiça e ser tratado com justiça, pois é impossível ser tratado injustamente se o outro não agir de forma injusta, ou ser justamente tratado a menos que o outro aja com justiça. Se uma das partes agir injustamente, prejudicará a outra de modo voluntário, e "voluntariamente" significa "conhecer a pessoa atingida pela ação, o instrumento usado e a maneira como se age", e o homem incontinente prejudica voluntariamente a si mesmo; ele não somente será tratado injustamente de modo voluntário, mas poderá tratar a si mesmo injustamente. (Essa possibilidade também é uma das questões a debater.)

Um homem pode voluntariamente, devido à incontinência, ser prejudicado por outro que age também voluntariamente, de modo que seria possível ser tratado voluntariamente de forma injusta. Ou nossa definição está incorreta e devemos acrescentar, a "fazer mal a um outro, com conhecimento da pessoa atingida pela ação, do instrumento usado e da maneira de agir" a frase "contra a vontade da pessoa atingida pela razão"? Então um homem poderia ser prejudicado voluntariamente e sofrer injustiça, mas ninguém seria tratado injustamente por sua vontade, pois ninguém deseja ser tratado injustamente, nem mesmo o homem incontinente. Este age contrariamente ao seu desejo, porque ninguém deseja o que julga não ser bom, mas o homem incontinente faz coisas que pensa não dever fazer. Por outro lado, aquele que dá o que é seu, como diz Homero sobre Glauco, que deu a Diômedes *armadura de ouro por armadura de bronze, e a preço de cem por nove*[28], não é tratado injustamente porque, embora o dar esteja em seu poder, ser tratado injustamente não o está; para isso

[28] Referência ao poema épico *Ilíada*, atribuído ao poeta grego Homero (928-898 a.C.).

deve haver alguém que o trate de modo injusto. É evidente, então, que ser tratado injustamente não é algo voluntário.

Das questões que pretendíamos discutir, duas ainda permanecem: (3) se quem age injustamente é o homem que atribui a um outro mais do que lhe cabe ou o que ficou com a parte excessiva, e (4) se é possível tratar injustamente a si mesmo. Essas questões são conectadas, pois se a primeira alternativa é possível e quem age injustamente é aquele que distribui as partes e não o homem que ficou com a parte excessiva, então, se um homem atribui mais a outro do que a si mesmo, de modo consciente e voluntário, ele se trata injustamente; é o que as pessoas modestas parecem fazer, uma vez que o homem virtuoso tende a tomar menos do que sua parte justa. Ou será preciso também impor restrições a essa declaração? Vejamos: (a) ele talvez consiga mais do que sua parte em algum outro bem, como a honra ou a nobreza intrínseca; (b) a questão é resolvida aplicando a distinção que fizemos quanto à ação injusta, pois ele não sofre nada contrário ao seu próprio desejo, e assim não é tratado injustamente mas, no máximo, apenas sofre um dano.

É evidente também que o aquinhoador age injustamente, mas nem sempre isso é verdadeiro da parte do homem que recebeu o quinhão excessivo; pois não é aquele a quem cabe o injusto que age injustamente, mas aquele a quem coube praticar o ato injusto de modo voluntário, ou seja, a pessoa em quem reside a origem da ação, e esta se encontra no aquinhoador e não no aquinhoado. E uma vez que a palavra "fazer" é ambígua, e de coisas inanimadas, de uma mão ou de um escravo que obedece a uma ordem se pode dizer, em certo sentido, que mataram, aquele que recebeu uma parte excessiva não age injustamente, embora "faça" o que é injusto. Se o aquinhoador decidiu na ignorância, não age injustamente em relação à justiça legal, e sua decisão não é injusta nesse sentido, mas em outro sentido é injusta (pois a justiça legal e a justiça primordial são diferentes); mas se, com conhecimento de causa, ele julgou injustamente, é por visar a uma parcela excessiva de gratidão ou de vingança. Aquele que julgou injustamente por esses motivos recebeu um quinhão excessivo, como se tivesse participado de uma pilhagem. O fato de receber algo diferente do que se distribui não importa agora, pois mesmo que se conceda terras com o objetivo de participar da pilhagem, não se obtêm terras, mas dinheiro.

Os homens pensam que agir injustamente está em seu poder e, portanto, que ser justo é fácil. Mas não o é; deitar-se com a esposa de um vizinho, ferir ou subornar alguém é fácil e depende de nós, mas fazer essas coisas como resultado de um certo estado de caráter nem é fácil nem está em nosso poder. De maneira similar, conhecer o que é justo e o que é injusto não requer nenhuma grande sabedoria, segundo pensam os homens, porque não é difícil entender dos assuntos tratados pela lei (embora estas não sejam as coisas que são justas, salvo por acidente). Mas saber como as ações devem ser praticadas e como efetuar as distribuições a fim de ser justo é mais difícil do que saber o que faz bem à saúde – embora aqui, mesmo sendo fácil aprender que o mel, o vinho, o heléboro, o cautério e o uso da faca provocam determinado efeito –, saber como, em quem e quando essas coisas devem ser aplicadas com o objetivo de produzir saúde não é menos difícil do que ser médico.

Por esse mesmo motivo os homens pensam que agir injustamente é característico da pessoa justa e da injusta, porque ela não seria menos, mas ainda mais capaz de cometer cada um desses atos injustos; o homem justo poderia deitar-se com uma mulher ou ferir um vizinho, e o valente poderia jogar fora seu escudo e fugir. Mas desempenhar o papel de covarde ou agir injustamente não consiste em fazer essas coisas, exceto por acidente, mas sim em praticá-las como resultado de um certo estado de caráter, assim como exercer a medicina e curar não consiste em aplicar ou não aplicar a faca, nem em usar ou não usar medicamentos, mas em fazer tais coisas de certo modo.

Os atos justos ocorrem apenas entre pessoas que participam de coisas boas em si e podem ter muito ou pouco delas, pois alguns seres (como os deuses, presumivelmente) não podem ter uma parte excessiva dessas coisas, e a outros, aqueles que são incuravelmente maus, nem mesmo a menor parte seria benéfica, mas todos esses bens são prejudiciais, enquanto para outros são benéficos até certo ponto. Portanto, concluímos que a justiça é algo essencialmente humano.

10

Nosso assunto agora é a equidade e o equitativo (*ἐπιεικές, epieikés*), e suas respectivas relações com a justiça e o justo. Eles não parecem ser absolutamente iguais nem genericamente diferentes; e embora às vezes elogiemos o equitativo e o homem equitativo (e aplicamos a palavra como forma de elogio até mesmo a outras virtudes; em vez de "bom" usamos επιεικέστε*ρον*, *epieikesteron,* indicando que uma coisa é melhor), outras vezes, quando pensamos bem, parece estranho que o equitativo, sendo diferente do justo, ainda seja louvável; porque, se o justo e o equitativo são distintos, um deles não é bom; e, se ambos são bons, têm de ser a mesma coisa.

Essas, então, são basicamente as considerações que dão origem ao problema do equitativo. Em certo sentido, estão todas corretas e não se opõem umas às outras porque o equitativo, embora superior a uma espécie de justiça, é justo, e não é como algo de classe diferente que é melhor do que o justo. A mesma coisa, então, é justa e equitativa, e embora ambas sejam boas, a equitativa é superior.

O que cria o problema é que o equitativo é justo, mas não legalmente justo, e sim uma correção da justiça legal. A razão disso é que toda lei é universal, mas sobre algumas coisas não é possível fazer uma afirmação universal que seja correta. Nos casos, então, em que é necessário falar de modo universal mas não é possível fazê-lo corretamente, a lei considera o caso mais usual, porém não ignora a possibilidade de erro. Nem por isso esse procedimento é menos correto, pois o erro não está na lei nem no legislador, mas na natureza da própria coisa, uma vez que os assuntos práticos são desse tipo por natureza. Quando a lei se expressa universalmente e surge um caso que não é coberto pela declaração universal, então é justo, uma vez que o legislador falhou e errou por excesso de simplificação, corrigir a omissão – em outras palavras, dizer o que o próprio legislador diria caso estivesse presente, e que incluiria na lei se tivesse conhecimento do caso. Portanto, o equitativo é justo e superior a um tipo de justiça – não a justiça absoluta, mas ao erro que surge do caráter absoluto da disposição legal. E essa é a natureza do equitativo: uma correção da lei onde ela falha em razão de sua universalidade. Na verdade, esse é o motivo pelo qual nem todas as coisas são determinadas por lei; sobre algumas é impossível legislar, de modo que se faz necessário um decreto. Quando a coisa é indefinida, a regra também o é, como o uso do chumbo para ajustar as moldagens lésbicas; a regra se adapta ao formato da pedra e não é rígida, assim como também o decreto se adapta aos fatos.

É evidente, então, o que seja o equitativo, e que ele é justo e melhor do que um tipo de justiça. Evidencia-se também, por aquilo que dissemos, quem é o homem equitativo: trata-se daquele que escolhe e pratica tais atos, que não defende seus direitos no mau sentido, mas que tende a levar menos do que a sua parte; embora tenha a lei do seu lado, é equitativo e esse estado de caráter é a equidade, que é uma espécie de justiça e não um estado de caráter diferente.

11

Se um homem pode ou não tratar a si mesmo injustamente, é evidente pelo que foi dito. Pois (a) uma classe de atos justos são aqueles que estão de acordo com alguma virtude e que sejam prescritos pela lei. A lei não permite expressamente, por exemplo, o suicídio, e o que a lei não permite expressamente ela o proíbe. Quando um homem, em violação da lei, prejudica outro voluntariamente (exceto nos casos de retaliação), age de maneira injusta; e um agente voluntário é aquele que conhece a pessoa que atinge com sua ação e o instrumento que usa; e aquele que, estimulado pela raiva, esfaqueia-se voluntariamente, praticando um ato que é contrário à reta razão da vida, e isso a lei não permite; portanto, ele age injustamente.

Mas para com quem? Decerto para com o Estado, não para consigo. Ele sofre voluntariamente, mas ninguém é tratado injustamente de modo voluntário.

Esta também é a razão pela qual o Estado pune o suicida, infligindo-lhe uma certa perda de direitos civis, uma vez que ele trata o Estado de maneira injusta. Além disso, (b) no sentido de "agir injustamente" no qual o homem que assim procede é apenas injusto e não de todo mau, é impossível tratar a si mesmo com injustiça. Esse sentido é diferente do anterior; o homem injusto, em uma das acepções do termo, é mau de um modo particular, assim como o covarde, e não no sentido de ser perverso em todos os aspectos. Por isso seu "ato injusto" não manifesta maldade em geral, pois (1) isso implicaria a possibilidade de uma mesma coisa ser simultaneamente subtraída de outra e adicionada a ela. Mas isso é impossível, uma vez que o justo e o injusto sempre envolvem mais de uma pessoa. Além disso, (2) a ação injusta é voluntária e realizada por escolha, e toma a iniciativa (porque não se diz que agiu injustamente o homem que, por ter sofrido um mal, retribui na mesma medida); mas o homem que prejudica a si mesmo sofre e comete as mesmas coisas ao mesmo tempo. Mais ainda (3): se um homem pudesse tratar a si mesmo injustamente, poderia ser tratado injustamente por vontade própria. Por fim (4), ninguém age injustamente sem cometer atos específicos de injustiça; ninguém pode cometer adultério com sua própria esposa ou invadir sua casa e furtar os próprios bens.

Em geral, a pergunta "pode um homem tratar injustamente a si mesmo?" é respondida também pela distinção que aplicamos a outra questão: "pode um homem ser tratado injustamente por querer?" É evidente também que ambas as coisas são más: ser tratado injustamente e agir de maneira injusta, pois uma significa ter menos e a outra, ter mais do que a quantidade intermediária, que desempenha aqui o mesmo papel do saudável na arte médica e a boa condição na arte do treinamento físico. Mas agir injustamente é ainda pior, pois envolve vício e merece censura. E esse vício ou é do tipo completo e irrestrito, ou quase isso (devemos admitir a última alternativa, porque nem toda ação injusta voluntária implica a injustiça como estado de caráter), embora ser tratado injustamente não envolva vício nem injustiça contra si mesmo. Em si, então, ser tratado injustamente é menos ruim, mas nada impede que seja acidentalmente um mal maior. Isso, entretanto, não importa à teoria, que considera a pleurite um dano mais sério do que um tropeço, ainda que este último possa tornar-se mais grave acidentalmente se a queda causar a captura ou a morte da vítima.

Metaforicamente, e em virtude de uma certa semelhança, há uma justiça, não entre um homem e ele mesmo, mas entre certas partes dele. Não se trata, porém, de uma justiça de qualquer espécie, mas daquela que existe entre o senhor e o escravo ou entre o marido e a esposa. Pois essas são as relações que a parte racional da alma tem para com a parte irracional; e é com vistas a essas partes que muitas pessoas pensam que um homem pode ser injusto consigo mesmo; porque essas partes podem sofrer algo contrário aos seus desejos. Pensa-se, por esse motivo, haver uma justiça mútua entre elas, como entre governante e governado.

E aqui se encerra a nossa exposição sobre a justiça e as outras virtudes, ou seja, as virtudes morais.

Livro VI

Das virtudes intelectuais

1

Dissemos mais atrás que devemos escolher o meio-termo e não o excesso nem a falta, e que o meio-termo é determinado pelos ditames da razão. Agora vamos discutir a natureza desses ditames. Em todos os estados de caráter que mencionamos, como em todos os outros assuntos, há um objetivo ao qual se volta o homem guiado pela razão, aumentando ou relaxando sua atividade. Há um padrão que determina os estados medianos que dizemos ser os meios-termos entre o excesso e a falta, e ele está de acordo com a reta razão. Mas tal afirmação, embora verdadeira, não é de modo algum evidente, pois não apenas aqui como em todas as outras atividades que são objetos de conhecimento podemos afirmar que não devemos nos esforçar nem relaxar muito ou pouco, mas em grau mediano, como dita a reta razão.

Todavia, se um homem tivesse apenas esse conhecimento, não saberia mais nada. Não saberia, por exemplo, que tipos de medicamentos dar a seu corpo se alguém lhe dissesse: "Todos aqueles que a arte médica prescreve e que estejam de acordo com a prática de quem possui essa arte". Portanto, no que diz respeito aos estados da alma, é necessário não apenas fazer essa declaração verdadeira, mas também determinar qual a regra justa e qual o padrão a ser utilizado.

Dividimos as virtudes da alma, especificando que algumas são virtudes do caráter e outras, do intelecto. Agora que discutimos em detalhes as virtudes morais, vamos expressar, em relação às outras, nossa opinião como segue, começando com algumas observações sobre a alma. Dissemos que ela tem duas partes: aquela que compreende uma regra ou princípio racional, e outra, privada de razão. Vamos então fazer uma distinção semelhante no interior da primeira, admitindo que existam duas partes que apreendem um princípio racional: uma pela qual contemplamos as coisas cujas causas originárias são invariáveis, e outra pela qual contemplamos as coisas variáveis. Quando dois objetos diferem em espécie, as partes da alma que correspondem a cada um também diferem em espécie, pois é em virtude de uma certa semelhança e afinidade com seus objetos que elas passam a conhecê-los.

Que uma dessas partes seja chamada científica e a outra calculativa, pois deliberar e calcular são a mesma coisa, mas ninguém delibera sobre o invariável. Portanto, a calculativa é uma parte da capacidade de conceber um princípio racional. Devemos, então, investigar qual é o melhor estado de cada uma dessas duas partes, porque nele reside a virtude de cada uma.

2

A virtude de uma coisa é relativa ao seu funcionamento adequado. Três coisas existem na alma que controlam a ação e a verdade: sensação, razão e desejo.

Das três, a sensação não dá origem a nenhuma ação; isso é evidente pelo fato de os animais inferiores possuírem sensação, mas não participarem da ação.

A afirmação e a negação no raciocínio correspondem, no desejo, à busca e à fuga; assim, sendo a virtude moral um estado de caráter relacionado com a escolha, e sendo a escolha um desejo deliberado, tanto o raciocínio deve ser verdadeiro como reto o desejo para a escolha ser boa, e o segundo deve perseguir exatamente o que o primeiro afirma.

Ora, esse tipo de intelecto e de verdade é prático. Em relação ao intelecto contemplativo, não prático nem produtivo, o bom e o mau estado são, respectivamente, a verdade e a falsidade (pois esse é o trabalho de toda a parte racional), ao passo que, da parte prática e intelectual, o bom estado é a verdade de acordo com o reto desejo.

A origem da ação – sua causa eficiente, não a causa final – é a escolha, e a origem da escolha é o desejo acompanhado do raciocínio, com vistas a um fim. É por isso que a escolha não pode existir sem a razão e sem o intelecto, nem sem uma disposição moral, pois a boa ação e o seu contrário não podem existir sem uma combinação de intelecto e de caráter. O intelecto em si, no entanto, não move nada; apenas é capaz de fazê-lo o intelecto prático que visa a um fim. Isso também vale para o intelecto produtivo, uma vez que todo aquele que produz algo tem um fim em vista, e a coisa produzida não é um fim no sentido absoluto, mas um fim em uma relação particular e o fim de uma operação particular. Somente o que se pratica é um fim absoluto, pois a boa ação é um fim ao qual visa o desejo. Portanto, a escolha ou é raciocínio desiderativo ou desejo raciocinativo, e a origem de uma ação assim é um homem.

Deve-se notar que nenhuma coisa do passado é objeto de escolha. Por exemplo, ninguém escolhe ter saqueado Troia, pois ninguém delibera sobre o passado, mas apenas sobre o futuro, que pode ser diferente, enquanto o passado não pode deixar de ter ocorrido. Portanto, Agatão estava certo ao dizer:

Pois somente isto é vedado até mesmo ao deus:
Desfazer o sucedido que no passado aconteceu.

O trabalho de ambas as partes intelectuais, como se vê, é a verdade. Logo, as virtudes de ambas serão as disposições em relação às quais cada parte alcançará a verdade em seu mais alto grau.

3

Vamos começar, então, do início, e discutir esses estados uma vez mais. Consideremos que os estados em virtude dos quais a alma possui a verdade, por meio da afirmação ou por meio da negação, sejam cinco: a arte, o conhecimento científico, a sabedoria prática, a sabedoria filosófica e a razão intuitiva (não incluímos aqui o julgamento e a opinião porque estes podem enganar-se).

O que é o conhecimento científico, se quisermos falar com precisão, sem nos deixar conduzir por meras analogias, torna-se evidente pelo que segue. Todos nós supomos que aquilo que sabemos não pode ser diferente. Não sabemos, porém, se existem ou não as coisas capazes de ser de outra forma, quando estão fora do nosso campo de observação. Portanto, o objeto do conhecimento científico existe necessariamente, e por isso é eterno, pois todas as coisas que existem por necessidade absoluta são eternas, e as coisas eternas não são geradas e são imperecíveis.

Considera-se que toda ciência pode ser ensinada, e seu objeto, aprendido. E todo ensino começa com o que já é conhecido, como sustentamos nos *Analíticos*. O ensino às vezes procede da indução e outras vezes do silogismo. A indução é o ponto de partida cujo conhecimento mesmo do universal pressupõe, ao passo que o silogismo procede dos universais. Existem, portanto, pontos de partida dos quais procede o silogismo e que não são alcançados por este. Logo, são adquiridos por indução. O conhecimento científico é, então, um estado que nos faz capazes de demonstração, e tem outras características limitativas que especificamos nos *Analíticos*, pois acontece quando um homem tem certa espécie de convicção e conhece os pontos de partida, além de possuir conhecimento científico. E, se estes não forem mais bem conhecidos do que a conclusão, sua ciência será apenas acidental.

Que essa seja considerada nossa exposição sobre o conhecimento científico.

4

Entre as coisas variáveis estão incluídas as produzidas e as praticadas. Existe uma diferença entre produzir e agir (quanto à natureza de ambos, consideramos como confiáveis até as discussões feitas fora de nossa escola). Assim, a capacidade raciocinada de agir é diferente da capacidade raciocinada de produzir. Em consequência, ambas não estão incluídas uma na outra, pois nem agir é produzir, nem produzir é agir. Uma vez que a arquitetura é uma arte e essencialmente uma capacidade raciocinada de produzir, e não há arte que não seja uma capacidade assim, nem capacidade desse tipo que não seja uma arte, podemos afirmar que a arte é idêntica a uma capacidade de produzir, envolvendo o raciocínio reto. Toda arte visa à geração de algo e se ocupa de inventar e de considerar como esse algo pode vir a ser ou a não ser, e cuja origem está no produtor e não na coisa produzida. A arte não se ocupa nem com as coisas que são nem com as que vêm a ser por necessidade, nem com aquelas que o fazem de acordo com a natureza (uma vez que essas têm sua origem em si mesmas). Sendo diferentes o produzir e o agir, a arte deve ser uma questão de produzir e não de agir. E em certo sentido, o acaso e a arte ocupam-se com os mesmos objetos. Como afirma Agatão, "a arte ama o acaso e o acaso ama a arte". Como já dissemos, a arte, então, é uma disposição que se ocupa em produzir, envolvendo o raciocínio reto, e a carência da arte, ao contrário, é uma disposição acompanhada do falso raciocínio. Ambas estão relacionadas às coisas variáveis, isto é, que podem ser de modo diferente do que são.

5

Em relação à sabedoria prática, chegaremos ao que ela é considerando quem são as pessoas às quais a atribuímos. Pensa-se que é marca de um homem de sabedoria prática ser capaz de deliberar bem sobre o que é bom e conveniente para si não sob algum aspecto particular - sobre que tipo de coisas conduzem à saúde ou à força, por exemplo -, mas sobre que tipo de coisas conduzem à boa vida em geral. Isso é mostrado pelo fato de creditarmos sabedoria prática, sob um aspecto particular, a um homem que calcula bem uma finalidade boa que não esteja entre aquelas que são objeto de alguma arte.

Segue-se então que, num sentido geral, também o homem que é capaz de deliberar tem sabedoria prática. Ninguém delibera sobre as coisas invariáveis, nem sobre as coisas cuja realização lhe é impossível. Portanto, uma vez que o conhecimento científico envolve demonstração, e não há demonstração de coisas cujos primeiros princípios sejam variáveis (pois todas podem ser diferentes do que são), e desde que é impossível deliberar sobre as coisas que existem por necessidade, a sabedoria prática não pode ser conhecimento científico nem arte. Não é ciência porque aquilo que podemos fazer pode ser diferente, e não é arte porque o agir e o produzir são duas espécies diferentes de coisas. Resta, então, a alternativa de ser ela uma capacidade verdadeira e raciocinada de agir em relação ao que é bom ou mau para o homem. Enquanto o produzir tem um fim que é diferente de si mesmo, com o agir isso não acontece, uma vez que a própria ação é seu fim. É por esse motivo que atribuímos a Péricles, e a homens como ele, a sabedoria prática, porque são capazes de perceber o que é bom para si e o que é bom para os homens em geral. Consideramos que os homens dotados dessa capacidade são bons administradores de famílias e de Estados. (É por isso que damos à temperança o nome de σωφροσῦνη (*sophrosyne*), subentendendo que ela aumenta a nossa sabedoria prática ηώξοῦσα ταν φρόνησιν (*eoxoysa tan phronesin*).

A temperança aumenta um juízo do tipo que descrevemos. Nem todo e qualquer juízo é destruído e pervertido por objetos agradáveis ou dolorosos. Isso não ocorre, por exemplo, a respeito de o triângulo ter ou não seus ângulos iguais a dois ângulos retos; acontece apenas com os juízos sobre o que se deve fazer. As causas originárias das coisas que são feitas consistem no fim a que se destinam; mas o homem que se perverteu pelo prazer ou pela dor deixa de ver tais causas. Não consegue mais perceber que é em função de uma coisa ou a bem de outra coisa que ele deve escolher e fazer aquilo que escolhe e faz, pois o vício anula a causa originária da ação. A sabedoria prática, então, deve ser uma capacidade racional e verdadeira de agir em relação aos bens humanos. Além disso, embora exista uma excelência na arte, não existe excelência na sabedoria prática. E na arte é preferível aquele que erra voluntariamente, mas na sabedoria prática, como nas outras virtudes, acontece precisamente o contrário. É evidente, assim, que a sabedoria prática é uma virtude e não uma arte. E, havendo na alma duas partes que se guiam pelo raciocínio, ela deve ser a virtude de uma dessas partes, ou seja, daquela que forma opiniões; porque a opinião trata das coisas variáveis, assim como a sabedoria prática. Esta, contudo, não é apenas mera disposição racional. Isso porque essas disposições podem ser esquecidas, mas a sabedoria prática não.

6

O conhecimento científico é um juízo sobre coisas que são universais e necessárias, e tanto as conclusões da demonstração como o conhecimento científico procedem dos primeiros princípios (pois a ciência envolve a apreensão de um fundamento racional). Sendo assim, o primeiro princípio do qual procede o que é cientificamente conhecido não pode ser um objeto da ciência, nem da arte, nem da sabedoria prática, pois o que é possível conhecer cientificamente pode ser demonstrado, ao passo que a arte e a sabedoria prática lidam com coisas que são variáveis. Nem são esses primeiros princípios objetos da sabedoria filosófica, pois é uma característica do filósofo fazer a demonstração de determinadas coisas.

Se, então, as disposições da mente pelas quais possuímos a verdade e nunca nos enganamos sobre as coisas invariáveis ou mesmo sobre as variáveis são o conhecimento científico, a sabedoria prática, a sabedoria filosófica e a razão intuitiva, e não pode tratar-se de nenhuma das três primeiras (ou seja, da sabedoria prática, do conhecimento científico ou da sabedoria filosófica), a alternativa restante é que a razão intuitiva compreende os primeiros princípios.

7

Nas artes, a sabedoria é atribuída aos seus expoentes mais perfeitos, como a Fídias como escultor e a Policleto como criador de retratos em pedra; e por sabedoria, aqui, não queremos dizer outra coisa senão a excelência na arte. Mas consideramos algumas pessoas sábias de modo geral, e não em algum ramo particular, nem em outro aspecto limitado, como diz Homero nas *Margites*:

> *Os deuses não fizeram deste homem nem um escavador, nem um lavrador, nem sábio em mais nada.*

Portanto, a sabedoria deve ser a mais perfeita de todas as formas de conhecimento. Segue-se que o homem sábio conhecerá não somente o que procede dos primeiros princípios, mas também possuirá a verdade sobre tais princípios. Desse modo, a sabedoria deve ser a razão intuitiva combinada com o conhecimento científico – uma ciência dos objetos mais elevados, que recebeu, por assim dizer, a perfeição que lhe é própria.

Dos objetos mais elevados, dizemos, pois seria estranho pensar que a arte política ou que a sabedoria prática fosse o melhor dos conhecimentos, uma vez que o homem não é a melhor coisa do mundo. Se o que é saudável ou bom difere para os homens e para os peixes, mas o que é branco ou reto é sempre o mesmo, qualquer um diria que o que é sábio é o mesmo, mas o que é sábio de maneira prática varia; pois é para aquele que observa bem as várias coisas que lhe são concernentes que atribuímos a sabedoria prática, e é a ele que confiaremos tais assuntos.

Por isso dizemos que até mesmo alguns dos animais inferiores têm sabedoria prática, como aqueles que apresentam um certo poder de previsão em relação à sua própria vida. É evidente também que a sabedoria filosófica e a arte política não podem ser a mesma coisa; pois se chamamos sabedoria filosófica à disposição mental ocupada com os interesses pessoais de um homem, haverá muitas sabedorias filosóficas. E não existirá ninguém para se ocupar do bem de todos os animais (assim como não há uma arte médica para todas as coisas existentes), mas uma sabedoria filosófica diferente sobre o bem de cada espécie.

Caso argumentem ser o homem o melhor dos animais, não faz diferença, pois há outras coisas muito mais divinas por sua natureza do que o homem, como os corpos dos quais os céus foram povoados. De tudo que foi dito conclui-se como evidente que a sabedoria filosófica é um conhecimento científico combinado com a razão intuitiva das coisas que são as mais elevadas por natureza. Por isso dizemos que Anaxágoras, Tales e homens como eles têm sabedoria filosófica, mas não prática, quando os vemos ignorar o que lhes é vantajoso, e por que dizemos que eles sabem coisas que são notáveis, admiráveis, difíceis e divinas, mas improfícuas, porque não são os bens humanos que eles procuram. A sabedoria prática, por outro lado, está relacionada com as coisas humanas e com as coisas sobre as quais é possível deliberar; pois dizemos que esta é acima de tudo a obra do homem de sabedoria prática: deliberar bem. Mas ninguém delibera sobre coisas invariáveis, nem sobre coisas que não têm finalidade; um bem que pode ser alcançado por meio da ação. Aquele que se baseia no cálculo visando à melhor, para os homens, das coisas alcançáveis pela ação, sabe deliberar bem.

A sabedoria prática não se ocupa apenas com os universais. Ela também deve reconhecer os particulares, pois é prática, e a ação trata dos particulares. É por isso que alguns que não sabem, e em especial aqueles que têm experiência, são mais práticos do que outros que sabem; pois se um homem soubesse que as carnes leves são digestíveis e saudáveis, mas não conhecesse que tipos de carnes são leves, não conseguiria produzir a saúde; mas é capaz de produzi-la aquele que sabe ser saudável a carne da galinha.

A sabedoria prática está relacionada com a ação. Deveríamos possuir as duas sabedorias, ou a segunda de preferência à primeira.

Mas tanto da sabedoria prática como da sabedoria filosófica deveria haver uma espécie de controle.

8

A sabedoria política e a sabedoria prática são a mesma disposição mental, mas sua essência não é a mesma. Da sabedoria que se ocupa com a cidade, a sabedoria prática que desempenha o papel de controle é a sabedoria legislativa, enquanto a que se relaciona com os assuntos da cidade como particulares dentro de seu universal é conhecida pelo nome geral de "sabedoria política" e se ocupa com a ação e a deliberação, pois um decreto é uma coisa a ser executada sob a forma de um ato individual. É por isso que se diz que somente os expoentes dessa arte "fazem parte da política"; só eles "produzem coisas", assim como as produzem os trabalhadores manuais.

A sabedoria prática também é identificada especialmente com aquela de suas formas que se ocupa com o próprio homem, com o indivíduo; e ela é conhecida pela denominação geral de "sabedoria prática". Dos outros tipos, uma é chamada administração doméstica; outra, legislação, e a terceira, política. Desta última, uma parte se chama deliberativa e a outra, judicial.

Saber o que é bom para si é um tipo de conhecimento, mas muito diferente dos outros tipos; ao homem que conhece seus próprios interesses e se ocupa com eles diz-se ter sabedoria prática, ao passo que os políticos são considerados intrometidos. Daí as palavras de Eurípides:

Mas para que eu deveria ser sábio
Se como parte de um exército numeroso
Obteria sem esforço
Um quinhão igual
Ao daqueles que almejam muito e fazem muito?

Quem pensa assim busca o seu próprio bem e considera que todos deveriam fazer o mesmo. Vem daí a opinião de que tais homens possuem sabedoria prática. Contudo, o bem pessoal de cada um talvez não possa existir sem a administração doméstica e sem alguma forma de governo. Além disso, o modo de organizar seus próprios negócios não é claro e precisa ser investigado.

O que aqui foi dito é confirmado pelo fato de, enquanto os jovens se tornam geômetras e matemáticos e sábios em assuntos como estes, julga-se não existir um jovem dotado de sabedoria prática. O motivo é que esse tipo de sabedoria está relacionado não apenas aos universais, mas também aos particulares, que se tornam conhecidos pela experiência. Mas um jovem não tem experiência, pois somente o passar do tempo pode dá-la. Na verdade, pode-se fazer também esta outra pergunta: por que um menino pode se tornar um matemático, mas não um filósofo nem um físico? É porque os objetos da matemática existem por abstração, ao passo que os primeiros princípios das outras áreas citadas vêm da experiência, e porque os jovens não têm convicção sobre estas últimas, mas limitam-se apenas a usar a linguagem adequada, embora a essência dos objetos da matemática lhes seja clara o suficiente.

Além disso, o erro na deliberação pode acontecer tanto sobre o universal como sobre o particular, ou seja: tanto se pode ignorar que toda água pesada é má como é possível não saber que determinada água, em particular, seja pesada. Que a sabedoria prática não se identifica com o conhecimento científico é evidente, porque ela se ocupa, como já foi dito, com o fato particular imediato, visto que a coisa a fazer é dessa natureza. Ela se opõe, então, à razão intuitiva, a qual versa sobre as premissas limitadoras das quais nenhuma razão pode ser dada, enquanto a sabedoria prática trata do particular imediato, que é o objeto não de conhecimento científico mas de percepção – não da percepção de qualidades peculiares a um determinado sentido, mas de uma percepção semelhante àquela pela qual sabemos que uma figura particular diante de nossos olhos é um triângulo; porque tanto nessa direção como na da premissa maior haverá um limite. Mas isso é mais percepção do que sabedoria prática, embora seja uma percepção de outro tipo, não a das qualidades peculiares a cada sentido.

9

Existe uma diferença entre investigação e deliberação, uma vez que esta última é a investigação de um tipo particular de coisa. Devemos compreender também a natureza da excelência na deliberação, bem como se esta é uma forma de conhecimento, uma opinião, uma habilidade em fazer conjecturas ou algum outro tipo de coisa. Não se trata de conhecimento científico porque os homens não investigam as coisas que conhecem, e uma boa deliberação é uma espécie de investigação, e aquele que delibera também investiga e calcula. Nem é a habilidade em fazer conjecturas, pois esta qualidade não envolve o raciocínio e é algo que opera com rapidez, enquanto os homens deliberam por muito tempo, e dizem que as conclusões de sua deliberação deve ser logo posta em prática, embora a deliberação deva ser lenta. Além disso, a prontidão mental é diferente da excelência na deliberação; é uma espécie de habilidade em fazer conjecturas.

A excelência na deliberação tampouco é opinião, seja de que espécie for. Mas, porque o homem que delibera mal comete um erro, enquanto aquele que delibera bem o faz corretamente, torna-se evidente que a excelência no deliberar é uma espécie de correção, mas não é conhecimento nem opinião. O conhecimento correto não existe (uma vez que não existe tal coisa como conhecimento errado), e a opinião correta é a verdade. Ao mesmo tempo, tudo que é objeto de opinião já se encontra determinado, ao passo que a excelência na deliberação envolve raciocínio.

A alternativa restante, então, é que ela seja uma correção do raciocínio. Isso ainda não é afirmação, mas a opinião o é - desde que ultrapassada a fase da investigação. O homem que delibera, quer faça isso bem, quer o faça mal, procura algo e calcula.

Mas a excelência na deliberação é uma deliberação correta; portanto, devemos primeiro investigar o que é a deliberação e qual seu objeto.

Havendo mais de um tipo de correção, é evidente que a excelência no deliberar não é uma espécie qualquer, pois (1) o indivíduo incontinente e o indivíduo mau, se forem inteligentes, chegarão aos resultados a que se propuseram, de modo que terão deliberado corretamente, mas alcançarão um grande mal para si mesmos. Deliberar bem é considerada uma coisa boa, pois esse tipo de deliberação correta é a excelência na deliberação - ou seja, aquela que tende a alcançar um bem. Mas (2) é até possível atingir o bem e chegar ao que se deve fazer por meio de um falso silogismo; não, contudo, pelo meio correto, uma vez que é falsa a premissa menor - isso, portanto, também não é a excelência no deliberar; trata-se de um estado em virtude do qual se obtém o que se deve, mas não pelo meio correto.

No entanto, (3) é possível alcançá-lo mediante uma longa deliberação, enquanto outro homem o alcança rapidamente. Portanto, no primeiro caso ainda não possuímos a excelência no deliberar, que é a correção quanto ao conveniente - ou seja, a correção em relação ao fim, à maneira e ao momento de agir.

(4) Além disso, é possível ter deliberado bem tanto no sentido absoluto como no que se refere a um fim específico. A excelência na deliberação, no sentido absoluto, é, portanto, aquilo que obtém êxito em relação à finalidade no sentido absoluto; e a excelência na deliberação, no sentido particular, é a coisa bem-sucedida relativamente a um fim particular. Se, então, é característica dos homens de sabedoria prática a boa deliberação, a excelência no deliberar será a correção no que diz respeito àquilo que conduz ao fim do qual a sabedoria prática é a apreensão verdadeira.

10

A inteligência e a perspicácia, em virtude das quais se diz que os homens são considerados inteligentes ou perspicazes, não se identificam inteiramente com a opinião ou com o conhecimento científico (pois nesse caso todos os homens seriam inteligentes), nem são elas partes das ciências particulares, como a medicina, que é a ciência das coisas relacionadas com a saúde, ou a geometria, que é a ciência das magnitudes espaciais. A inteligência não trata das coisas eternas e imutáveis, nem de alguma das coisas que vierem a existir, mas somente daquelas que podem se tornar temas de questionamento e deliberação. Portanto, trata-se dos mesmos objetos da sabedoria prática; mas a inteligência e a sabedoria prática não são a mesma coisa. A sabedoria prática emite comandos, uma vez que sua finalidade é aquilo que deve ou não ser feito; a inteligência, por seu turno, apenas julga. (A inteligência é idêntica à perspicácia, e homens inteligentes são o mesmo que homens perspicazes.) A inteligência não é nem a posse, nem a aquisição da sabedoria prática; mas, assim como o aprendizado é chamado entendimento quando significa o exercício da faculdade de conhecer, o entendimento é aplicável ao exercício da faculdade de opinar, com o propósito de julgar o que outra pessoa diz sobre os assuntos que são o objeto da sabedoria prática – e de julgar corretamente, pois "bem" e "corretamente" são a mesma coisa. Daí vem o uso do nome "inteligência", em virtude do qual se diz que os homens são "perspicazes" – da aplicação da palavra à apreensão da verdade científica, pois muitas vezes chamamos a isso ter bom entendimento.

11

O que chamamos discernimento, em virtude do qual se diz que os homens são considerados "juízes humanos" que "possuem discernimento", é a discriminação correta do equitativo. Isso é demonstrado pelo fato de dizermos que o homem equitativo é acima de tudo um homem de discernimento humano, e pelo fato de identificarmos a equidade com o discernimento humano sobre certos fatos. E esse discernimento é aquele que discrimina o que é equitativo e o faz corretamente; e o discernimento correto é aquele que julga com verdade.

Todas as disposições que vimos considerando convergem, como era de esperar, para o mesmo ponto, pois, quando falamos de discernimento, de inteligência, de sabedoria prática e de razão intuitiva creditamos às mesmas pessoas a posse do discernimento, o fato de ter alcançado a idade da razão e de possuir a sabedoria prática. Todas essas faculdades lidam com coisas imediatas, ou seja, com os particulares; e ser um homem inteligente ou de discernimento bom ou humano consiste em ser capaz de julgar as coisas que dizem respeito à sabedoria prática, uma vez que as equidades são comuns a todos os homens bons, em comparação a outros homens.

Todas as coisas que devem ser feitas estão incluídas entre os particulares ou os imediatos, pois o homem de sabedoria prática deve não apenas conhecer os fatos particulares, mas também os imediatos, porque a inteligência e o discernimento tratam das coisas a fazer, e estas são imediatas. Já a razão intuitiva ocupa-se com as coisas imediatas em dois sentidos, pois tanto os primeiros termos como os últimos são objetos da razão intuitiva e não do raciocínio, e a razão intuitiva que é pressuposta por demonstrações apreende os termos imutáveis e primeiros, enquanto a razão intuitiva envolvida no raciocínio prático apreende o fato último e variável, ou seja, a premissa menor. Esses fatos variáveis são os pontos de partida para a apreensão da finalidade, uma vez que os universais são alcançados tendo os particulares como ponto de partida; portanto, é necessário que possuamos percepção destes últimos, e essa percepção é a razão intuitiva.

Por tal motivo esses estados são considerados dotes naturais, e, embora de ninguém se diga que é filósofo por natureza, muitos possuem um discernimento, uma inteligência e uma razão intuitiva inatos. Observamos isso quando pensamos que nossos poderes correspondem a nosso tempo de vida, e que uma determinada idade traz consigo a razão intuitiva e o discernimento. Isso implica que a causa seja natural. (Em consequência, a razão intuitiva é um começo e um fim, pois as demonstrações partem destes e versam sobre eles.) Portanto, devemos aceitar, não menos que as demonstrações, os aforismos e as opiniões não demonstradas das pessoas experientes e mais velhas, bem como das pessoas de sabedoria prática. Elas são capazes de ver corretamente porque a experiência deu-lhes um terceiro olho.

Aqui encerramos a exposição do que são a sabedoria prática e a sabedoria filosófica, em que cada uma delas consiste, e mostramos que cada uma é a virtude de uma parte diferente da alma.

12

Dificuldades podem ser levantadas quanto à utilidade dessas qualidades da mente, pois (1) a sabedoria filosófica não contempla nenhuma das coisas que fazem feliz um homem (uma vez que não se ocupa das coisas geradas); e embora a sabedoria prática tenha esse mérito, para qual propósito precisamos dela? A sabedoria prática é a disposição da mente que se ocupa com as coisas justas, nobres e boas para o homem, mas essas são as coisas cuja prática é característica de um homem bom, e não nos tornamos mais capazes de agir por conhecê-las se as virtudes são estados de caráter, assim como não somos mais capazes de agir por conhecer as coisas que são saudáveis e sãs não no sentido de produzir a saúde, mas de ser consequência dela.

Não somos capazes de agir mais por nos apropriar da arte médica ou da ginástica. Mas (2) se dissermos que um homem deve ter sabedoria prática não para conhecer as verdades morais, mas para se tornar bom, a sabedoria prática não terá utilidade alguma para aqueles que já são bons; por outro lado, tampouco é útil para aqueles que não têm virtude. Não faz nenhuma diferença que eles possuam a sabedoria prática ou que obedeçam aos que a possuem, e basta que façamos o que costumamos fazer no caso da saúde; embora desejemos ficar saudáveis, não nos dispomos, por esse motivo, a aprender a arte médica. (3) Além disso, seria estranho se a sabedoria prática, sendo inferior à sabedoria filosófica, tivesse autoridade sobre esta, como parece estar implícito no fato de que a arte que produz uma coisa qualquer exerce o mando e o governo sobre essa coisa.

Essas, então, são as questões que devemos discutir; até agora temos apenas levantado as dificuldades.

(1) Em primeiro lugar, diremos que esses estados de caráter devem ser dignos de escolha porque são as virtudes das duas partes da alma, respectivamente, e assim o seriam mesmo que nenhuma delas nada produzisse.

(2) Em segundo lugar, elas na verdade produzem algo, mas não como a arte médica produz saúde, porém como a saúde produz saúde. É dessa maneira que a sabedoria filosófica produz felicidade; sendo ela uma parte da virtude inteira, torna um homem feliz por estar em sua posse e por atualizar-se.

(3) A obra de um homem só é perfeita quando realizada de acordo com a sabedoria prática e com a virtude moral, pois a virtude nos faz almejar o reto propósito, enquanto a sabedoria prática nos leva a escolher os meios certos para alcançá-lo. (Da quarta parte da alma não existe virtude dessa espécie, pois não depende dela fazer ou não fazer algo.)

(4) Com relação a não sermos mais capazes de fazer coisas nobres e justas por causa da sabedoria prática, voltemos um pouco atrás a fim de começar do seguinte princípio: assim como dizemos que algumas pessoas que praticam atos justos não são necessariamente justas por isso – nós nos referimos àquelas que praticam os atos prescritos pela lei, seja involuntariamente, seja devido à ignorância ou por alguma outra razão, porém não no interesse dos próprios atos, embora, com certeza, tais pessoas fazem o que devem e todas as coisas que o homem bom deve fazer. Parece que, para ser bom, é preciso estar em uma certa disposição quando se pratica cada ato; ou seja, é preciso praticá-los como resultado de uma escolha e no interesse dos próprios atos.

A virtude torna reta a escolha, mas quais coisas são aptas por natureza para que nossa escolha possa se realizar não as aprendemos da virtude e sim de outra faculdade. Devemos dedicar nossa atenção a esses assuntos e investigá-los com mais rigor.

Existe uma faculdade que é chamada habilidade, e sua natureza permitir-lhe ser capaz de fazer as coisas que levam à finalidade proposta.

Se esse fim for nobre, a habilidade será louvável, mas se for mau, a habilidade será mera astúcia. Daí chamarmos hábeis ou astutos os homens de sabedoria prática. Esta não é a faculdade, mas não existe sem ela. E esse olho da alma somente adquire seu desenvolvimento perfeito com a ajuda da virtude, como já dissemos e como é evidente. O motivo disso é que os silogismos sobre o que se deve fazer começam assim: "Visto que o fim, ou seja, o que é melhor, é de tal ou qual natureza..." Vamos admitir, em razão do argumento, que, seja ela o que for, apenas o homem bom a conhece verdadeiramente, uma vez que a maldade nos perverte e faz com que nos enganemos sobre os princípios da ação.

Portanto, é evidente ser impossível possuir sabedoria prática sem ser bom.

13

Devemos, portanto, considerar a virtude mais uma vez, pois nela se observa uma relação do mesmo gênero. Assim como a sabedoria prática está para a habilidade – não sendo a mesma coisa, mas algo semelhante – assim também a virtude natural está para a virtude no sentido estrito do termo. Todos os homens pensam que, de certa maneira, cada tipo de caráter pertence por natureza àquele que o manifesta, e que desde o nascimento somos justos ou capazes de autocontrole ou corajosos ou dotados de outras qualidades morais. No entanto, ainda buscamos outro bem, pois desejamos que tais qualidades existam em nós de outra maneira. Tanto as crianças como os brutos têm as disposições naturais para essas qualidades, mas, quando não estão acompanhadas da razão, elas são evidentemente prejudiciais. Apenas nós parecemos notar que elas podem nos conduzir para o mau caminho, assim como um corpo robusto mas carente de visão pode tropeçar e cair em função da cegueira. Contudo, após adquirir a razão, seu modo de agir será diferente, e sua disposição, embora ainda se pareça com o que era, passará a ser virtude em sentido estrito. Portanto, assim como na parte de nós que forma opiniões existem dois tipos – a habilidade e a sabedoria prática –, assim também na parte moral existem dois tipos, a virtude natural e a virtude no sentido estrito. Destas, a última envolve a sabedoria prática.

Por isso alguns dizem que todas as virtudes são formas de sabedoria prática. Sócrates, em certo aspecto, tinha razão, porém em outro aspecto não a tinha. Ele errou ao pensar que todas as virtudes eram formas de sabedoria prática, mas estava certo ao dizer que elas implicavam esse tipo de sabedoria. Podemos ver uma confirmação disso no fato de que ainda hoje todos os homens, quando definem a virtude, depois de apontar o estado de caráter e os seus objetos, adicionam "aquilo (o estado) que está de acordo com a reta razão". Ora, a reta razão é aquela que está de acordo com a sabedoria prática.

Todos os homens, então, parecem de algum modo adivinhar que esse tipo de estado, que está de acordo com a sabedoria prática, é virtude. Mas devemos ir um pouco mais longe, pois não é apenas o estado de caráter que está de acordo com a reta razão, mas é virtude o estado que implica a *presença* da reta razão; e a sabedoria prática é a reta razão sobre tais assuntos. Sócrates pensava que as virtudes fossem regras ou princípios racionais (pois considerava todas elas como formas de conhecimento científico), enquanto nós pensamos que elas *envolvem* um princípio racional. É evidente, pelo que foi dito, que não é possível ser bom em sentido estrito sem a sabedoria prática, nem possuir essa sabedoria sem virtude moral. E dessa maneira também podemos refutar o argumento dialético pelo qual alguns afirmam que as virtudes existem separadas umas das outras; e o mesmo homem, pode-se dizer, não está mais bem preparado pela natureza para todas as virtudes, de modo que poderá adquirir uma delas sem ter adquirido outra. Isso é possível em relação às virtudes naturais, mas não àquelas que nos fazem qualificar um homem, incondicionalmente, de bom, pois, com a presença de uma única qualidade, a sabedoria prática, ele receberá todas as virtudes. E é evidente que, mesmo que ela não tivesse valor prático, seria necessária porque é a virtude da parte da alma a que nos referimos; também é evidente que a escolha não será certa sem a sabedoria prática, como não o seria sem a virtude, pois uma determina o fim e a outra nos leva a fazer as coisas que conduzem ao fim. Mas nem por esse motivo ela domina a sabedoria filosófica, ou seja, a parte superior de nossa alma, assim como a arte médica não domina a saúde, pois não se serve dela e sim fornece os meios de produzi-la, e faz prescrições no seu interesse. Além disso, sustentar sua supremacia seria como dizer que a arte política governa os deuses, porque essa arte faz prescrições a respeito de todos os assuntos do Estado.

Livro VII

Disposições diferentes da virtude e do vício

1

Recomecemos nossa investigação sob um novo ponto de partida, apontando as disposições morais a evitar. Elas são de três tipos: o vício, a incontinência e a brutalidade.

Os contrários de dois deles são evidentes. Ao vício opomos a virtude; à incontinência, a continência; à brutalidade seria mais adequado opor uma virtude sobre-humana, um tipo de virtude heroica e divina, como aquela que Príamo atribui a Heitor em *Ilíada*, de Homero, afirmando:

Pois ele não parecia o filho de um mortal
Mas alguém que vinha da semente dos deuses.

Portanto, se, como dizem, os homens se tornam deuses por excesso de virtude, essa espécie deve ser, evidentemente, a disposição contrária à brutalidade. Assim como um bruto não tem vício nem virtude, tampouco um deus os tem; seu estado é superior à virtude, e a de um bruto é uma espécie diferente do vício.

Uma vez que raramente se encontra um homem divino – para usar o epíteto dos espartanos, que chamam "divino" um indivíduo que muito admiram –, também o tipo brutal raramente é encontrado entre os homens. Ele existe principalmente entre os bárbaros, mas algumas qualidades brutais também são produzidas por doença ou por deformidade; também chamamos por esse mau nome aqueles cujo vício vai além de todos os padrões comuns. Dessa espécie de disposição vamos tratar mais tarde. Em relação ao vício, já o discutimos antes.

Devemos agora falar da incontinência e da doçura (ou efeminação) e de seus contrários, a continência e a fortaleza, porque precisamos tratar de ambas como não idênticas à virtude ou à maldade, nem como um gênero diferente. Devemos, como fizemos em todos os outros casos, definir os fatos observados e, após discutir as dificuldades, trataremos de provar, se possível, a verdade de todas as opiniões comuns sobre essas afecções da mente – ou, se não de todas, ao menos do maior número e das mais autorizadas; pois se refutarmos as objeções e deixarmos as opiniões comuns intactas, teremos provado suficientemente a nossa tese.

Ora, (1) considera-se que tanto a continência como a fortaleza incluem-se entre as coisas boas e louváveis, ao passo que a incontinência e a doçura estão entre as coisas más e censuráveis. O mesmo homem pode ser considerado continente e pronto para sustentar o resultado de seus cálculos, ou incontinente e pronto a abandoná-los. (2) o homem incontinente, ao saber que é mau aquilo que faz, age levado pela paixão, enquanto o homem continente, sabendo que seus apetites são maus, recusa-se a segui-los devido ao princípio racional. (3) O temperante é chamado continente e disposto à fortaleza, enquanto alguns afirmam, e outros negam, que o homem continente é sempre temperante. Alguns chamam intemperante ao homem incontinente, e incontinente ao intemperante, de modo indiscriminado, enquanto outros os distinguem. (4) O homem de sabedoria prática, diz-se às vezes, não pode ser incontinente, e em outras vezes dizem que alguns homens desse tipo, e hábeis, são incontinentes. Finalmente, (5) os homens são considerados incontinentes até mesmo em relação à cólera, à honra e ao lucro.

Estas são, pois, as coisas que as pessoas costumam dizer.

2

Agora podemos perguntar (1) como um homem que julga corretamente pode se comportar de maneira incontinente. Alguns afirmam que essa conduta é incompatível com o conhecimento, pois seria estranho – como pensava Sócrates – que, quando o conhecimento existisse em um homem, alguma coisa pudesse dominá-lo e arrastá-lo como a um escravo. Sócrates se opunha inteiramente a essa opinião, sustentando que a incontinência não existe. Afirmava que ninguém, depois de julgar, pratica atos contrários ao que julgou ser melhor; as pessoas apenas agem assim pela ignorância. Essa opinião contradiz claramente os fatos observados, e devemos indagar o que acontece a um homem assim. Se age em razão da ignorância, de que espécie de ignorância se trata? É evidente que o homem que age de maneira incontinente não pensa, antes de entrar nesse estado, que deva agir desse modo. Mas há alguns que aceitam certas afirmações de Sócrates, e outros não. Admitem que nada é mais forte do que o conhecimento, mas discordam de que alguém possa agir de forma contrária ao que lhe pareceu melhor; portanto, dizem que o homem incontinente, quando dominado por seus prazeres, não possui conhecimento, mas apenas opinião. Contudo, quando se trata de opinião e não de conhecimento, quando não há uma convicção sólida, resistente, mas sim fraca, como em homens hesitantes, simpatizamos com sua incapacidade de manter tais convicções contra apetites poderosos; não simpatizamos, no entanto, com a maldade nem com alguma disposição merecedora de críticas. Seria o caso de a resistência da sabedoria prática dar-se por vencida? Essa é a mais potente de todas as disposições. Mas tal suposição é absurda, pois um mesmo homem teria de ser a um só tempo incontinente e dotado de sabedoria prática, e ninguém diria ser próprio de um homem de sabedoria prática cometer voluntariamente os atos mais vis. Além disso, já mostramos que os indivíduos de sabedoria prática são aqueles que preferem a ação (pois se ocupam com os fatos particulares) e que possuem as outras virtudes.

(2) Se a continência envolvesse apetites poderosos e maus, o homem temperante não seria continente nem o continente seria temperante, pois este último não tem apetites excessivos nem maus. Todavia, o homem continente deve tê-los, pois, se os apetites são bons, o estado de caráter que o impede de segui-los é mau, de modo que nem toda continência é boa; e, se tais homens são fracos mas não são maus, não há nada de admirável na contenção desses bons apetites; por outro lado, se os homens são fracos e maus, não há nada de incomum na resistência aos bons apetites.

(3) Além disso, se a continência torna um homem pronto para sustentar com vigor qualquer opinião, mesmo as falsas, a continência é má; e se a incontinência leva um homem a abandonar com facilidade qualquer opinião, haverá uma espécie boa de incontinência, da qual é exemplo Neoptólemo, como Sófocles nos apresenta em *Filoctetes*[29]. Ele deve ser elogiado por não haver cumprido o que Odisseu o persuadira a fazer, porque odiava a mentira.

(4) Além disso, o argumento sofístico apresenta uma dificuldade. O silogismo decorrente do desejo do refutador de expor os resultados

[29] Na tragédia *Filoctetes*, de Sófocles, Neoptólemo (nascido Pirro, filho de Aquiles com a princesa Deidamia) vê-se diante de dois dilemas. Um deles é escolher entre os argumentos de Odisseu (pragmático) e de Filoctetes (idealista, abandonado em uma ilha deserta em razão de um ferimento grave e fétido que nunca fecha) em relação a tomar o arco e as flechas que Filoctetes herdou de Héracles e que, segundo o vidente troiano Heleno, dará aos gregos a vitória na guerra de Troia, e deixar Filoctetes morrer sozinho na ilha. O outro dilema é pessoal: ambicioso, o jovem oscila entre fazer o que será melhor para seu futuro e os valores éticos, solidários, que possui.

paradoxais da opinião de um adversário, a fim de conquistar a admiração dos ouvintes quando bem-sucedido, é aquele que nos coloca em dificuldade (pois o raciocínio torna-se rapidamente limitado por não se deter quando a conclusão não o satisfaz; e não pode avançar porque é incapaz de refutar o argumento). Há um silogismo do qual se conclui que a loucura associada à incontinência é virtude, pois nesse caso um homem faz o contrário do que julga em razão da incontinência; o que é bom lhe parece mau, algo a evitar; logo, ele fará o que é bom e não o que é mau.

(5) Além disso, aquele que, por convicção, faz, procura e escolhe o que é agradável, seria considerado melhor do que aquele que o faz não como resultado de um cálculo, mas da incontinência; porque o primeiro é mais fácil de curar, uma vez que se pode persuadi-lo a mudar de ideia. Já ao incontinente pode-se aplicar o provérbio: "Quando a água sufoca, como a faremos baixar?". Se o incontinente tivesse sido persuadido da justeza do que faz, haveria desistido no momento mesmo da persuasão; no entanto, sem isso, ele age, apesar de persuadido de algo bem diferente.

(6) Por fim, se a incontinência e a continência dizem respeito a todo tipo de objeto, que vem a ser o incontinente no sentido absoluto? Ninguém possui todas as formas de incontinência, mas dizemos que algumas pessoas são incontinentes em absoluto.

3

De uma espécie são as dificuldades que surgem. Alguns desses pontos podem ser refutados, ao passo que outros tomarão posse do campo, porque a solução da dificuldade surge quando se descobre a verdade.

(1) Devemos considerar primeiro se as pessoas incontinentes agem intencionalmente ou não, e em que sentido; depois, (2) em que tipo de objeto pode-se dizer que o homem incontinente e o continente estão interessados (se com todo e qualquer prazer ou dor ou se somente com

determinados tipos de prazer ou de dor), e se o homem continente e o homem dotado de fortaleza são iguais ou diferentes; da mesma maneira em relação às outras questões pertinentes a esta investigação.

Nosso ponto de partida é (a) saber se o homem continente e o incontinente são diferenciados por seus objetos ou por sua atitude, ou seja, se o indivíduo incontinente o é simplesmente por se relacionar com tais e quais objetos, ou se, em vez disso, o é por sua atitude, ou por ambas as coisas; (b) a segunda questão é se a incontinência e a continência têm relação com todo e qualquer objeto ou não.

O homem que é incontinente no sentido absoluto não se interessa por todo e qualquer objeto, mas sim, precisamente, por aqueles com os quais se ocupa o intemperante. O incontinente tampouco se caracteriza por essa relação simples (pois, se assim fosse, sua disposição se identificaria com a intemperança), mas por estar ligado a eles de uma certa maneira. Um é conduzido por sua própria escolha, pensando que deve sempre buscar o prazer imediato; já o outro não pensa desse modo, embora ainda assim procure o prazer.

(1) Quanto à sugestão de que é contra a reta opinião - e não contra o conhecimento - que agimos de maneira incontinente, dizemos que isso não faz diferença para nossa investigação; porque algumas pessoas pensam ter um conhecimento exato quando, na verdade, possuem uma opinião. Então, se aquilo que se quer sustentar é que, devido a uma convicção fraca, aqueles que têm opinião são mais propensos a agir contra o seu próprio julgamento do que aqueles que sabem, responderemos que a esse respeito não há diferença entre conhecimento e opinião, pois alguns homens não estão menos convencidos do que pensam que do que sabem, como o mostra o caso de Heráclito[30]. Mas (a), uma vez que usamos a palavra "saber" em dois sentidos (pois tanto do homem que possui o conhecimento mas não o usa como daquele que o possui e usa, dizemos

[30] Aristóteles se refere a Heráclito de Éfeso (c. 540-470 a.C.), filósofo pré-socrático, segundo o qual não existiria unidade na natureza, pensamento contrário à filosofia de sua época. Ela seria caracterizada por um movimento contínuo, em que nada permanece igual.

que sabem), fará diferença se um homem pratica o que não deve e tem o conhecimento, mas não o exerce ou o exerce, porque a segunda hipótese parece estranha, mas não a primeira.

(b) Além disso, uma vez que existem dois tipos de premissas, nada impede que um homem possua ambas e aja contra seu próprio conhecimento, contanto que utilize somente a premissa universal, não a particular, pois os atos a realizar são particulares. Também há duas espécies de termo universal; um é predicável do agente e outro, do objeto: por exemplo, "a comida seca é boa para todos os homens" e "eu sou um homem" ou "tal comida é seca"; mas o homem incontinente não tem ou não usa o conhecimento de que "esta comida é tal e tal". Haverá então, em primeiro lugar, uma enorme diferença entre esses modos de saber, pois não pareceria nada estranho conhecer um dos modos e ao mesmo tempo agir de maneira incontinente, ao passo que fazer isso, conhecendo o outro modo, seria extraordinário.

E ainda (c) a posse do conhecimento em outro sentido que não os que acabamos de mencionar acontece aos homens, pois naqueles que possuem conhecimento sem usá-lo vemos uma diferença de estado que leva a admitir a possibilidade de ter conhecimento em certo sentido e a um só tempo não o ter, como ocorre nos casos dos que dormem, dos loucos e dos embriagados.

É precisamente essa a condição dos homens que agem sob a influência das paixões, pois é evidente que as explosões de raiva, de apetite sexual e de outras paixões alteram a condição do corpo, e em alguns homens chegam até mesmo a produzir acessos de loucura. É evidente, então, que dos incontinentes podemos dizer que se encontram em um estado semelhante ao dos homens adormecidos, loucos ou embriagados. O fato de os indivíduos usarem uma linguagem característica do conhecimento não prova nada, uma vez que até mesmo os homens que estão sob a influência dessas paixões podem elaborar provas científicas e declamar versos de Empédocles, e aqueles que começaram a aprender uma ciência podem encadear suas proposições sem conhecê-la. Para conhecer realmente uma ciência, é mister que ela se torne parte do aprendiz, o que leva tempo;

portanto, é de supor que o uso da linguagem pelos homens em estado de incontinência signifique não mais do que as declamações de atores em um palco.

(d) Também podemos observar o caso da seguinte maneira, com referência às características da natureza humana: uma das opiniões é universal, e outra está relacionada com os fatos particulares; e aqui nos deparamos com algo que está dentro da esfera da percepção. Quando uma única opinião resulta de duas delas, a alma, em um caso, afirmará a conclusão, enquanto, no caso de opiniões relacionadas com a produção, ela agirá de imediato (por exemplo, se "tudo que é doce deve ser provado" e "isto é doce" – no sentido de ser uma das coisas doces particulares –, o homem que pode agir e não está impedido de fazê-lo procederá imediatamente em conformidade com a conclusão). Assim, quando está presente em nós a opinião universal, proibindo-nos de provar, mas também há a opinião de que "tudo que é doce é agradável", e de que "isto é doce" (e essa é a opinião que está ativa), e quando acontece de estar presente em nós o apetite, uma das opiniões nos convida a evitar o objeto, mas o apetite nos leva a ele (pois tem o poder de mover cada parte do nosso corpo); então ocorre que um homem age de modo incontinente, sob a influência (em determinado sentido) de uma razão e de uma opinião que não é contrária em si mesma, mas apenas acidentalmente, à reta razão (pois o apetite lhe é contrário, mas não o é a opinião). Daqui se segue que esse também é o motivo pelo qual os animais inferiores não são incontinentes; eles não têm juízo universal, mas apenas imaginação e memória de particulares.

A explicação de como a ignorância é dissolvida e o homem incontinente recupera seu conhecimento é a mesma do caso dos embriagados e adormecidos e não tem nada de peculiar a esta condição. Devemos pedi-la aos estudiosos de ciências naturais. Sendo a segunda premissa, a um só tempo, uma opinião sobre um objeto perceptível e aquilo que determina nossas ações, ou um homem não a possui quando está no estado de paixão ou a possui no sentido em que ter conhecimento não significa conhecer mas apenas falar, como um homem embriagado declama os versos de Empédocles. E porque o último termo não é universal, nem um objeto de conhecimento científico semelhante ao termo universal, parece realmente resultar daí a posição que Sócrates pretendia estabelecer; pois não é em presença do que consideramos ser conhecimento propriamente dito que surge a afecção de incontinência (nem é verdade que ele seja "arrastado" como resultado do estado de paixão), mas o que se encontra presente é apenas o conhecimento perceptivo.

Isso deve ser suficiente como resposta à questão da ação acompanhada ou não de conhecimento, e de como é possível agir de maneira incontinente com conhecimento de causa.

4

(2) A seguir examinaremos se há quem seja incontinente no sentido absoluto ou se todos os homens incontinentes o são em um sentido particular; e se existir alguém assim, investigaremos com que tipo de objetos ele se relaciona.

É evidente que tanto as pessoas continentes e fortes como as incontinentes e efeminadas ocupam-se com prazeres e dores. Das coisas que produzem prazer, algumas são necessárias, enquanto outras são dignas de escolha por si mesmas, mas admitem o excesso, havendo necessidade das causas corporais de prazer (não apenas aquelas que se relacionam à alimentação como também à conjunção sexual, ou seja, aos estados corporais que, como dissemos, referem-se à intemperança e à temperança), enquanto as outras não são necessárias, mas merecem ser escolhidas por si mesmas (como a vitória, a honra, a riqueza e outras coisas boas e agradáveis). Sendo assim, (a) aqueles que vão ao excesso em relação às segundas, contrariamente à reta razão que têm em si, não são chamados incontinentes, simplesmente, mas de incontinentes "em relação a dinheiro, à honra, ao lucro ou à raiva" - não simplesmente incontinentes, dizemos, porque são diferentes das pessoas incontinentes assim chamadas por causa de uma semelhança. (Compare-se a história de *Anthropos* - Homem -, que venceu uma disputa nos Jogos Olímpicos[31]; no seu caso, a definição geral de homem diferia pouco da definição que lhe era peculiar, mas ainda assim diferia.) Mostra-o o fato de que tanto a incontinência no sentido absoluto como aquela relativa a algum prazer físico particular serem censuradas não apenas como uma falta mas também como uma espécie de vício, enquanto nenhuma das pessoas incontinentes a esses outros aspectos é censurada por isso.

Mas (b) das pessoas que são incontinentes com respeito aos prazeres corporais, com os quais dizemos relacionar-se o homem temperante e o intemperante, aquele que busca o excesso das coisas agradáveis - e evita o das coisas dolorosas, como a fome, a sede, o calor, o frio e todos os objetos do tato e do paladar - não por escolha, mas contrariando a sua escolha e o seu julgamento, é chamado incontinente, não com a especificação "em relação a isto ou aquilo" - como, por exemplo, à raiva -, mas em um sentido absoluto. Tal fato é confirmado porque há homens chamados "doces" ou "efeminados" no que diz respeito a esses prazeres, mas não em relação a algum dos outros.

Por esse motivo reunimos em um só grupo os incontinentes e os intemperantes, os continentes e os temperantes - mas não quaisquer outros tipos -, porque eles se referem de algum modo aos mesmos prazeres e às mesmas dores. Mas, embora se relacionem com os mesmos objetos, essa relação não é a mesma, uma vez que alguns fazem escolhas deliberadas enquanto outros não.

É por isso que merece bem mais a descrição de intemperante o homem que, sem apetite ou com um apetite escasso, persegue os excessos do prazer e evita as dores moderadas, do que o homem que o faz porque

---

[31] Os esportes, na Grécia antiga, tinham como características a competição (*ágon*), a excelência (*areté*) e a coragem (*andreía*). Esta última se relaciona com *anér*, conceito pelo qual se louva o homem como macho, não simplesmente como *anthropos*, isto é, pertencente à espécie humana.

possui apetites poderosos. Pois o que o primeiro faria se seus apetites fossem vigorosos e se a falta dos objetos "necessários" o levassem a sofrer violentamente?

Quanto aos apetites e prazeres, alguns pertencem à classe das coisas genericamente nobres e boas, pois algumas coisas agradáveis são por natureza dignas de escolha, enquanto outras lhes são contrárias ou ocupam uma posição intermediária, para adotar a distinção que já estabelecemos. Exemplos da primeira classe são a riqueza, o lucro, a vitória, a honra. E com referência a todos os objetos desta classe ou da intermediária, os homens não são censurados por se deixar afetar por eles, por desejá-los e amá-los, mas por fazê-lo de um certo modo, ou seja, em excesso. (Por isso, todos aqueles que, opondo-se à reta razão, não são maus por se deixar dominar por um dos objetos naturalmente nobres e bons e os buscam custe o que custar – como, por exemplo, os que se ocupam mais do que deveriam com a honra ou com os filhos e os pais. Isso se deve ao fato de que essas coisas são boas e quem se ocupa delas é elogiado. Mas mesmo aí pode haver um excesso se, como Níobe[32], alguém lutasse contra os deuses, ou se fosse dedicado demais ao pai, como Sátiro, de cognome "filial", considerado muito tolo por isso.) Assim, não há maldade, no que diz respeito a esses objetos, pela razão indicada, ou seja, porque cada um deles é por natureza digno de escolha por si só; o excesso em relação a eles, todavia, é mau e deve ser evitado. Da mesma forma, não existe incontinência no que diz respeito a esses objetos, pois a incontinência não somente deve ser evitada como também é digna de censura; mas em função de uma semelhança em relação ao sentimento, as pessoas usam o nome de incontinência, adicionando a cada caso o objeto a que se refere, assim como descrevemos como mau médico ou mau ator a quem simplesmente não classificaríamos como mau em si.

[32] Personagem da mitologia grega, Níobe, rainha de Tebas, com 14 filhos, humilha a deusa Leto, mãe dos gêmeos Apolo e Ártemis, impedindo uma cerimônia em homenagem a ela. Leto e seus filhos vingam-se eliminando os 14 filhos de Níobe e seu marido, levando-a ao suicídio. Transformada em pedra e mortificada por seu destino, ela nunca parou de chorar.

Como, então, nesse caso não aplicamos o termo em sentido absoluto porque cada uma dessas condições não é maldade, mas apenas análoga a ela, é claro que no outro caso só se deve considerar como incontinência e continência aquilo que está relacionado com os mesmos objetos da temperança e da intemperança. Contudo, aplicamos o termo à raiva em virtude de uma semelhança; e é por isso que dizemos: "Incontinente em relação à raiva" e "Incontinente em relação à honra ou ao lucro".

5

(1) Algumas coisas são agradáveis por natureza, e, dessas, (a) algumas o são em sentido absoluto e (b) outras em relação a classes particulares de animais ou de homens; enquanto (2) das não agradáveis por natureza, (a) algumas se tornam agradáveis como resultado de distúrbios no organismo, (b) outras em razão de hábitos adquiridos e (c) outras ainda por causa de uma natureza originalmente má. Sendo assim, é possível, em relação a cada espécie do segundo grupo, descobrir estados de caráter semelhantes aos que reconhecemos em relação ao primeiro. Refiro-me (A) aos estados brutais, como no caso da mulher que, dizem, rasga o ventre das grávidas e devora os fetos, ou das coisas com que se deleitam algumas das tribos que vivem às margens do mar Negro, que se tornaram selvagens e, dizem, comem carne crua ou carne humana, e levam seus filhos para banquetear com eles. Há ainda a história que se conta de Fálaris.

Esses estados são brutais, mas (B) outros surgem como resultado de doenças (ou, em alguns casos, de loucura, como o homem que sacrificou e devorou sua própria mãe, ou do escravo que comeu o fígado de um companheiro) ou de estados mórbidos (C) resultantes do hábito, como o de arrancar o cabelo, de roer as unhas ou mesmo de comer carvão ou terra; além desses, deve-se acrescentar a pederastia. Todos eles surgem em alguns por natureza e em outros, como naqueles que foram vítimas de luxúria alheia desde a infância, do hábito.

Aqueles nos quais é a natureza a causa de tal estado, ninguém chamaria incontinente, assim como ninguém aplicaria o epíteto às mulheres por causa do papel passivo que desempenham na cópula. Nem seria ele aplicado àqueles que estão em uma condição mórbida em consequência do hábito. Ter esses vários tipos de hábito está além dos limites do vício, como também o está a brutalidade. Para o homem que os possui, dominá-los ou ser dominado por eles não é questão de simples continência ou incontinência, mas daquilo que é assim por analogia; o homem que tem essa condição em relação aos acessos de raiva deve ser chamado incontinente em razão desse sentimento, mas não incontinente em sentido absoluto. Todo estado excessivo – de loucura, de covardia, de intemperança ou de fúria – ou é brutal ou é mórbido.

O homem que por natureza é capaz de temer tudo, até mesmo o guincho de um rato, tem uma covardia bruta, enquanto aquele que teme uma doninha o faz por estar doente. Dos tolos, os que por natureza são imprudentes e vivem somente por seus sentidos são brutos, como acontece com algumas raças de bárbaros distantes, ao passo que os que são assim como resultado de uma doença (da epilepsia, por exemplo) ou da loucura são mórbidos. Dessas características, é possível ter algumas apenas às vezes, sem ser dominado por elas. Fálaris, por exemplo, pode ter contido o desejo de comer a carne de uma criança ou de satisfazer um apetite sexual contrário à natureza; mas também é possível ser dominado por esses sentimentos e não somente tê-los. Assim como a maldade mantida no nível humano é chamada simplesmente maldade, enquanto a de outro tipo não é simples maldade, mas maldade com a qualificação de "brutal" ou "mórbida", da mesma forma é evidente que existe uma incontinência brutal e outra mórbida, mas apenas aquela que corresponde à intemperança humana é simples incontinência.

Está claro, desse modo, que a incontinência e a continência se relacionam com os mesmos objetos da intemperança e da temperança, e o que diz respeito a outros objetos é um tipo diferente de incontinência; recebe esse nome por metáfora e não é chamado simples incontinência.

6

A incontinência em relação à raiva é menos vergonhosa do que aquela que diz respeito aos apetites, como veremos agora. (1) A raiva parece ouvir a razão até certo ponto, mas não a entende, assim como os servos apressados que saem correndo antes de termos acabado de dizer o que queremos e, em seguida, confundem a ordem; ou como os cães que latem simplesmente ao ouvir uma batida à porta, antes de olhar para ver se quem pede para entrar é um amigo. Além disso, por causa de sua natureza impetuosa e ardente, a raiva, embora ouça, não presta atenção às ordens e trata de operar a vingança. O raciocínio ou a imaginação nos informa que fomos insultados ou menosprezados, e a raiva, concluindo, por assim dizer, que isso deve ser combatido, ferve imediatamente; já o apetite, se o raciocínio ou a percepção lhe dizem que um objeto é agradável, corre para deliciar-se com ele. Portanto, a raiva obedece ao raciocínio em certo sentido, mas o apetite não. Por isso ele é mais censurável, uma vez que o homem incontinente no que diz respeito à raiva é, de determinada maneira, vencido pelo raciocínio, enquanto o outro é conquistado pelo apetite e não pelo raciocínio.

(2) Além disso, perdoamos mais facilmente as pessoas por seguirem os desejos naturais, isto é, os apetites comuns a todos os homens, na medida em que são comuns. A raiva e a irritabilidade são mais naturais que o apetite pelos excessos, ou seja, por objetos desnecessários. Tome-se por exemplo o homem que se defendeu da acusação de ter batido no próprio pai dizendo: "Sim, mas ele batia no pai dele, que por sua vez batia no dele, e (apontando para seu filho) este menino vai me bater quando for homem; isso sempre acontece na família"; ou o homem que, quando estava sendo arrastado por seu filho, pediu que este parasse à porta, porque ele mesmo arrastara seu pai apenas até ali.

(3) Além disso, aqueles que são mais dados a conspirar contra os outros são mais criminosos. Um homem furioso não é dado a conspirar, nem o faz a própria raiva, que é franca e aberta; mas a natureza do apetite é

ilustrada pela qualificação que os poetas dão a Afrodite, "insidiosa filha de Chipre", e pelos versos de Homero sobre seu "cinto bordado":

E ali se encontram os sussurros de amor
Sutis, eles roubam o juízo dos sábios
Mesmo dos mais prudentes.

Portanto, se esta forma de incontinência é mais criminosa e vergonhosa do que a da raiva, ela é tanto incontinência no sentido absoluto como um vício.

(4) Ninguém comete um ultraje desenfreado com um sentimento de dor, mas todo aquele que age com raiva o faz com dor, enquanto o homem que comete atos de ultraje age com prazer. Se, então, os atos que mais justamente estimulam a raiva são mais criminosos do que os outros, mais criminosa é a incontinência, que é devida ao apetite, pois não há ultraje envolvido na raiva.

É evidente, desse modo, que a incontinência causada pelo apetite é mais vergonhosa do que aquela relacionada com a raiva, e tanto a continência como a incontinência se ocupam com os apetites e com os prazeres do corpo. Contudo, devemos compreender as diferenças entre estes últimos, pois, como dissemos no início, alguns apetites são humanos e naturais tanto em espécie como em grandeza, ao passo que outros são brutais e outros ainda são devidos a lesões e doenças orgânicas.

Somente com os primeiros têm relação a temperança e a intemperança; é por isso que não chamamos aos animais inferiores nem temperantes, nem intemperantes, exceto em linguagem figurada e somente se alguma raça de animais exceder outra em devassidão, destrutividade e na ganância onívora. Estes não têm a capacidade de escolher ou calcular, mas são desvios da norma natural, como, entre os homens, o são os loucos. Considera-se a brutalidade um mal menor do que o vício, embora mais alarmante, pois a parte pervertida não é a melhor, como no homem; os brutos não têm uma parte melhor. Portanto, é como comparar uma coisa sem vida com um ser vivo a respeito da maldade; porque a maldade daquilo que não tem uma fonte causadora de movimento é sempre menos dolorosa, e a razão é uma fonte dessa espécie. Assim, é como comparar a injustiça em abstrato com um homem injusto. Cada um é, em certo sentido, pior, pois um homem mau provocará dez vezes mais dano do que um bruto.

7

No que diz respeito a prazeres, dores, apetites e aversões que surgem em nós por meio do tato e do paladar, aos quais tínhamos reduzido a temperança e a intemperança, é possível ter uma disposição que seja derrotada mesmo por aquelas que a maioria das pessoas domina, ou dominar aquelas às quais a maioria não consegue resistir. Entre essas possibilidades, as relacionadas aos prazeres são a incontinência e a continência, e as relacionadas às dores são a doçura e a fortaleza. A disposição da maioria das pessoas é intermediária, mesmo que elas se inclinem mais para os piores estados.

Uma vez que alguns prazeres são necessários e outros não, e os primeiros o são até certo ponto, mas não o são seus excessos e suas deficiências – e isso é igualmente verdadeiro no que diz respeito aos apetites e às dores –, o homem é intemperante quando persegue o excesso das coisas agradáveis, ou busca as coisas necessárias em demasia e de modo deliberado, para seu próprio bem e de maneira alguma em razão de algum outro fim. Esse homem será necessariamente incessível ao arrependimento e, portanto, incurável, visto que alguém incapaz de arrepender-se não pode ser curado. O homem deficiente em sua busca por essas coisas é o oposto do intemperante; e aquele que ocupa a posição intermediária é temperante. Da mesma maneira, há o homem que evita as dores corporais não porque seja derrotado por elas, mas por escolha.

(Daqueles que não escolhem tais atos, um tipo de homem é levado a eles pela promessa de prazer, e outro porque evita a dor decorrente do apetite, de modo que esses tipos diferem um do outro. Todos considerariam pior um homem que, sem apetite ou com um apetite fraco, fizesse algo vergonhoso, do que se ele o fizesse sob a influência de um apetite poderoso; e pior ainda seria o homem que ferisse um outro sem raiva do que conduzido por ela; pois que seria ele capaz de fazer se sua raiva fosse grande? É por isso que o homem intemperante é pior do que o incontinente.) Dos estados mencionados, o segundo é antes uma espécie de doçura, ao passo que o primeiro é intemperança.

Enquanto ao homem incontinente se opõe o continente, ao dotado de doçura opõe-se o dotado de fortaleza, pois a fortaleza consiste em resistir, ao passo que a continência consiste em vencer, e resistir e vencer são diferentes, assim como não ser derrotado difere de vencer; e por isso a continência é também mais digna de escolha do que a fortaleza. O homem deficiente no que diz respeito às coisas a que a maioria resiste, e o faz com êxito, é doce e efeminado; pois a efeminação também é uma espécie de suavidade. Alguém assim deixa seu manto se arrastar para evitar o esforço de levantá-lo, e simula doença sem se considerar infeliz, embora o homem que ele imita seja mesmo infeliz.

O caso é semelhante em relação à continência e à incontinência. Não há nada de admirável em um homem derrotado por prazeres ou por dores violentos e excessivos; na verdade, estamos prontos a perdoar se ele resiste, como o faz Filoctetes de Teodectes quando picado pela cobra, ou Cercion de Cárcino em *Álope*, e como as pessoas que tentam conter o riso e explodem em uma gargalhada, como aconteceu com Xenofanto. Mas é surpreendente que um homem não consiga resistir aos prazeres ou às dores e seja derrotado por eles – embora a maioria possa resistir sem grande dificuldade – quando isso não se deve à hereditariedade ou à doença, como a doçura, que é hereditária entre os reis dos citas, ou o que distingue o sexo feminino do masculino.

O amante da diversão também é considerado intemperante, mas na verdade é doce, pois a diversão é um relaxamento da alma, um descanso do trabalho; e o amante das diversões é uma das pessoas que vão ao excesso nesse ponto.

Da incontinência, uma espécie é a impetuosidade, e outra, a fraqueza. Alguns homens, após deliberar, falham, devido à sua emoção, em apoiar as conclusões a que chegaram, enquanto outros, porque não deliberaram, são guiados por sua emoção. E há homens (assim como as pessoas que tomam a iniciativa de fazer cócegas nos outros) que, quando percebem com antecedência e veem o que está por acontecer, despertam a tempo e usam sua capacidade de cálculo para não ser derrotados pela emoção, seja ela agradável, seja dolorosa. São pessoas vivazes e excitáveis as mais sujeitas à forma impetuosa da incontinência; porque as primeiras, em razão de sua vivacidade, e as segundas, por causa da violência de suas paixões, não aguardam o raciocínio e tendem a seguir a sua imaginação.

8

O homem intemperante, como já foi dito, não costuma se arrepender porque se restringe ao que escolheu; mas o homem incontinente provavelmente se arrependerá. Por isso, a posição não é como a expressamos na formulação do problema; mas o intemperante é incurável e o incontinente, curável. A maldade é como uma doença, como a hidropisia ou a tísica, enquanto a incontinência é como a epilepsia; a primeira é permanente e a segunda, intermitente. De modo geral, a incontinência e o vício diferem em espécie; o vício não tem consciência de si mesmo, a incontinência tem (dos homens incontinentes, aqueles que temporariamente perdem o domínio de si são melhores do que aqueles que têm o princípio racional mas não lhe dão atenção, pois os segundos são derrotados por uma paixão mais fraca e não agem sem deliberação prévia, como os outros); pois o homem incontinente é como as pessoas que se embriagam rapidamente e com pouco vinho, ou seja, com menos do que a maioria das pessoas toma.

É evidente, então, que a incontinência não é um vício (embora talvez o seja em um sentido particular). A incontinência é contrária à escolha enquanto o vício está de acordo com o que escolheu. Isso não impede que sejam semelhantes a respeito das ações a que conduzem. Como disse Demódoco sobre os milésios, "Eles não são privados de razão, mas faziam as mesmas coisas que fazem os insensatos", também as pessoas incontinentes não são criminosas, mas cometem atos criminosos.

Uma vez que o homem incontinente tende a perseguir, não por convicção, os prazeres corporais excessivos e contrários à reta razão, enquanto o intemperante está convencido de ser o tipo de homem apto a persegui-los, o primeiro é aquele que se deixa persuadir facilmente a mudar de ideia, enquanto o segundo não o permite. A virtude e o vício, respectivamente, preservam e destroem o primeiro princípio, e nas ações a causa final é o primeiro princípio, como as hipóteses o são na matemática. Nem naquele caso, nem neste, é o raciocínio que ensina os primeiros princípios. O que ensina a reta opinião é a virtude, seja natural, seja produzida pelo hábito. Um homem como este, então, é temperante; seu contrário é o intemperante.

Mas existe uma espécie de homem que se deixa levar pela paixão, contrariando a regra justa – um homem a quem a paixão domina de tal modo que ele não consegue agir de acordo com a reta razão, mas não a ponto de acreditar que deve buscar tais prazeres sem reservas. Este é o incontinente, superior ao intemperante e que não é mau em sentido absoluto, pois o que há de melhor nele, o primeiro princípio, é preservado. E contrário a ele é outro tipo de homem, que segue com firmeza suas convicções e não se deixa levar pelas paixões. É evidente, com base em nossas considerações, que a segunda disposição é boa e a primeira é má.

9

É continente o homem que segue toda e qualquer regra e toda e qualquer escolha, ou o que se limita à reta escolha? E é incontinente o que abandona toda e qualquer escolha e toda e qualquer regra, ou aquele que abandona a regra e a escolha justas? Foi assim que colocamos antes essa questão. Ou será acidentalmente a toda e qualquer escolha, mas, em si, à regra e à escolha justas que um deles se contem e o outro não?

Se alguém escolhe ou persegue isso por causa daquilo, em si busca e escolhe o segundo, mas, por acidente, o primeiro. Contudo, quando falamos em absoluto, queremos dizer o que é buscado *por si*. Portanto, de certo maneira um sustenta e o outro abandona toda e qualquer opinião; mas, em sentido absoluto, somente a reta opinião.

Existem alguns que se inclinam a sustentar a sua opinião e são chamados teimosos, ou seja, aqueles que são difíceis de persuadir e, em particular, que não se deixam persuadir facilmente sobre mudar de ideia. Estes têm algo de similar ao homem continente, assim como o pródigo se assemelha de certa maneira ao liberal e o temerário ao confiante; mas são diferentes em muitos aspectos. Pois é à paixão e ao apetite que um não deseja ceder, uma vez que ocasionalmente é fácil persuadir o homem continente; mas é ao raciocínio que os outros se recusam a ceder, pois cultivam os seus apetites e muitos deles são guiados pelos prazeres.

As pessoas obstinadas, as ignorantes e as rústicas são as dominadas pelas próprias opiniões – as primeiras, porque são influenciadas pelo prazer e pela dor, pois deleitam-se na vitória que obtêm se não forem persuadidas a mudar, e sofrem se suas decisões se tornarem nulas e sem efeito, como acontece às vezes com os decretos; de modo que se parecem mais com o incontinente do que com o continente.

Mas há alguns que falham em cumprir suas resoluções não como resultado da incontinência, como o Neoptólemo de Sófocles em *Filocteto*. Foi por influência do prazer que ele não se manteve firme, mas tratava-se de um prazer nobre, pois, para ele, dizer a verdade era nobre, porém Odisseu o persuadiu a mentir. Nem todo aquele que faz qualquer coisa por prazer é intemperante ou mau ou incontinente, mas só os que o fazem por um prazer vergonhoso.

Uma vez que também existe uma espécie de homem que tem menos prazer do que deveria com as coisas do corpo e não segue a reta razão, o intermediário entre ele e o incontinente é o homem continente.

O incontinente não acata a reta razão porque também se deleita em excesso com as coisas corporais, e aquele homem porque tem muito pouco prazer com elas; já o homem continente segue a razão e não muda por motivo nenhum. Se a continência é boa, ambos os estados contrários devem ser maus, como realmente parecem ser; mas porque o outro extremo é visto em poucas pessoas e raramente, pensa-se que a continência tem apenas um contrário, a incontinência, assim como a temperança tem um único contrário, a intemperança.

Uma vez que muitos nomes são aplicados por analogia, é também por analogia que passamos a falar da "continência" do homem temperante; pois o indivíduo continente e o temperante são tais que nunca contrariam a regra justa por causa dos prazeres corporais, mas o primeiro possui e o segundo não possui maus apetites. E o segundo é tal que não sente prazer contrário à reta razão, enquanto o primeiro é tal que sente prazer, mas não é conduzido por ele. O incontinente e o intemperante também se parecem em um ponto: ambos procuram os prazeres corporais. Mas são diferentes porque o segundo pensa que deve agir assim, enquanto o primeiro pensa o oposto.

10

Não é possível que o mesmo homem tenha sabedoria prática e seja incontinente. Já mostramos que o indivíduo de sabedoria prática é ao mesmo tempo alguém de bom caráter. Além disso, a sabedoria prática não é dada apenas pelo conhecimento, mas também pela capacidade de agir. O incontinente, porém, é incapaz de agir. Não há, no entanto, nada que impeça um homem hábil de ser incontinente, e é por isso que às vezes algumas pessoas pensam que certos indivíduos de sabedoria prática são incontinentes; na verdade, a habilidade e a sabedoria prática diferem da maneira como descrevemos em nossas primeiras discussões, e estão próximas uma da outra quanto â maneira de raciocinar, mas diferem em relação à sua finalidade. Tampouco o incontinente se assemelha ao homem que sabe e contempla uma verdade, mas se parece com aquele que está adormecido ou bêbado. E age de boa vontade (pois age, em certo sentido, com conhecimento do que faz e do fim para o qual faz), não é mau, visto que seu propósito é bom; de modo que o incontinente é somente meio mau. E não é um criminoso, pois não age de maneira premeditada. Dos dois tipos de homem incontinente, um não acata as conclusões de sua deliberação, enquanto o outro não delibera de modo algum. E assim o incontinente é semelhante a uma cidade que aprova todos os decretos corretos e tem boas leis, mas não as coloca em prática, como na observação graciosa de Anaxândrides:

A cidade ficou doente
por não se importar com as leis.

O homem mau, por sua vez, é como uma cidade que usa suas leis, mas estas são perversas. A incontinência e a continência estão relacionadas ao que excede o estado característico da maioria dos homens; porque o indivíduo continente obedece mais às suas resoluções e o incontinente o faz menos do que a maioria.

Das formas de incontinência, a das pessoas excitáveis é mais curável do que a daquelas que deliberam mas não acatam suas próprias decisões. E aqueles que são incontinentes por hábito são mais passíveis de cura do que aqueles em que a incontinência é inata, pois é mais fácil mudar um hábito do que modificar a própria natureza. O hábito dificilmente se altera porque é como a natureza, como afirma Eveno:

Eu digo que o hábito é apenas uma longa prática, amigo,
Que acaba por se tornar natureza.

Já declaramos o que são a continência e a incontinência, a fortaleza e a suavidade, e como essas disposições se relacionam umas com as outras.

11

O estudo do prazer e da dor pertence à esfera do filósofo político, pois ele é o arquiteto do fim; por isso, com base nele dizemos que uma coisa é má e outra é boa em sentido absoluto. Mais ainda, uma de nossas tarefas necessárias é considerá-los, porque não apenas estabelecemos que a virtude e o vício morais se ocupam com as dores e com os prazeres, mas que a maioria das pessoas pensa que a felicidade envolve o prazer. Por esse motivo se deu ao homem feliz um nome derivado de uma palavra que significa prazer.

(1) Algumas pessoas pensam que nenhum prazer é um bem, quer em si, quer por acidente, uma vez que o bem e o prazer não são iguais; (2) outros pensam que alguns prazeres são bons, mas a maioria é má. (3) Há também uma terceira opinião, de acordo com a qual mesmo que todos os prazeres sejam bons, a melhor coisa do mundo não pode ser o prazer.

(1) Os argumentos a favor da opinião de que o prazer não é um bem são (a) que todo prazer é um processo perceptível a uma disposição natural, e que nenhum processo é do mesmo tipo de sua finalidade. Nenhum processo de construção, por exemplo, é da mesma espécie que uma casa. (b) O homem temperante evita os prazeres. (c) O homem de sabedoria prática busca o que é livre da dor e não o que é agradável. (d) Os prazeres são um obstáculo ao pensamento, e, quanto mais o são, mais nos deleitamos com eles, como, por exemplo, com o prazer sexual; pois ninguém consegue pensar em nada enquanto está envolvido com esse prazer. (e) Não existe a arte do prazer, mas todo bem é produto de alguma arte. (f) As crianças e os brutos buscam os prazeres.

(2) A opinião de que nem todos os prazeres são bons baseiam-se em dois argumentos: (a) existem prazeres que são realmente vis e objeto de reprovação, e (b) há prazeres prejudiciais, pois algumas coisas agradáveis não são saudáveis.

(3) O argumento a favor da opinião de que a melhor coisa do mundo não é o prazer está assentado no fato de que o prazer não é um fim, mas um processo.

12

Essas são, basicamente, as coisas que as pessoas costumam dizer. Dessas premissas, porém, não se segue que o prazer não seja um bem, ou mesmo o principal bem, de acordo com o que se pode observar nas seguintes considerações:

(A) (a) Em primeiro lugar, uma vez que o que é bom pode sê-lo em qualquer um dos dois sentidos (uma coisa é boa simplesmente e outra é boa para uma determinada pessoa), as constituições e as disposições naturais do ser, com os correspondentes movimentos e processos, serão divisíveis da mesma maneira. Daqueles que são considerados maus, alguns o serão em sentido absoluto, mas não para uma pessoa determinada, mesmo que seja digna de sua escolha, e alguns não merecerão nem mesmo a escolha de uma pessoa determinada, senão em alguma ocasião particular, apenas por um curto período e com limitações, enquanto outros, ainda, não são prazeres, mas somente parecem sê-lo. Refiro-me aos que implicam dor e cujo fim é curativo, como os processos que ocorrem em pessoas doentes.

(b) Além disso, sendo um tipo de bem uma atividade, e outro sendo um estado, os processos que nos restauram e nos restituem ao nosso estado natural são agradáveis apenas por acidente. Aliás, a atividade voltada para os apetites que têm por objeto esses bens é a atividade daquela parte de nosso estado e de nossa natureza que permaneceu intacta; pois na verdade existem prazeres que não envolvem dor nem apetite (como os da contemplação, por exemplo), estando a natureza intacta em tais casos. Que os outros são acidentais mostra-o o fato de que alguns homens não apreciam, quando sua natureza se encontra em estado normal, os mesmos objetos agradáveis que lhes dão prazer quando essa natureza está sendo reabastecida. No primeiro caso, eles desfrutam coisas que são agradáveis em sentido absoluto, e, no segundo, também se deleitam com os contrários dessas coisas, incluindo as ácidas e amargas, nenhuma das quais é agradável seja por natureza, seja em sentido absoluto. Os estados que elas produzem, portanto, não são prazeres nem naturalmente nem em sentido absoluto; assim como as coisas agradáveis diferem umas das outras, assim também distinguem-se os prazeres que delas decorrem.

(c) Não é necessário que haja uma coisa melhor do que o prazer apenas porque alguns dizem que o fim é melhor do que o processo. Os prazeres não são processos, nem todos envolvem processos – são atividades e fins –, nem surgem quando estamos nos tornando algo, mas quando exercemos alguma capacidade. Nem todos os prazeres, por seu turno, têm um fim diferente deles mesmos, mas somente os prazeres das pessoas que estão sendo conduzidas ao aperfeiçoamento de sua natureza. Por isso não é certo dizer que o prazer seja um processo perceptível; deveríamos, antes, chamá-lo atividade do estado natural e substituir o nome "perceptível" por "desimpedida". Algumas pessoas o consideram um processo simplesmente por pensar que ele é bom no sentido estrito, pois julgam, de maneira equivocada, que a atividade é um processo, o que ela não é.

(B) A opinião de que os prazeres são maus porque algumas coisas agradáveis não são saudáveis equivale a dizer que as coisas saudáveis são más porque algumas delas nos impedem de ganhar dinheiro. Ambas são más no que diz respeito aos casos particulares já citados, mas não são más em si mesmas por esse motivo; na verdade, pode até acontecer, em certas ocasiões, de que pensar seja prejudicial à saúde.

Nem a sabedoria prática, nem qualquer estado de ser são impedidos pelo prazer. São os prazeres estranhos que têm um efeito limitante, pois os prazeres decorrentes do pensar e do aprender nos farão pensar e aprender ainda mais.

(C) O fato de nenhum prazer ser produto de alguma arte é natural. Tampouco existe arte de alguma outra atividade, mas apenas a da capacidade correspondente, embora as artes do perfumista e do cozinheiro sejam consideradas artes do prazer.

(D) Os argumentos baseados nas premissas de que o homem temperamental evita os prazeres e de que o homem de sabedoria prática persegue a vida indolor, e de que as crianças e os brutos perseguem o prazer, são todos refutados pela mesma consideração. Já apontamos em que sentido os prazeres são bons em absoluto e em que sentido alguns não são bons. Tanto os brutos como as crianças buscam os prazeres do segundo tipo, ao passo que o homem dotado de sabedoria prática busca uma tranquila isenção dos prazeres desse tipo, como aqueles que implicam apetite e dor, ou seja, os prazeres corporais (pois estes são dessa natureza) e os excessos deles, em relação aos quais se diz que um homem é intemperante. Por esse motivo o homem temperante evita esses prazeres, pois até ele tem seus próprios prazeres.

13

Mas, além disso, (E) há uma concordância geral de que a dor é má e deve ser evitada; algumas dores são más em sentido absoluto, e outras são más porque, de certa maneira, nos colocam um impedimento. O contrário do que deve ser evitado, como coisa nefanda e má, é bom. O prazer, então, é necessariamente um bem. A resposta de Espeusipo, de que o prazer é contrário à dor e ao bem, assim como o maior é contrário ao menor e ao igual, não convence. O próprio Espeusipo não diria que o prazer é, essencialmente, apenas uma espécie de mal.

E (F) se certos prazeres são maus, isso não impede que o sumo bem seja algum prazer, assim como o sumo bem pode ser algum tipo de conhecimento, embora certos tipos de conhecimento sejam maus. Possivelmente é mesmo necessário, se a cada disposição corresponder uma atividade desimpedida, que, não sendo a felicidade senão a atividade desimpedida de todas as nossas disposições, ou de algumas delas, seja a felicidade a coisa mais digna de nossa escolha; e essa atividade é prazer. Portanto, o sumo bem seria uma espécie de prazer, embora a maioria dos prazeres talvez fosse má em sentido absoluto. Por esse motivo, todos os homens pensam que a vida feliz é agradável e entretecem o prazer em seu ideal de felicidade – algo que guarda muita sensatez, pois nenhuma atividade é perfeita quando impedida, e a felicidade é uma coisa perfeita. Por isso o homem feliz precisa dos bens do corpo e dos bens externos, ou seja, aqueles da fortuna, a fim de não ser impedido nesses campos. Aqueles segundo os quais o indivíduo torturado no cavalete ou o que sofre grandes desgraças é feliz se for bom, estão, querendo ou não, dizendo disparates. E porque precisamos da fortuna, bem como de outras coisas, alguns pensam que a boa fortuna é a mesma coisa que a felicidade; mas não é. A boa fortuna, quando em excesso, torna-se um impedimento e talvez não devesse mais ser chamada boa, uma vez que seu limite é fixado com referência à felicidade.

Na verdade, o fato de todos os seres, tanto os brutos como os homens, buscarem o prazer é um indicativo de que ele é, de alguma forma, o sumo bem. Nenhuma voz está totalmente perdida em tantos povos... Mas nenhuma natureza e nenhum estado é, ou é considerado, o melhor para todos, assim como nem todos buscam o mesmo prazer. Contudo, todos procuram o prazer. E talvez, na verdade, eles não busquem o prazer que pensam buscar, nem aquele que dizem perseguir, mas o mesmo prazer; porque todas as coisas têm em si, por natureza, algo divino. Mas os prazeres corporais se apropriaram do nome porque costumamos direcionar nosso curso para eles e porque todos os homens os compartilham; portanto, porque eles nos são familiares, os homens pensam que não existem outros.

É evidente também que se o prazer, ou seja, a atividade de nossas capacidades, não for um bem, o homem feliz não terá uma vida agradável; pois para que fim ele precisará do prazer se este não for um bem e poderá levar o homem feliz a ter uma vida dolorosa? Pois a dor nem é má nem é boa se o prazer não o for; por que então deveria o homem evitá-la? Portanto, a vida do homem bom não será mais agradável do que a de qualquer outra pessoa se suas atividades não forem mais agradáveis.

14

(G) No que diz respeito aos prazeres corporais, aqueles que dizem que alguns são muito dignos de escolha, como os prazeres nobres, mas não os corporais, ou seja, aqueles com interessam ao homem intemperante, devem considerar por que, então, as dores contrárias são más. Porque o contrário do mau é bom. Os prazeres necessários serão bons no sentido de que mesmo o que não é mau é bom? Ou serão bons até certo ponto? Temos aqui o caso de que, se não pode haver excesso de alguns estados e processos, tampouco pode haver excesso do prazer correspondente. E, quando aqueles comportam excesso, também o comportam estes?

Pode haver excesso de bens corporais, e o homem mau é mau em virtude de perseguir o excesso, não por buscar os prazeres necessários (pois todos os homens desfrutam, de uma forma ou de outra, de comidas e vinhos e relações sexuais saborosos, mas nem todos o fazem como deveriam). O contrário acontece com a dor, pois as pessoas não lhe evitam o excesso e sim a evitam totalmente; e isso lhes é peculiar, pois a alternativa ao excesso de prazer não é a dor, exceto para o homem que persegue esse excesso.

Uma vez que devemos estabelecer não apenas a verdade, mas também a causa do erro – pois isso contribui para produzir convicção desde que seja dada uma explicação razoável do motivo pelo qual o falso parece verdadeiro. Isso tende a fortalecer a crença na opinião verdadeira, e portanto devemos determinar por que os prazeres corporais parecem os mais dignos de escolha.

(A) Em primeiro lugar, é porque eles expulsam a dor; os excessos de dor que os homens experimentam levam-nos a buscar o prazer corporal excessivo como cura para a dor. Os métodos curativos produzem um sentimento intenso – e esse é o motivo pelo qual são perseguidos – pelo contraste existente entre eles e a dor contrária. (Na verdade, como já dissemos, não se pensa que o prazer seja bom por estas duas razões: (a) que alguns deles são atividades pertencentes a uma natureza má – tanto congênitas, como no caso de um bruto, ou devida ao hábito, ou seja, a dos homens maus. No entanto, (B) outros se destinam a curar uma natureza deficiente, e é melhor gozar de um estado saudável do que estar no processo de cura; mas é nesse processo que surgem os prazeres, e por isso eles são bons apenas por acidente.) (b) Além disso, eles são perseguidos, por causa de sua violência, por aqueles que não podem desfrutar de outros prazeres. (Em todo caso, eles passam a recusar sua maneira de fabricar, por assim dizer, sede para si mesmos. Quando esta é inofensiva, a prática é inocente; quando prejudicial, torna-se má.) Pessoas assim não têm mais nada para desfrutar e, além disso, um estado neutro é doloroso para a natureza de muitas delas. A natureza animal está sempre em movimento, como testemunham os estudiosos da ciência natural, dizendo que a visão e a audição são dolorosas; simplesmente acontece que nos acostumamos a elas, afirmam. Da mesma maneira, os jovens, em razão do processo de crescimento, encontram-se em uma condição similar à dos embriagados, e a juventude é agradável. Por outro lado, as pessoas de natureza excitável com frequência precisam de alívio; pois até mesmo seu corpo vive atormentado devido a seu temperamento, e elas estão sempre sob a influência do desejo violento; mas a dor é expulsa tanto pelo prazer contrário como por qualquer prazer, desde que seja forte; e por essa razão elas se tornam intemperantes e más. Os prazeres que não envolvam dores não admitem excessos; e estes estão entre as coisas agradáveis por natureza e não por acidente. Por coisas agradáveis acidentalmente entendo aquelas que atuam como meios curativos (porque, como resultado, as pessoas são curadas mediante alguma ação da parte que permanece saudável, e por esse motivo o processo é considerado agradável); por coisas naturalmente agradáveis entendo aquelas que estimulam a ação da natureza saudável.

Não há nada que seja sempre agradável porque a nossa natureza não é simples, mas também há outro elemento em nós, visto que somos criaturas mortais; desse modo, se um elemento produz um determinado efeito, este é antagônico à outra natureza. Quando os dois elementos estão em equilíbrio, o efeito não parece doloroso nem agradável; portanto, se a natureza de algum ser fosse simples, a mesma coisa lhe seria sempre agradável no grau mais alto. É por isso que os deuses desfrutam de um prazer único e simples, pois não há apenas uma atividade de movimento, mas também uma atividade de repouso, e sente-se mais prazer no repouso que no movimento. Mas "mudar é aprazível em todas as coisas", como diz o poeta, por causa de algum vício; pois, assim como o homem vicioso se caracteriza pela mutabilidade, a natureza que precisa de mudança é viciosa também, por não ser simples nem boa.

Encerra-se aqui nossa discussão sobre a continência e a incontinência, sobre o prazer e a dor. Expusemos o que cada um é e em que sentido alguns deles são bons e outros maus. Resta agora falar da amizade.

Livro VIII

Amizade ou amor

1

Depois do que dissemos, segue-se naturalmente uma discussão sobre a amizade, uma vez que ela é uma virtude, ou implica virtude, além de ser necessária ao viver. Pois sem amigos ninguém escolheria viver, embora possuísse todos os outros bens. Até mesmo os homens ricos e aqueles que têm cargos de poder são aqueles que necessitam, acima de tudo, de amigos; pois de que adianta essa prosperidade sem a oportunidade de fazer o bem, que é exercida principalmente e em sua forma mais louvável para com os amigos? Ou como a prosperidade pode ser protegida e preservada sem amigos? Quanto maior é a prosperidade, mais riscos ela corre. Na pobreza e em outras aflições, os homens pensam que os amigos são seu único refúgio. Os amigos também ajudam os jovens a evitar seus erros; e auxiliam os idosos, atendendo suas necessidades e suprindo as atividades que eles não conseguem executar por causa da passagem do tempo. A amizade estimula a prática de ações nobres daqueles que estão no início da vida, pois com amigos – "dois seguindo juntos" – os homens são mais capazes de pensar e agir.

Os pais parecem, por natureza, sentir amizade pelos filhos, assim como os filhos pelos pais, e isso acontece não apenas entre os homens, mas também entre as aves e a maioria dos animais. A amizade é igualmente compartilhada por membros da mesma raça, em especial pelos homens, e por esse motivo louvamos os amantes de seus semelhantes. Podemos, até mesmo em nossas viagens, observar como cada homem é próximo e caro a todos os outros. A amizade também parece manter unidos os Estados, e os legisladores têm mais cuidado com a amizade do que com a justiça, pois visam sobretudo à unanimidade, que é parecida com a amizade, e rejeitam o sectarismo, considerando-o como seu pior inimigo. Quando os homens são amigos, não precisam da justiça, e os justos também necessitam da amizade. A forma mais verdadeira da justiça é considerada uma espécie de amizade. A amizade, porém, não é apenas necessária mas também nobre, pois louvamos aqueles que amam seus amigos, e consideramos uma coisa boa ter muitos deles. Pensamos, além disso, que as mesmas pessoas são bons homens e bons amigos.

Não poucas coisas são assunto para debate sobre a amizade. Alguns a definem como uma espécie de afinidade e dizem que pessoas afins são amigas, de onde vêm os aforismos "igual com igual", "pássaros da mesma pena voam juntos" etc.; outros, ao contrário, dizem "dois de um mesmo ofício nunca entram em acordo". E investigam essa questão procurando causas mais profundas e mais físicas; Eurípides diz que "a terra seca ama a chuva, e o céu imponente, quando cheio de chuva, adora cair sobre a terra"; e afirma Heráclito: "o que se opõe é o que ajuda" e "de diferentes tons vem a melodia mais bela", e ainda: "todas as coisas são produzidas por meio da luta". Já Empédocles, assim como outros, expressa opinião contrária a que o semelhante busca o semelhante. Os problemas físicos, podemos deixar de lado, pois não pertencem a esta investigação. Vamos examinar aqueles que dizem respeito ao humano e envolvem caráter e sentimento; por exemplo, se a amizade pode surgir entre duas pessoas quaisquer, ou se os maus podem ser amigos, ou se existe uma espécie apenas de amizade ou mais de uma. Aqueles segundo os quais só existe uma amizade, porque ela admite graus, fundamentam-se em um indício inadequado, pois até coisas diferentes em espécie admitem graus. Já discutimos esse assunto anteriormente.

2

Podemos esclarecer as espécies de amizade se começarmos por conhecer o objeto do amor. Nem tudo parece ser amado, mas apenas o que é digno desse sentimento, e este é bom, agradável ou útil. O útil é aquilo pelo qual se produz algo de bom ou de agradável, de modo que o bom e o útil são amáveis como fins. Mas os homens amam o que é bom em si ou o que é bom para eles? Estas duas questões às vezes entram em conflito. O mesmo acontece com o que é agradável. Pensa-se que cada um ama o que é bom para si, e que o bom é estimável em si mesmo, ao passo que aquilo que é bom para cada homem é estimável para ele; contudo, o homem não ama o que é bom para ele, mas o que *parece* bom.

No entanto, isso não faz diferença para nossa investigação; diremos apenas "o que parece estimável". Existem três motivos pelos quais as pessoas amam. Para o amor por objetos sem vida, inanimados, não usamos a palavra "amizade", pois não se trata de amor mútuo, nem um deseja o bem ao outro (pois seria certamente ridículo desejar bem ao vinho; se algo lhe desejamos é que se conserve, para que continuemos usufruindo dele); em relação aos amigos, no entanto, dizemos que devemos desejar-lhes o bem no interesse deles mesmos.

Mas àqueles que desejam o bem desse modo, atribuímos apenas a benevolência, se o desejo não for correspondido; a benevolência, quando recíproca, torna-se amizade. Ou devemos adicionar "quando reconhecida"? Pois muitas pessoas desejam o bem àqueles que nunca viram, mas os julga bons e úteis; e um deles poderia retribuir-lhes esse sentimento. Essas pessoas parecem desejar o bem umas às outras; mas como poderia alguém chamá-las de amigas se não conhecem seus mútuos sentimentos? Para que sejam amigas, devem conhecer e desejar o bem uma à outra por uma das razões acima mencionadas.

3

Essas razões diferem umas das outras em espécie; portanto, é em espécie que também diferem as formas correspondentes de amor e de amizade. Existem três espécies de amizade, iguais em número às coisas que são estimáveis; pois com respeito a cada uma delas há um amor mútuo e reconhecido, e aqueles que se amam desejam o bem um ao outro em relação àquilo pelo qual se amam. Os que se amam por utilidade não se amam por si mesmos, mas em virtude de algum bem que recebem um do outro. O mesmo acontece com aqueles que amam por causa do prazer; não é pelo caráter que os homens amam pessoas espirituosas, mas porque as acham agradáveis.

Portanto, os que amam pela utilidade, amam por causa do que é bom para eles mesmos, e aqueles que amam por prazer, amam em razão daquilo que é agradável para eles, e não na medida em que o outro é a pessoa amada, mas na medida em que ela é útil ou agradável. Portanto, essas amizades são apenas acidentais; não é como homem que a pessoa amada é amada, mas como algo que proporciona algum bem ou prazer. Essas amizades são facilmente dissolvidas se as partes não permanecerem como são; se uma das partes não é mais agradável ou útil, a outra deixa de amá-la.

O útil não é permanente, mas está sempre mudando. Portanto, quando o motivo da amizade é eliminado, a amizade é dissolvida, na medida em que existia apenas para os fins em questão. Essa espécie de amizade parece existir principalmente entre pessoas idosas (pois as pessoas idosas buscam não o agradável, mas o útil); aqueles que estão no auge da juventude buscam a utilidade. E essas pessoas também não vivem muito umas com as outras; às vezes nem mesmo se acham agradáveis; portanto, não precisam de tal companheirismo, a menos que sejam úteis umas para as outras; pois são agradáveis mutuamente apenas na medida em que despertam, umas nas outras, esperanças de algo bom que poderá acontecer no futuro. Alguns classificam essas amizades como aquelas que existem entre um anfitrião e um convidado. Por outro lado, a amizade dos jovens parece ter como objetivo o prazer, pois eles vivem sob a orientação da emoção, e buscam acima de tudo o que lhes é agradável e o que têm imediatamente diante dos olhos; mas com o passar dos anos os prazeres tornam-se diferentes. É por isso que eles rapidamente fazem e desfazem amizades; esta muda com o objeto que lhes parece agradável, e esse prazer se altera muito depressa. Os jovens são amorosos também, pois, em sua maior parte, a amizade que existe no amor depende da emoção e visa ao prazer; é por isso que se apaixonam rapidamente e rapidamente esquecem essa paixão, mudando, com frequência, no espaço de um único dia. Mas essas pessoas desejam passar juntas os seus dias e a sua vida, pois somente assim alcançam o propósito de sua amizade.

A amizade perfeita é a dos homens que são bons e semelhantes em virtude, pois desejam o bem uns aos outros quando são bons em si mesmos. Aqueles que desejam o bem a seus amigos por eles mesmos são os mais verdadeiros, uma vez que o fazem por causa de sua própria natureza e não por acidente. Portanto, essa amizade dura tanto tempo quanto eles são bons – e a bondade é uma coisa duradoura. E cada um é bom em si e para o amigo, pois os bons são bons em absoluto e úteis uns aos outros. Também são agradáveis, pois os bons são agradáveis tanto em si mesmos como uns para os outros, uma vez que a cada um são prazerosas suas próprias atividades e outras, semelhantes, e as ações dos bons são iguais ou semelhantes. E uma amizade assim, como se poderia esperar, é permanente, pois eles encontram um no outro todas as qualidades que os amigos devem ter. Pois toda amizade visa ao bem ou ao prazer, seja em abstrato, seja do modo como podem ser apreciados por aquele que tem o sentimento da amizade, e baseiam-se em uma certa semelhança. E à amizade entre homens bons pertencem todas as qualidades que citamos em virtude da natureza dos amigos, pois, em uma amizade dessa espécie, as outras qualidades também são semelhantes em ambas as partes, e o que é bom em absoluto também é agradável em absoluto, e essas são as qualidades mais estimáveis. O amor e a amizade, portanto, são encontrados sobretudo e em sua melhor forma entre essa espécie de homens.

Mas é natural que essas amizades sejam raras, uma vez que tais homens são raros. Além disso, essa espécie de amizade requer tempo e familiaridade. Como diz o provérbio, os homens não podem conhecer-se até que tenham "provado juntos do sal"; nem podem admitir um ao outro como amigos até que cada um seja considerado estimável e deposite confiança no outro. Aqueles que rapidamente mostram um ao outro os sinais da amizade desejam ser amigos, mas não o são a menos que ambos sejam estimáveis e reconheçam isso, pois o desejo da amizade pode surgir de maneira rápida, mas a amizade não.

4

Essa espécie de amizade é perfeita tanto no que diz respeito à duração como em todos os outros aspectos, e nela cada um recebe do outro, em tudo, o mesmo que dá, ou algo parecido; e é isso que deve acontecer entre amigos.

A amizade que busca o prazer é semelhante a essa espécie, pois pessoas boas são agradáveis umas às outras. O mesmo acontece com a amizade em prol da utilidade, pois os bons também são úteis uns aos outros. Entre os homens dos tipos inferiores as amizades são mais permanentes quando os amigos recebem a mesma coisa um do outro (como o prazer). E não só a mesma coisa, mas também da mesma fonte, como acontece entre pessoas espirituosas e não como ocorre entre amante e amado. Estes não recebem prazer das mesmas fontes; o amante se deleita em ver o amado, que por sua vez gosta de receber atenções de seu amante; e quando o viço da juventude começa a fenecer, a amizade às vezes também acaba (porque ambos não mais encontram prazer em ver um ao outro, nem recebem atenção do companheiro).

Muitos amantes, por outro lado, são constantes quando a familiaridade os leva a amar o caráter um do outro pela afinidade existente entre eles. Mas aqueles cujo amor consiste na troca de utilidades e não de prazeres são menos verdadeiros como amigos e menos constantes. Os que são amigos em função da utilidade separam-se quando a vantagem acaba porque não amavam um ao outro, mas somente o proveito.

Quando se tem em vista o prazer ou a utilidade, até mesmo os homens maus podem ser amigos uns dos outros, ou os bons podem ser amigos dos maus, ou aquele que não é bom nem mau pode ser amigo de qualquer tipo de pessoa. Mas apenas os homens bons podem ser amigos, com vistas ao bem de cada um. Em verdade, os maus não se deleitam com o convívio uns dos outros, a menos que alguma vantagem venha dessa relação.

A amizade entre os bons, e somente ela, é à prova de calúnias, pois ambos não dão ouvidos facilmente às coisas que uma pessoa qualquer fala sobre quem se conhece há muito tempo e em quem se confia. E é entre os bons homens que existe a confiança e o sentimento expresso pelas palavras "ele nunca me faria uma deslealdade" e todas as outras coisas exigidas por uma verdadeira amizade. Nas demais espécies de amizade, entretanto, não há nada que impeça o surgimento desses males. Os homens aplicam o nome de amigos mesmo para aqueles cujo motivo é a utilidade, e nesse sentido são considerados amigáveis (pois as alianças parecem ter como objetivo a vantagem). E o mesmo acontece aos que se amam por prazer; nesse sentido se diz serem amigas as crianças.

Portanto nós também deveríamos chamar tais pessoas de amigas, e dizer que há várias espécies de amizade – em primeiro lugar, e no sentido adequado, a dos homens bons como bons, e por analogia as outras espécies, pois é em virtude de algo bom, e semelhante ao que é encontrado na verdadeira amizade, que eles são amigos, uma vez que até o agradável é bom para os amantes do prazer. Mas essas duas espécies de amizade muitas vezes não se juntam, nem as mesmas pessoas se tornam amigas por causa da utilidade e do prazer; as coisas que apenas acidentalmente se relacionam umas com as outras não andam juntas com frequência.

Sendo a amizade dividida nessas espécies, os homens maus serão amigos por uma questão de prazer ou de utilidade, e a esse respeito se parecerão uns com os outros. Mas os homens bons serão amigos por si mesmos, ou seja, em virtude de sua bondade. Esses são amigos no sentido absoluto do termo, ao passo que os outros são amigos por acidente e por semelhança com os primeiros.

5

Quanto às virtudes, alguns homens são chamados bons em relação a uma disposição de caráter, outros em relação a uma atividade; assim também acontece na amizade. Os que vivem juntos deliciam-se um com o outro e conferem-se benefícios mútuos, mas aqueles que dormem ou vivem separados num mesmo local não realizam os atos da amizade, embora estejam dispostos a realizá-los. A distância não desfaz a amizade em absoluto, mas apenas a atividade. Contudo, a ausência duradoura parece, na verdade, fazer os homens esquecerem sua amizade; daí o ditado "longe dos olhos, longe do coração". Nem os velhos, nem as pessoas amarguradas parecem fazer amigos facilmente, pois há pouco de agradável neles e ninguém deseja passar os seus dias com alguém cuja companhia é dolorosa, ou nada agradável, visto que a natureza parece, acima de tudo, evitar o que é doloroso e buscar o que é agradável. Aqueles, no entanto, que se aprovam mutuamente mas não moram juntos parecem sentir bem mais simpatia do que amizade. Pois não há nada tão característico dos amigos como o convívio; e, embora as pessoas necessitadas desejem benefícios, mesmo aquelas que são extremamente felizes desejam passar seus dias junto ao amado, pois a solidão é o que menos convém a essas pessoas. Todavia, há aqueles que não podem viver juntos se não forem agradáveis uns aos outros e se não desfrutarem das mesmas coisas, como parecem fazer os amigos que são também companheiros.

A amizade mais verdadeira é a dos bons, como temos afirmado com frequência, pois o que é bom ou agradável no sentido absoluto parece ser amável e desejável, e o que é bom ou agradável depende de cada pessoa. Por esses motivos o homem bom é estimável e desejável para o homem bom.

Poder-se-ia afirmar que o amor é um sentimento e a amizade, um estado de caráter, pois podemos sentir amor até mesmo por coisas inanimadas. Mas o amor mútuo envolve escolha e a escolha surge de uma disposição de caráter; e os homens desejam o bem àqueles a quem amam por eles mesmos – não como resultado de um sentimento, mas como resultado de uma disposição de caráter. Ao amar um amigo, os homens amam o que é bom para eles mesmos; o homem bom, ao se tornar amigo, passa a ser um bem para seu amigo. Cada qual ama o que é bom para si, e retribui a amizade com benevolência e simpatia porque a amizade é considerada como igualdade, e a benevolência e a simpatia são encontradas principalmente na amizade dos bons.

6

Entre pessoas amarguradas ou idosas a amizade não surge com facilidade, visto que essas pessoas são menos bem-humoradas e gostam menos de companhia, e estas últimas são consideradas as maiores marcas da amizade e as que mais contribuem para produzi-la. Por isso os idosos não são tão rápidos em fazer amizades como o são os jovens; eles não se tornam amigos daqueles em cuja companhia não se deleitam. Do mesmo modo, também as pessoas amarguradas demoram a fazer amigos.

Mas esses homens podem sentir benevolência uns pelos outros, desejando-se mutuamente o bem e ajudando-se em caso de necessidade. Dificilmente, porém, se tornam amigos, porque não passam os dias juntos nem se deleitam na companhia um do outro, e essas também são consideradas marcas maiores da amizade.

Não se pode ser amigo de muitas pessoas, no sentido de ter com elas uma amizade perfeita, assim como não se pode amar muitas pessoas ao mesmo tempo (pois o amor é, de certa maneira, um excesso de sentimento, e por natureza dirige-se a apenas uma pessoa). Não acontece facilmente que muitas pessoas, ao mesmo tempo, agradem muito a um só indivíduo, ou até mesmo, talvez, que pareçam boas a seus olhos. Por outro lado, deve-se adquirir alguma experiência da outra pessoa e familiarizar-se com ela, e isso é bastante difícil. Contudo, tendo em vista a utilidade ou o prazer, é possível que muitas sejam úteis ou agradáveis, e esses serviços requerem pouco tempo.

Dessas duas espécies, aquela que visa ao prazer é a mais semelhante à amizade quando ambas as partes obtêm as mesmas coisas uma da outra e se deleitam uma com a outra ou com as mesmas coisas, como nas amizades entre os jovens; pois é nelas que observamos com maior frequência a generosidade. A amizade baseada na utilidade é característica dos que têm disposições mercantis. Pessoas supremamente felizes não precisam de amigos úteis, mas precisam de amigos agradáveis; desejam viver com alguém e, embora possam suportar por algum tempo o que é doloroso, não aguentariam isso continuamente, nem mesmo se se tratasse do próprio Bem, se este lhe fosse doloroso. Por esse motivo, procuram amigos que sejam agradáveis. Talvez, no entanto, devessem buscar aqueles que, sendo agradáveis, também são bons, inclusive para eles; pois assim teriam todas as características que os amigos devem ter.

Pessoas em posição de autoridade parecem ter amigos que se enquadram em classes distintas. Alguns lhes são úteis e outros são agradáveis, mas raramente as duas qualidades se encontram reunidas numa só pessoa; tais indivíduos não procuram nem aqueles que, além de agradáveis, são virtuosos, nem aqueles cuja utilidade vise a objetos nobres; levados por seu desejo de obter prazer, procuram a companhia de pessoas espirituosas; quanto a seus outros amigos, escolhem-nos entre aqueles que são hábeis em fazer o que lhes mandam fazer. Essas características raramente se combinam numa mesma pessoa. Já dissemos que o homem bom é ao mesmo tempo útil e agradável; mas tal homem não se torna amigo de quem lhe é superior em posição, a menos que lhe seja superior também em virtude; se não for assim, não se estabelece a igualdade, uma vez que ele é ultrapassado nos dois aspectos. Contudo, as pessoas que o superam em ambos os aspectos não são tão fáceis de encontrar.

Seja como for, as amizades mencionadas envolvem igualdade, pois os amigos recebem as mesmas coisas uns dos outros e desejam-se mutuamente as mesmas coisas, ou trocam coisas entre si, como, por exemplo, o prazer pela utilidade. Dissemos, no entanto, que essas amizades são menos verdadeiras e menos permanentes.

Mas é por sua semelhança e por sua dessemelhança quanto à mesma coisa que elas podem ou não ser consideradas como amizades. Por sua semelhança com a amizade virtuosa, elas parecem ser amizades – pois uma delas envolve prazer e outra, utilidade, características que também se encontram na amizade dos virtuosos; por outro lado, esta última é invulnerável a calúnias e permanente, ao passo que a amizade por prazer ou utilidade muda rapidamente. Além disso, essas espécies diferem em outros aspectos, o que as tornam dessemelhantes das amizades dos virtuosos. É por causa de sua dessemelhança com a amizade da virtude que a amizade por utilidade ou prazer não parece ser amizade.

7

Mas existe outra espécie de amizade: aquela que envolve uma desigualdade entre as partes, como a de pai para filho e, em geral, do mais velho para o mais jovem, a do marido para a esposa e a do governante para o súdito. E essas amizades diferem também umas das outras, pois a que existe entre pais e filhos não é a mesma que há entre governantes e súditos. Tampouco a amizade de pai para filho é a mesma que a do filho para o pai, nem a do marido para a esposa é igual à da esposa para o marido. A virtude e a função de cada uma dessas pessoas são diferentes, e por esse motivo diferem as suas razões para amar. Por isso, o amor e a amizade são diferentes.

Cada parte, portanto, não obtém o mesmo da outra, nem deve buscar isso. Porém, quando os filhos prestam aos pais o que devem prestar para aqueles que os trouxeram ao mundo, e os pais prestam o que devem para seus filhos, a amizade é duradoura e excelente. Em todas as amizades que impliquem desigualdade, o amor também deve ser proporcional, ou seja, o melhor deve receber mais amor do que dá, assim como deve ser mais útil – e do mesmo modo em cada um dos demais casos. Pois quando o amor é proporcional ao mérito das partes, estabelece-se, em certo sentido, a igualdade, considerada, sem nenhuma dúvida, como uma característica da amizade.

Mas a igualdade não parece assumir a mesma forma nos atos de justiça e na amizade. Em atos de justiça, o que é igual no sentido primário é proporcional ao mérito, enquanto a igualdade quantitativa é secundária; na amizade, porém, a igualdade quantitativa é primária e a proporção ao mérito, secundária. Isso fica claro quando existe uma grande distância entre as partes em relação à virtude, ao vício, à riqueza ou a qualquer outra coisa; nesse caso, as partes não são mais amigas nem esperam sê-lo. E isso é mais evidente no caso dos deuses, pois eles nos superam muito em todas as coisas boas. Mas fica claro também no caso dos reis, pois os homens que lhes são muito inferiores não esperam tornar-se seus amigos; nem os indivíduos de pouca valia esperam ser amigos dos melhores ou dos mais sábios entre os homens.

Nesses casos não é possível definir exatamente até que ponto os amigos podem permanecer amigos, pois a amizade pode sobreviver ao desaparecimento de muitos dos elementos que a compõem, mas, quando uma das partes vive afastada, muito longe, como acontece com os deuses, cessa a possibilidade da amizade. Esta é, de fato, a origem da questão sobre se os amigos realmente desejam para seus amigos os melhores bens, como o de tornar-se deuses, uma vez que nesse caso seus amigos vão deixar de sê-lo e, portanto, não mais lhes serão bens (porque os amigos são um grande bem). A resposta é que, se estivéssemos certos ao dizer que o amigo deseja o melhor para o seu amigo por ele mesmo, deve permanecer como é; portanto, é a ele, na medida em que segue sendo um homem, que o outro deseja os melhores bens. Mas talvez não lhe deseje todos os maiores bens pois é a si mesmo, acima de qualquer outro, que cada homem deseja o bem.

8

A maioria das pessoas, devido à ambição, parece desejar ser amada em vez de amar; é por isso que a maioria dos homens adora a lisonja. O lisonjeador é um amigo em posição inferior, ou finge sê-lo, e amar mais do que é amado. E ser amado parece o mesmo que ser honrado, e é isso que a maioria das pessoas ambiciona. Contudo, parece que não é a honra em si que as pessoas preferem, mas a honra por acidente. A maioria gosta de ser honrada por aqueles em posição de autoridade por causa de suas esperanças (pois pensam que, se quiserem alguma coisa, irão obtê-las deles, e portanto se deleitam na honra como um indício de favores futuros), enquanto aqueles que desejam ser honrados por homens bons e sábios têm como objetivo confirmar a boa opinião que fazem de si mesmos; deleitam-se na honra, portanto, porque acreditam em sua própria bondade, baseados na força do julgamento dos que falam a seu respeito.

Com o fato de ser amadas, por sua vez, as pessoas se deleitam por si mesmas, e isso afigura-se melhor do que ser honrado, e a amizade parece ser desejável em si mesma. Ela, porém, aparenta residir mais em amar do que em ser amado, como exemplifica o prazer que as mães sentem em amar – pois algumas mães entregam seus filhos para ser educados e, mesmo conhecendo-lhes o destino, amam-nos sem procurar, em troca, ser amadas (se não podem ter as duas coisas), mas parecem satisfazer-se ao vê-los prosperar; e amam seus filhos mesmo que estes, por ignorância, não lhes deem nada do que se deve dar às mães. Dessa maneira, uma vez que a amizade depende mais de amar do que de ser amado, e os que amam seus amigos são louvados, amar parece ser a virtude característica dos amigos, de modo que apenas aqueles que amam na medida justa são amigos duradouros, e somente sua amizade resiste ao tempo.

É desse modo, mais do que qualquer outro, que até mesmo os desiguais podem ser amigos; entre eles é possível estabelecer-se uma igualdade. Igualdade e semelhança levam à amizade, em especial a semelhança daqueles que são afins em virtude. Porque são constantes por natureza, eles permanecem leais um ao outro, e não pedem nem prestam serviços baixos. Pode-se dizer que previnem tais situações, uma vez que é característico dos homens bons não fazer o mal a si mesmos nem permitir que seus amigos o façam. Os maus, ao contrário, são inconstantes, pois não se mantêm semelhantes nem a si mesmos; tornam-se amigos por pouco tempo porque se deleitam com a maldade um do outro. As amizades úteis ou agradáveis duram mais, ou seja, permanecem contanto que os amigos proporcionem uns aos outros prazeres ou vantagens.

A amizade que visa a fins utilitários parece ser a que existe mais facilmente entre os contrários, como, por exemplo, entre pobres e ricos, entre ignorantes e eruditos; porque um homem ambiciona aquilo de que carece e dá algo em troca. Nessa classe também podemos incluir amante e amado, belo e feio. É por isso que os amantes às vezes parecem ridículos ao pretender ser amados assim como amam; quando as partes são igualmente dignas de amor, sua pretensão talvez se justifique, mas é ridícula quando elas não têm nenhuma qualidade capaz de despertar o amor. Talvez o contrário nem mesmo procure o contrário por sua própria natureza, mas apenas por acidente, sendo o intermediário o objeto real do desejo, pois é este que é realmente bom; por exemplo, para o seco, o bom não é ficar molhado, mas passar para o estado intermediário, e da mesma forma em relação ao quente e em todos os outros casos. Esses assuntos podemos dispensar, pois são um tanto estranhos à nossa investigação.

9

Amizade e justiça parecem, como dissemos no início da nossa discussão, ocupar-se com os mesmos objetos e manifestar-se entre as mesmas pessoas. Em cada comunidade pensa-se que existe alguma forma de justiça e de amizade; ao menos os homens chamam amigos a seus companheiros de viagem ou de armas, e àqueles que com eles de associam em qualquer outro tipo de comunidade. E a extensão de sua associação é a mesma extensão de sua amizade, assim como o é a justiça existente entre eles. E o provérbio de que os amigos têm tudo em comum é expressão da verdade, pois a amizade depende da comunhão de bens. Os irmãos e os camaradas têm todas as coisas em comum, mas os outros a quem nos referimos têm em comum certas coisas definidas – alguns mais, outros menos, pois, também das amizades, algumas são verdadeiras em maior ou em menor grau. E as imposições da justiça também diferem; os deveres dos pais para com os filhos e os dos irmãos entre si não são os mesmos, nem os dos camaradas e os dos concidadãos, como também acontece com as outras espécies de amizade.

Há uma diferença, portanto, também entre os atos que são injustos para com cada uma dessas classes de associados, e a injustiça aumenta ao se manifestar àqueles que são amigos em um sentido mais amplo. Por exemplo, é mais terrível defraudar um camarada do que um concidadão, mais terrível deixar de ajudar um irmão do que um estranho, e mais terrível ferir o próprio pai em vez de qualquer outra pessoa. As imposições da justiça também parecem aumentar com a intensidade da amizade, e isso implica que amizade e justiça existem entre as mesmas pessoas e têm uma extensão igual.

Todas as formas de comunidade são como partes da comunidade política. Os homens viajam juntos com o objetivo de obter alguma vantagem particular, e para fornecer algo necessário à vida; e é por causa da vantagem que a comunidade política parece ter se constituído e durar, pois esse é o objetivo a que os legisladores visam, e chamam justo apenas o que colabora com a vantagem comum. Todavia, outras comunidades buscam aspectos particulares dessa vantagem comum; por exemplo, os marinheiros têm em vista o que é vantajoso em uma viagem, com o objetivo de ganhar dinheiro ou algo dessa espécie, assim como os soldados buscam o que é vantajoso na guerra, seja a riqueza, seja a vitória, seja a tomada de uma cidade; do mesmo modo, os membros de tribos ou demos agem de forma semelhante.

Algumas comunidades parecem se formar por força da necessidade do prazer, como as corporações religiosas e os clubes sociais, pois estes existem, respectivamente, para oferecer sacrifícios e para proporcionar o convívio. Mas todos parecem incluir-se na comunidade política, pois não visam à vantagem imediata e sim ao que é vantajoso para a vida como um todo, oferecendo sacrifícios e organizando reuniões para esse fim, honrando os deuses e proporcionando divertimentos agradáveis para si mesmos. Os antigos sacrifícios e encontros, ao que tudo indica, ocorriam após a colheita, como uma espécie de festa das primícias, porque era nessa época que as pessoas tinham mais oportunidades de lazer. Todas as comunidades, portanto, parecem fazer parte da comunidade política; e as espécies particulares de amizade devem corresponder aos tipos particulares de comunidade.

10

Existem três espécies de constituição e um número igual de desvios – perversões, por assim dizer, dessas espécies. As constituições são monarquia, aristocracia e, em terceiro lugar, a que se baseia na posse de bens e que parece apropriado chamar timocracia, embora a maioria das pessoas a denomine governo do povo. A melhor é a monarquia, e a pior, a timocracia.

O desvio da monarquia é a tirania, pois ambas são formadas pelo governo de um só homem – mas há entre elas a maior diferença que se pode encontrar. O tirano olha para sua própria vantagem; o rei, para a vantagem de seus súditos. Um homem não é rei a menos que baste a si mesmo e supere seus súditos em todas as coisas boas. Um homem assim não precisa de mais nada, e portanto não olhará para seus próprios interesses, mas para aqueles de seus súditos, pois o rei que não for assim terá somente um mero título de realeza. Ora, a tirania é exatamente o contrário disso: o tirano persegue seu próprio bem. E é evidente que esta é a pior forma de desvio, pois o contrário do melhor é o pior.

A monarquia degenera em tirania, que é a forma pervertida do governo de um homem só, e o mau rei se torna um tirano. A aristocracia, por sua vez, degenera em oligarquia pela maldade dos governantes, que distribuem sem equidade o que pertence ao Estado – todas, ou a maior parte das coisas, para eles mesmos, e os postos públicos sempre para as mesmas pessoas, visando, sobretudo, à riqueza; assim, os governantes são poucos e maus, em lugar de serem os mais dignos. Já a timocracia degenera em democracia; ambas são coextensivas, pois têm como ideal o governo da maioria, e aqueles que não têm posses são contados como iguais aos que as têm. A democracia é a menos má das três espécies de perversão, pois no seu caso a forma de constituição é apenas um ligeiro desvio. Estas são as mudanças às quais as constituições estão mais sujeitas; e essas são as transições menores e mais fáceis.

Podem-se encontrar semelhanças entre as constituições e, por assim dizer, modelos delas nas famílias. A associação de um pai com seus filhos tem a forma da monarquia, uma vez que o pai cuida dos filhos; é por isso que Homero [na *Ilíada*] chama "pai" a Zeus; e o ideal da monarquia é ser uma forma paternal de governo. Mas entre os persas, o governo dos pais é tirânico; eles usam seus filhos como escravos. Tirânico também é o governo dos senhores sobre os escravos, no qual somente se tem em vista a vantagem dos senhores. Esta, porém, parece ser uma forma correta de governo, mas o tipo persa é pervertido, pois diferentes são as modalidades de governo adequadas a diferentes relações. A associação entre marido e mulher parece ser aristocrática, porque o homem governa de acordo com seu valor e nas questões em que um homem deve governar, mas as questões que convêm a uma mulher ele entrega à esposa. Se o homem governa em tudo, a relação degenera em oligarquia, pois ao proceder assim ele não age de acordo com o valor respectivo de cada sexo, nem governa em virtude de sua superioridade. Às vezes, porém, são as mulheres que governam, porque são herdeiras; então seu governo não é baseado na excelência, mas na riqueza e no poder, como nas oligarquias. A associação entre irmãos é como a timocracia, pois eles são iguais, exceto quando existem diferenças nas idades. Desse modo, se eles diferem muito em idade, a amizade deixa de ser do tipo fraternal. A democracia é encontrada principalmente em famílias sem pais, nas quais todos se encontram em pé de igualdade, e naquelas em que o chefe é fraco e todos têm licença para fazer o que lhes agrada.

11

Cada uma das constituições envolve amizade apenas na medida em que envolve justiça. A amizade entre um rei e seus súditos depende de um excesso de benefícios conferidos, pois o rei os confere a seus súditos se, sendo um homem bom, cuida do bem-estar deles como um pastor zela por suas ovelhas (e por esse motivo Homero chamou Agamenon "pastor dos povos"). Assim também é a amizade de um pai, embora este supere o outro na grandeza dos benefícios conferidos; pois ele é responsável pela existência de seus filhos, que é considerada o maior dos bens, além de prover sua nutrição e educação.

Essas coisas também são atribuídas aos avós. Além disso, por natureza, um pai tende a governar seus filhos, os avós a seus descendentes e os reis a seus súditos. Essas amizades implicam superioridade de uma parte sobre outra, razão pela qual os ancestrais são homenageados. A justiça que existe entre pessoas assim relacionadas, portanto, não é a mesma de parte a parte, mas, em todos os casos, proporcional ao mérito; isso é verdadeiro também na amizade. A amizade de marido e mulher é a mesma que se encontra na aristocracia, pois está de acordo com a virtude: o melhor obtém maior parcela dos bens, e cada um recebe o que lhe compete; pode-se dizer o mesmo quanto à justiça nessas relações. A amizade dos irmãos é como a dos camaradas, pois são iguais e próximos uns dos outros pela idade; e tais pessoas, em sua maioria, assemelham-se em seus sentimentos e em seu caráter. Também se parece a esta a amizade apropriada ao governo timocrático; pois em tal constituição o ideal é que os cidadãos sejam iguais e justos; portanto, o governo é assumido por turnos, numa base de igualdade. E a amizade adequada a esta constituição corresponde à que descrevemos.

Mas nas formas de desvio, como dificilmente existe justiça, também é rara a amizade. E onde menos existe é na pior das formas: na tirania há pouca ou nenhuma amizade. Onde não há nada em comum entre o governante e os governados, tampouco pode existir amizade, pois não há justiça. Por exemplo, entre o artesão e a ferramenta, a alma e o corpo, o senhor e o escravo, os segundos termos de cada caso são beneficiados por aqueles que os usam, mas não há amizade nem justiça para com as coisas inanimadas. Tampouco há amizade com um cavalo, um boi ou um escravo como escravo.

Pois não há nada de comum entre as duas partes: o escravo é uma ferramenta viva e a ferramenta é um escravo inanimado. Como escravo, então não se pode ser seu amigo, mas, como homem, isso é possível, pois parece haver alguma justiça entre um homem qualquer e outro homem qualquer que tenham condições de compartilhar um sistema jurídico ou ser partes de um acordo; portanto, também pode haver amizade com o escravo na medida em que ele é um homem. Assim, embora nas tiranias quase não existam a amizade e a justiça, nas democracias elas existem de maneira mais plena, pois os cidadãos são iguais onde têm muito em comum.

12

Toda forma de amizade envolve associação, como dissemos. Pode-se, no entanto, distinguir das demais a amizade dos parentes e dos camaradas. As amizades dos concidadãos, dos membros de uma tribo, dos companheiros de viagem e semelhantes são mais como meras amizades de associação, pois parecem basear-se em uma espécie de pacto. Nessa classe podemos incluir a amizade entre anfitrião e convidado. A amizade dos parentes, embora seja de várias espécies, parece depender, em todos os casos, da amizade entre pais e filhos, pois os pais amam seus filhos como partes de si mesmos, e os filhos amam seus pais porque se originaram deles. Os pais (1) conhecem melhor sua prole do que esta se conhece como tal, e (2) o procriador sente os filhos como seus, mais do que os filhos sentem ao pais como seus, pois o produto pertence ao produtor (por exemplo, como um dente ou um cabelo ou qualquer outra coisa pertence a seu dono), mas o produtor não pertence ao produto, ou pertence em menor grau. Por fim, (3) o tempo decorrido produz o mesmo resultado; os pais amam seus filhos assim que eles nascem, mas os filhos começam a amar seus pais somente depois que o tempo passou e eles adquiriram compreensão ou o poder de discriminação pelos sentidos. Com base nessas considerações, também fica claro por que as mães amam mais do que os pais. Pai e mãe amam seus filhos como a si mesmos (pois estes, em virtude de sua existência separada, são como outros "eus"), enquanto os filhos amam seus pais por terem nascido deles, e os irmãos se amam porque nasceram dos mesmos pais; sua identidade com estes os torna idênticos uns aos outros (que é a razão pela qual as pessoas falam "do mesmo sangue", "da mesma cepa" e assim por diante). Portanto eles são, em certo sentido, a mesma coisa, embora existam como indivíduos separados. Duas coisas que muito contribuem para a amizade são uma educação comum e a semelhança de idade, pois "pessoas da mesma idade se apegam", e aqueles que foram criados juntos tendem a viver como camaradas; é por esse motivo que a amizade dos irmãos é semelhante à dos camaradas. Primos e outros parentes estão ligados por um laço derivado do fraterno, porque provêm dos mesmos antepassados. Aproximam-se e se afastam uns dos outros de modo proporcional à proximidade ou a distância do ancestral comum.

A amizade dos filhos com os pais e dos homens com os deuses é a que se tem com algo bom e superior, pois eles lhes conferiram os maiores benefícios, dando-lhes existência, alimentação e educação desde o nascimento. Essa espécie de amizade também é agradável e útil, mais do que a amizade entre estranhos, na medida em que essas pessoas convivem mais.

A amizade entre irmãos tem as características encontradas na amizade entre camaradas (em especial quando estes são bons), e de modo geral entre pessoas semelhantes umas das outras, na medida em que vivem em comum e que se amam desde o nascimento. Os filhos nascidos dos mesmos pais, criados juntos e com a mesma educação, são mais semelhantes em caráter; e, nesse caso, a prova do tempo foi aplicada da maneira mais completa e convincente.

Entre outros graus de parentesco, as relações amigáveis são encontradas nas proporções correspondentes. Entre marido e esposa a amizade parece existir por natureza, pois os humanos tendem naturalmente a formar casais – ainda mais do que a formar cidades –, na medida em que a família é anterior à cidade e mais necessária do que esta, e a reprodução é comum ao homem e aos animais. Entre os outros animais a união se estende apenas até esse ponto, mas os seres humanos vivem juntos não apenas para reproduzir-se, mas também para os vários propósitos da vida. Desde o início as funções são divididas, e as do homem e da mulher são diferentes; eles se ajudam mutuamente, transformando em algo comum seus dotes individuais. Por esses motivos, tanto a utilidade como o prazer parecem ser encontrados nesse tipo de amizade. Mas tal amizade pode ser baseada também na virtude, se as partes são boas, pois cada um tem sua própria virtude e as duas partes se deleitam com isso. E os filhos são um laço de união (razão pela qual as pessoas sem filhos separam-se mais facilmente) por serem um bem comum a ambos, e o que é comum aos dois os mantém unidos.

Como marido e esposa e, de modo geral, amigo com amigo devem se portar um com o outro parece ser a mesma questão de determinar qual seria o comportamento justo. Um homem não parece ter os mesmos deveres para com um amigo, um estranho, um camarada e um colega de escola.

13

Existem três espécies de amizade, como dissemos no início da nossa investigação, e, em relação a cada uma, alguns são amigos em igualdade e outros em virtude de uma superioridade (pois não só os homens igualmente bons podem tornar-se amigos, mas um homem melhor pode fazer amizade com um pior, e, da mesma forma, nas amizades de prazer ou de utilidade os amigos podem ser iguais ou desiguais quanto aos benefícios que conferem). Sendo assim, os iguais devem ser amigos numa base de igualdade em relação ao amor e a todos os outros aspectos, enquanto os desiguais devem se beneficiar de modo proporcional à sua superioridade ou inferioridade. Surgem reclamações e censuras apenas, ou principalmente, nas amizades baseadas na utilidade, e isso está de acordo com o esperado. Aqueles que são amigos com base na virtude anseiam por fazer o bem um ao outro (uma vez que essa é uma marca da virtude e da amizade), e entre homens que imitam entre si essas coisas não pode haver reclamações nem disputas. Ninguém é ofendido por um homem que o ama e que lhe faz bem – se for uma pessoa de sentimentos nobres, vinga-se fazendo o bem ao outro. E o homem que supera o outro nos serviços que presta não reclamará de seu amigo, uma vez que consegue o que almeja: cada um deles deseja o que é bom. Nas amizades baseadas no prazer tampouco surgem muitas reclamações, pois ambos obtêm ao mesmo tempo o que desejam, se gostam de passar o tempo juntos; e até mesmo um homem que se queixasse de outro por não lhe proporcionar prazer pareceria ridículo, uma vez que está em seu poder não passar seus dias com esse par.

Mas a amizade baseada na utilidade é cheia de reclamações, pois, como cada parte se utiliza da outra em benefício próprio, elas sempre querem obter o melhor da relação, e pensam que têm menos do que deveriam, e censuram seus amigos porque não conseguem tudo o que "precisam e merecem"; e aqueles que fazem bem aos outros não podem ajudá-los tanto quanto eles desejam.

É de supor que, como a justiça é de duas espécies, uma não escrita e outra legal, haja também uma espécie moral e outra legal de amizade baseada na utilidade. Assim, as queixas surgem principalmente quando os homens não dissolvem a relação dentro do espírito da amizade em que a contraíram. O tipo legal é aquele que tem termos definidos. Sua variedade puramente comercial é baseada no pagamento imediato, enquanto a variedade mais liberal permite uma certa margem de tempo, mas estipula uma troca definida. Nesta variedade, a dívida é clara e não ambígua, mas o seu adiamento contém um elemento de amizade; portanto, alguns Estados não permitem ações judiciais decorrentes de tais acordos, mas pensam que os homens que negociaram com base no crédito devem aceitar as consequências. O tipo moral não reside em termos fixos. Concede uma dádiva, ou o que quer que seja, como se fosse a um amigo, mas espera receber outro tanto, ou mais, como se não tivesse dado mas sim emprestado; e se a situação de um deles fica pior, quando a relação é dissolvida, do que antes de tê-la contraído, esse indivíduo reclamará. Isso acontece porque todos os homens, ou a maioria deles, desejam o que é nobre mas escolhem o que é vantajoso; é nobre fazer o bem a outro sem a intenção de receber alguma recompensa, pois é o recebimento de benefícios que é vantajoso. Portanto, se possível, devemos retribuir o equivalente ao que recebemos (pois não devemos fazer de um homem nosso amigo contra a sua vontade; devemos reconhecer, de início, que nos enganamos ao aceitar um benefício de uma pessoa da qual não devíamos tê-lo aceitado, uma vez que não era nosso amiga, nem de alguém que fez isso apenas por fazer. Cumpre-nos saldar as contas como se tivéssemos sido beneficiados em termos fixos). Na verdade, teríamos concordado em retribuir se pudéssemos (do contrário, até mesmo o benfeitor não esperaria por isso); portanto, se for possível, devemos retribuir. Mas, de início, devemos considerar o homem por quem estamos sendo beneficiados, e em que termos ele age, para que possamos aceitar o benefício nesses termos, ou então recusá-lo.

É questionável se devemos medir um serviço por sua utilidade ao receptor e dar o retorno com vistas a isso ou pela benevolência do doador. Os receptores dizem que recebem de seus benfeitores o que pouco significava para estes e que pode ter sido obtido de outros, minimizando o serviço; já os doadores, ao contrário, dizem que ofereceram a maior coisa que possuíam e que não poderia ter sido obtido de outros, e que foi dado em tempos de perigo ou de necessidade semelhante. Se a amizade é aquela que visa à utilidade, certamente a vantagem para o receptor é a medida.

É ele quem pede o serviço, e o outro o ajuda na suposição de que receberá o equivalente; então a assistência é precisamente tão grande como a vantagem para o receptor, e portanto ele deve retornar tanto quanto recebeu, ou até mais (pois isso seria mais nobre). Em amizades baseadas na virtude, por outro lado, as reclamações não surgem, mas o propósito do executor é uma espécie de medida, pois em seu propósito está o elemento essencial da virtude e do caráter.

14

As diferenças surgem também em amizades baseadas na superioridade, porque cada um espera obter mais. Contudo, quando isso acontece, a amizade é dissolvida. Não só o homem melhor pensa que deve receber mais, uma vez que mais deve ser atribuído a um homem bom, como o mais útil espera a mesma coisa. Dizem que um homem inútil não deve receber tanto quanto eles, uma vez que nesse caso a amizade deixa de sê-lo para se tornar um serviço público quando os seus proveitos não correspondem ao valor dos benefícios conferidos. Essas pessoas pensam que, assim como em uma parceria comercial, os que entram com mais devem ganhar mais, e o mesmo deve acontecer na amizade. Mas o homem que se encontra em estado de necessidade e inferioridade faz a reivindicação contrária: pensa que um bom amigo deve ajudar aqueles que estão necessitados. Qual a utilidade, diz ele, de ser amigo de um homem bom ou poderoso se não se tira disso nenhum proveito?

Em todo caso, parece que cada parte é justificada em sua reivindicação e que cada um deveria tirar mais proveito da amizade do que o outro – não maior quantidade da mesma coisa, todavia, mas o superior em honra e o inferior em ganho; pois a honra é o prêmio da virtude e da beneficência, ao passo que o ganho é a ajuda exigida pela inferioridade.

Parece ser assim também nos arranjos constitucionais; o homem que não contribui com nada de bom para o bem comum não é honrado; pois o que pertence ao público é dado ao indivíduo que o beneficia, e a honra pertence ao público. Não é possível obter, do patrimônio comum, ao mesmo tempo riqueza e honra. Ninguém gosta de receber a menor parte em todas as coisas; portanto, ao homem que perde a riqueza atribui-se honra, e riqueza ao que está disposto a ser pago, uma vez que a proporção ao mérito iguala as partes e preserva a amizade, como já dissemos. É também essa a maneira pela qual devemos nos associar com os desiguais; o homem que é beneficiado em relação à riqueza ou à virtude deve retribuir com honra, compensando o outro como lhe for possível. Pois a amizade pede a um homem que faça o que pode, não o que é proporcional ao mérito da causa, pois isso nem sempre é possível – por exemplo, nas honras prestadas aos deuses ou aos pais. Ninguém jamais lhes poderia pagar o equivalente ao que recebe, mas o homem que os serve de acordo com suas capacidades é considerado um homem bom. É por isso que não parece lícito a um homem renegar seu pai (embora um pai possa repudiar seu filho). Como devedor que é, deve pagar, mas nada do que um filho possa pagar será o equivalente ao que recebeu, de modo que ele estará sempre em dívida. Porém, assim como os credores podem perdoar uma dívida, um pai pode fazer o mesmo. Ao mesmo tempo, pensa-se que, presumivelmente, ninguém repudiaria um filho que não fosse muito perverso; porque, além da amizade natural entre pai e filho, é da natureza humana não rejeitar a assistência de um filho. Mas o filho, se for perverso, evitará ajudar seu pai, ou não fará muita questão disso, pois a maioria das pessoas deseja obter benefícios mas evita dá-los, afirmando que é algo que não compensa.

Já examinamos o bastante estas questões.

Livro IX

Amor ou amizade — *continuação*

1

Em todas as relações entre pessoas diferentes, como dissemos, é a proporção que iguala as partes e preserva a amizade. Na forma política da amizade, por exemplo, o sapateiro recebe uma compensação pelos sapatos na proporção do seu valor, e o mesmo acontece com o tecelão e com todos os outros artesãos. Aqui foi estabelecida uma medida comum sob a forma de dinheiro, e, portanto, tudo é referido e medido pelo dinheiro. Mas na amizade dos amantes, às vezes o amante se queixa de que o seu excesso de amor não é correspondido pelo amor do amado (embora talvez não haja nada, no amante, digno de amor), enquanto em muitas ocasiões o amado reclama que o amante, que antes prometia tudo, agora nada cumpre.

Tais incidentes acontecem quando o amante ama o amado por causa do prazer, enquanto o amado ama o amante por utilidade, e nenhum dos dois possui as qualidades que se esperam deles. Se estes são os objetivos da amizade, ela é dissolvida quando as partes não obtêm as coisas que eram os motivos de seu amor; na verdade, nenhum amava o outro por aquilo que ele era, mas somente suas qualidades, as quais não eram duradouras. Por esse motivo as amizades também são passageiras. Mas o amor pelo caráter, como já foi dito, perdura porque só depende de si mesmo. Os conflitos surgem quando o que ambos obtêm é diferente daquilo que desejam, pois é como se não tivessem obtido nada. Observe-se a história do homem que fez um trato com um tocador de lira, prometendo-lhe dar-lhe mais quanto melhor ele cantasse. Mas pela manhã, quando o músico exigiu o cumprimento da promessa, o homem respondeu que já o pagara ao retribuir o prazer com prazer.

Se fosse prazer o que os dois quisessem, tudo estaria bem; mas se um queria prazer e o outro queria ganho, e um obteve o que desejava mas o outro não, os termos da transação não foram devidamente cumpridos, pois cada um precisa aquilo a que se aplica, e é em troca disso que dará o que tem.

Mas quem deve fixar o valor do serviço: aquele que faz o sacrifício ou aquele que leva vantagem? De todo modo, o que se sacrifica parece deixar a decisão para o outro. Era dessa maneira, segundo dizem, que Protágoras costumava fazer; sempre que ensinava alguma coisa, pedia ao aluno que avaliasse o valor do conhecimento e aceitava a quantia assim fixada. Mas em tais assuntos alguns homens aprovam o aforismo: "Que cada qual tenha sua recompensa fixa".

Aqueles que recebem antecipadamente o dinheiro e não fazem nenhuma das coisas que haviam prometido em razão da extravagância de suas promessas, são naturalmente objetos de reclamação, pois não cumprem o que prometeram. Os sofistas talvez sejam compelidos a agir assim porque ninguém lhes daria dinheiro pelas coisas que eles sabem. Essas pessoas, se não fizerem aquilo para o que foram pagas, são naturalmente objetos de queixa.

Mas quando não há contrato de serviço, quem abre mão de algo para o bem da outra parte não pode (como dissemos) receber reclamações (pois essa é a natureza da amizade virtuosa), e a retribuição deve ser feita com base em seu propósito (pois é o propósito que caracteriza um amigo e a virtude). Do mesmo modo, ao que parece, dever-se-ia retribuir aqueles com os quais estudamos filosofia, pois seu valor não pode ser medido em dinheiro, e nenhuma honra está à altura dos seus serviços. Ainda assim, talvez seja suficiente, como acontece com os deuses e com os nossos pais, dar-lhes aquilo que pudermos.

Se o retorno, mesmo não sendo desse tipo, foi feito com vistas à retribuição, é sem dúvida preferível que se retribua de um modo que seja justo para ambas as partes. Contudo, se isso não puder ser alcançado, não só será necessário, como também justo, que a parte recebedora do primeiro benefício fixe a recompensa. Caso o outro receba em troca o equivalente à vantagem do primeiro beneficiado, ou o preço que ele teria pago pelo prazer, terá obtido o que é justo.

Isso acontece com as coisas colocadas à venda, e em alguns lugares as leis estabelecem que nenhuma ação deve advir de contratos voluntários, no pressuposto de que cada um deve resolver o caso com a pessoa a quem deu crédito, dentro do mesmo espírito em que se negociou com ele. A lei afirma ser mais justo que o homem a quem se deu o crédito deve fixar os termos, pois a maioria das coisas não é avaliada no mesmo valor por quem as possui e por quem precisa delas. Cada classe valoriza muito o que é seu e o que oferece; ainda assim, a retribuição deve ser feita nos termos fixados por aquele que recebe. Mas este, sem dúvida, deve avaliar uma coisa não pelo valor que ela parece ter quando já a possui, mas pelo valor que lhe atribuía antes de possuí-la.

2

Outro problema é colocado por questões como estas: se, em todas as coisas, devemos dar preferência ao nosso pai e obedecer-lhe, ou confiar em um médico quando estamos enfermos e indicar um homem de habilidade militar caso precisemos escolher um general. De maneira similar, devemos prestar serviço, de preferência, a um amigo ou a um homem bom, e mostrar gratidão a um benfeitor ou favorecer um amigo, se não for possível fazer as duas coisas?

Todas essas questões são difíceis de decidir com precisão, não são? Elas admitem muitas variações de todo tipo, em relação à magnitude do serviço, à sua necessidade e à sua nobreza. Mas é evidente que não devemos dar preferência, em todas as coisas, à mesma pessoa; e é certo, na maioria das vezes, retribuir benefícios em vez de favorecer os amigos. Devemos pagar o nosso credor antes de fazer um empréstimo para um amigo.

Todavia, talvez nem sempre isso seja verdadeiro. Por exemplo: deve um homem que foi tirado das mãos de bandidos resgatar, em troca, aquele que o libertou, seja ele quem for (ou pagar-lhe, se ele não foi capturado, mas exige pagamento), ou, em lugar disso, resgatar seu pai? Parece que o certo é resgatar seu pai, de preferência a si mesmo. Como dissemos, em geral a dívida deve ser paga, mas se o benefício for extremamente nobre ou necessário, deve-se levar em conta, também, essas considerações. Pois às vezes nem sequer é justo retribuir o equivalente ao que se recebeu, quando uma das partes prestou um serviço a um homem que sabe ser bom, enquanto a outra parte retribui para alguém que acredita ser mau. Por isso, às vezes não devemos emprestar a quem nos fez um empréstimo, porque o primeiro emprestou a um homem bom, esperando reaver seu empréstimo, enquanto o outro não tem esperança de o recuperar de alguém considerado mau. Portanto, se os fatos realmente forem assim, a demanda não será justa; e, se não o for – mesmo que as pessoas pensem que seja –, ninguém consideraria estranha a recusa. Como temos apontado frequentemente, as discussões sobre sentimentos e ações são tão precisas ou imprecisas quanto seus objetos.

Que não devamos fazer a mesma retribuição a todos, nem dar a um pai a preferência em tudo – assim como não oferecemos todos os sacrifícios a Zeus –, é bastante claro. No entanto, uma vez que devemos prestar coisas diferentes aos pais, aos irmãos, aos camaradas e aos benfeitores, devemos prestar para cada classe o que for apropriado e digno. E é isso que as pessoas parecem de fato fazer. Para os casamentos, convidam seus parentes, pois estes são parte da família e, portanto, participam também das ações que a afetam. Pelo mesmo motivo, nos funerais também consideram apropriada a reunião dos parentes, antes de todos os outros. No que diz respeito à alimentação, considera-se que devemos ajudar nossos pais antes de quaisquer outros, uma vez que outrora recebemos deles nosso próprio alimento, e é mais honroso ajudar nesse aspecto os autores do nosso ser de preferência a nós mesmos. Também devemos honrar os nossos pais assim como honramos os deuses, mas não se trata de lhes prestar toda e qualquer honra; além disso, não devemos dar as mesmas honras ao pai e à mãe, nem lhes conceder aquelas devidas a um filósofo ou a um general, e sim as honras devidas ao pai ou à mãe. A todas as pessoas mais velhas também se devem prestar as honras apropriadas à sua idade, levantando-nos para recebê-los, encontrando lugares para eles e assim por diante. Já aos camaradas e aos irmãos, devemos permitir a liberdade de expressão e o uso comum de todas as coisas. Aos parentes, aos companheiros de tribo, aos concidadãos e a todas as outras classes, devemos sempre procurar atribuir o que for apropriado, e comparar os direitos de cada classe com respeito à proximidade da relação e à virtude ou à necessidade. A comparação é mais fácil quando as pessoas pertencem à mesma classe, e mais trabalhosas quando pertencem a classes diferentes. No entanto, não devemos, por isso, recuar diante da tarefa; cumpre-nos decidir a questão da melhor maneira que pudermos.

3

Outra questão que se coloca é se convém ou não romper a amizade caso a outra parte não permaneça a mesma. Talvez se possa dizer que não há nada de estranho em romper uma amizade baseada na utilidade ou no prazer quando nossos amigos não possuem mais esses atributos. Pois foi em razão desses atributos que nos tornamos amigos e, quando eles deixam de existir, é razoável não mais sentir amor. Mas uma das partes poderia reclamar da outra se ela fingiu amar pelo caráter quando, na verdade, amava por utilidade ou por prazer. Pois, como dissemos no início, a maioria dos conflitos surge entre amigos quando eles não são amigos dentro do espírito em que pensam sê-lo. Então, quando um homem ilude a si mesmo, pensando ser amado por seu caráter enquanto a outra pessoa nada fazia para demonstrar isso, ele deve culpar a si próprio; no entanto, se foi iludido pela dissimulação da outra pessoa, é justo que se queixe desse outro – mais justo, inclusive, do que reclamar contra os indivíduos falsificadores de moedas, na medida em que o mal diz respeito a algo mais valioso.

Mas se aceitamos outro homem como bom e ele acaba se revelando mau, devemos amá-lo apesar disso? Impossível, uma vez que não podemos amar todas as coisas, mas apenas o que é bom. O que é mau não pode nem deve ser amado, pois não é dever de ninguém amar o mau nem tornar-se parecido com ele; e já dissemos que o semelhante é caro ao semelhante. A amizade, então, deve ser rompida de imediato? Ou não é assim em todos os casos, mas apenas quando a maldade de nossos amigos não tem cura? Se eles se mostrarem capazes de reforma, devemos auxiliá-los no que diz respeito a seu caráter ou a seus bens materiais, porque essa atitude é melhor e mais característica da amizade.

Mas se um homem romper essa amizade, ninguém acharia estranho, pois ele não era amigo de um indivíduo desse tipo; se seu amigo mudou e ele não pode salvá-lo, é justo que o deixe. Contudo, se um amigo permanecesse o mesmo enquanto o outro melhorasse e o ultrapassasse muito em virtude, este deveria tratar o primeiro como amigo? Decerto isso é impossível. Quando o intervalo é grande, como no caso das amizades de infância; se um amigo permaneceu uma criança em relação ao intelecto, ao passo que o outro se desenvolveu totalmente, como poderiam continuar amigos se não aprovavam as mesmas coisas nem se deleitavam ou se entristeciam com elas? Nem mesmo haverá concordância entre ambos, em seus gostos, e sem isso (como vimos) não pode haver amizade, pois eles serão incapazes de viver juntos.

Mas já discutimos esses assuntos.

Então devemos nos comportar como se jamais tivéssemos sido amigos? Decerto nos lembraremos de nossa antiga intimidade, e como pensamos que devemos favorecer os amigos em vez de fazer isso com estranhos, devemos levar em consideração a antiga amizade daqueles que foram nossos amigos no passado, caso o rompimento não tenha acontecido por um excesso de maldade.

4

As relações amigáveis com nossos semelhantes e as marcas pelas quais se definem as amizades parecem ter origem nas relações de um homem para consigo mesmo. Porque (1) definimos um amigo como aquele que deseja e faz o que é bom, ou parece fazê-lo, por causa de seu amigo, ou (2) como alguém que deseja que seu amigo exista e viva por ele mesmo. É isso que as mães fazem aos seus filhos e que fazem os amigos em conflito. E (3) outros o definem como aquele que vive com um outro e (4) tem os mesmos gostos dele, ou, ainda, (5) alguém que sofre e se regozija com seu amigo. Também encontramos isso principalmente nas mães. A amizade é definida por algumas dessas características.

Cada uma delas é verdadeira do homem bom em relação a si mesmo (e de todos os outros homens, na medida em que se consideram bons; a virtude e o homem bom parecem, como dissemos, ser a medida de todas as classes de coisas). Pois suas opiniões são harmoniosas e ele deseja as mesmas coisas com toda a sua alma; portanto, deseja para si o que é bom e o que parece ser, e o faz (pois é uma característica do homem bom trabalhar para o bem), e o faz em seu próprio interesse (ou seja, no interesse do elemento intelectual que há nele e que é considerado o próprio homem). Ele deseja viver e resguardar-se, e em especial proteger o elemento virtuoso que o leva a pensar.

Pois a existência é boa para o homem virtuoso, e cada um deseja para si o que é bom, enquanto ninguém escolheria possuir o mundo inteiro se primeiro tivesse de se transformar em outra pessoa (em relação a isso, lembremos que os deuses já têm a posse do bem). O homem virtuoso deseja isso apenas com a condição de ser o que já é; e o elemento pensante parece ser o próprio indivíduo, ou sê-lo mais do que qualquer outro dos elementos que há nele. E tal homem deseja viver consigo mesmo e o faz com prazer, uma vez que se satisfaz com as lembranças de seus atos passados, e suas esperanças para o futuro são boas e, portanto, agradáveis. Do mesmo modo, sua mente é bem dotada de objetos de contemplação. E ele sofre e se regozija, mais do que qualquer outro, consigo mesmo, pois a mesma coisa é sempre dolorosa, e sempre prazerosa (e não uma coisa em determinada ocasião e outra coisa em outro momento); ele não tem, por assim dizer, nada do que se arrepender.

Portanto, uma vez que cada uma dessas características pertence ao homem bom em relação a si mesmo, e ele se relaciona com seu amigo como se o fizesse consigo (pois seu amigo é um outro "eu"), a amizade também é considerada um desses atributos, e aqueles que os têm são amigos. Se existe ou não amizade entre um homem e ele mesmo é uma questão que podemos descartar por enquanto. Parece haver amizade na medida em que ele é dois ou mais, a julgar pelos atributos de amizade mencionados acima, e pelo fato de que o extremo da amizade é comparado ao amor que sentimos por nós.

Todavia, os atributos assinalados parecem pertencer até mesmo à maioria dos homens, por mais deploráveis que sejam. Devemos dizer então que, por estar satisfeitos consigo e se considerar bons, eles participam desses atributos? Decerto ninguém que seja completamente mau e ímpio possui esses atributos ou mesmo parece tê-los. Dificilmente as pessoas inferiores os possuem, pois elas vivem em desacordo consigo mesmas: têm apetite por certas coisas e desejos racionais por outras.

Isso é verdadeiro, por exemplo, quanto aos incontinentes, porque escolhem, em lugar das coisas que consideram boas, aquelas que são agradáveis mas prejudiciais. Já outros, por covardia e preguiça, evitam fazer o que julgam ser melhor para si mesmos. E aqueles que praticaram muitos atos terríveis e são odiados por sua maldade fogem da vida e destroem a eles mesmos. Quanto aos homens maus, procuram pessoas com quem passar seus dias e fugir de si mesmos, pois se lembram de muitos atos horríveis e antecipam outros, semelhantes, quando estão a sós. Mas os esquecem quando estão na companhia de outros homens. E nada tendo de louvável, não sentem amor por si. Portanto, tais homens tampouco se alegram ou se entristecem consigo mesmos, pois sua alma é dilacerada por forças contrárias, e um dos elementos que a constituem, em razão de sua maldade, sofre ao se abster de certos atos, enquanto o outro elemento se regozija. Um deles o arrasta para um lado e o outro, para o lado oposto, como se o quisessem parti-lo ao meio e o despedaçar. Se um homem não pode, ao mesmo tempo, sentir dor e prazer em todos os eventos, após um curto período se angustia porque sentiu prazer e desejava que as coisas não lhe fossem desagradáveis, pois os maus têm a alma carregada de arrependimento.

Portanto, o homem mau não parece estar amigavelmente disposto nem sequer a si mesmo, porque não há nada nele digno de amor. Assim, se ter essa espécie de índole é ser a mais desprezível das criaturas, devemos nos esforçar com total intensidade para evitar a maldade e para ser bons. Somente dessa maneira poderemos ser amigos de nós mesmos e das outras pessoas.

5

A benevolência é uma espécie de relação amigável, mas não se identifica com a amizade porque pode-se senti-la por pessoas que não se conhecem, sem que elas saibam, e isso não acontece com a amizade. Isso já foi dito aqui. A benevolência, contudo, nem mesmo é um sentimento amistoso, pois não envolve intensidade nem desejo, ao passo que estes acompanham o sentimento de amizade. Mais ainda, a amizade implica intimidade, enquanto a benevolência pode surgir de repente, como acontece com os adversários numa competição; temos benevolência para com eles e compartilhamos os seus desejos, mas não os ajudaríamos em nada porque, como dissemos, a benevolência nos vem num repente e nós apenas os amamos de maneira superficial.

Assim, a benevolência parece ser um início de amizade, como o prazer dos olhos é o começo do amor. Pois ninguém ama se desde o princípio não se deleitou com a aparência do amado – mas nem por isso aquele que se deleita com a aparência de um outro o ama. Também é necessário que sinta a sua falta e que anseie por sua presença. Da mesma maneira, é impossível que duas pessoas sejam amigas sem, antes, sentir benevolência uma pela outra, mas o fato de ter benevolência pelo outro não significa ter amizade, pois somente desejam o bem um do outro, e não cooperariam mutuamente nem se ocupariam em dar-se ajuda. E assim se pode dizer, por uma extensão do termo amizade, que a benevolência é uma amizade inativa, embora, quando se prolonga e atinge o ponto de intimidade, torna-se amizade verdadeira. Não a amizade baseada na utilidade nem aquela baseada no prazer, pois a benevolência não surge nessas condições. O homem que recebeu um benefício retribui com benevolência, e ao fazer isso apenas pratica o que é justo. Já aquele que deseja a prosperidade de alguém porque espera enriquecer por meio dele parece sentir benevolência não para com essa pessoa, mas para consigo mesmo. Um homem não é amigo de outro se o estima somente porque pode tirar algum proveito dele. Em geral, a benevolência surge em razão de alguma excelência ou de algum mérito quando um homem parece, a outro homem, belo, corajoso ou algo assim, como apontamos no caso de adversários em uma competição.

6

A unanimidade também parece ser uma relação amigável. Por esse motivo, não é igual à identidade de opinião, pois esta poderia ocorrer mesmo entre pessoas que não se conhecem. Tampouco dizemos que as pessoas que têm as mesmas opiniões sobre todo e qualquer assunto são unânimes – como, por exemplo, aquelas que concordam sobre os corpos celestes (pois a unanimidade sobre esse assunto não implica uma relação amigável). Mas dizemos que uma cidade é unânime quando os homens têm a mesma opinião sobre o que é de seu interesse, escolhem as mesmas ações e fazem juntos o que resolveram fazer. Portanto, é a respeito das coisas a fazer que as pessoas são consideradas unânimes. E, entre essas coisas, encontram-se as questões importantes em que ambas ou todas as partes podem obter o que desejam; por exemplo, uma cidade é unânime quando todos os seus cidadãos pensam que os cargos públicos devam ser eletivos, ou que deveriam formar uma aliança com Esparta, ou que Pítaco deveria ser o governante – desde que o próprio Pítaco também esteja disposto a governar. Mas quando cada uma das duas pessoas deseja para si a posse de uma coisa em questão, como os capitães das *Fenícias*[33], ambas entram em conflito, pois não há unanimidade quando cada uma das partes pensa na mesma coisa, seja ela qual for, mas apenas quando ambas pensam na mesma coisa nas mesmas mãos – por exemplo, quando tanto o povo como as pessoas da classe superior desejam que os melhores homens governem. Pois assim, e somente assim, todos conseguem o que pretendem. A unanimidade parece, então, ser a amizade política, como de fato é geralmente considerada; pois se relaciona com coisas que são do interesse comum e têm influência na vida de todos.

Essa espécie de unanimidade é encontrada entre os homens bons porque eles são unânimes tanto consigo mesmos como uns com os outros, tendo, por assim dizer, um só pensamento (pois os desejos de tais homens são constantes e não estão à mercê de correntes contrárias, como ocorre num estreito do mar), e desejam o que é justo e vantajoso, sendo estes os objetos de seu esforço comum. Mas os homens maus não podem ser unânimes, exceto em pequena medida, e não podem ser amigos, uma vez que ambicionam obter mais do que sua cota de vantagens. Além disso, no trabalho e no serviço público ficam muito aquém da parte que lhes

[33] Referência a *As virgens fenícias*, de Eurípides.

compete. Cada homem, desejando vantagens para si mesmo, critica o seu semelhante e a ele opõe obstáculos; e, se as pessoas não observarem cuidadosamente o bem comum, este em breve será destruído. O resultado é que eles permanecem em estado de luta, procurando coagir uns aos outros sem que ninguém se disponha a fazer o que é justo.

7

Acredita-se que os benfeitores amam aqueles a quem beneficiaram mais do que estes os amam, e isso é discutido como se fosse paradoxal. A maioria das pessoas julga que isso ocorre porque os segundos estão na posição de devedores e os primeiros, de credores; portanto, assim como os que tomaram empréstimos gostariam que seus credores não existissem, enquanto estes realmente chegam a cuidar da segurança de seus devedores, também se pensa que os benfeitores desejam vida longa aos objetos de suas boas ações, pois dessa maneira podem obter sua gratidão, ao passo que os beneficiários não têm interesse em retribuir-lhes do mesmo modo. Epicarno talvez declarasse que eles dizem isso porque "veem as coisas por seu lado mau", mas isso é bem próprio da natureza humana: a maioria das pessoas esquece-se dessas coisas e mais anseia ser bem-tratada do que tratar bem aos outros. Mas a causa parece estar mais profundamente arraigada na natureza das coisas; o caso daqueles que emprestaram dinheiro não é nem análogo a este. Os credores não têm nenhum sentimento amigável para com seus devedores; apenas desejam que possam ser mantidos em segurança com vistas ao que devem receber deles; enquanto os que prestaram um serviço ao outro sentem amizade e amor por aqueles aos quais serviram, mesmo que estes não lhes sejam de nenhuma utilidade e que nunca venham a sê-lo.

Isso é o que também acontece com os artesãos: cada qual ama o próprio trabalho mais do que o amaria se este pudesse ter vida. E isso talvez aconteça principalmente com os poetas, pois eles dedicam um amor excessivo a seus poemas, adorando-os como se fossem seus filhos. A posição dos benfeitores é semelhante: a pessoa a quem fizeram bem é como se fosse uma obra sua, que eles amam mais do que a obra ama seu artífice. A causa disso é que a existência, para todos os homens, é digna de ser escolhida e amada. Nós existimos em virtude da atividade (ou seja, vivendo e agindo), e a obra é, em certo sentido, uma produtora de atividade. Por esse motivo, o artífice ama a sua obra: porque ama a existência. E isso está profundamente enraizado na natureza das coisas, pois o que ele é em potência, sua obra o manifesta em ato.

Ao mesmo tempo, para o benfeitor é nobre aquilo que depende de sua ação, de modo que ele se deleita com o objeto de sua ação enquanto, para o paciente, não há nada de nobre no agente, mas no máximo algo de vantajoso, e isso é menos agradável e estimável. O que é agradável é a atividade do presente, a esperança do futuro e a memória do passado; mais agradável e estimável, contudo, é o que depende da atividade. Para o homem que fez alguma coisa, sua obra permanece (porque o nobre é duradouro), mas para a pessoa que foi objeto da ação a utilidade passa rápido. E, se a lembrança das coisas nobres é agradável, a das coisas úteis não costuma sê-lo, ou o é menos. Em relação à expectativa, todavia, o contrário disso parece ser verdadeiro.

Além do mais, o amor é como a atividade, e ser amado espelha a passividade; o amor e seus concomitantes são os atributos daqueles que, dentre os homens, são os mais ativos.

Finalmente, todos os homens amam mais o que conquistaram com o esforço de seu trabalho. Por exemplo, os que fizeram a sua riqueza amam-na mais do que aqueles que a herdaram; e ser bem-tratado parece não envolver trabalho, enquanto fazer o bem aos demais é uma tarefa trabalhosa. Estas são também as razões pelas quais as mães amam mais os filhos do que os pais; trazê-los ao mundo lhes custou mais dores e elas sentem mais profundamente que os filhos lhes pertencem. Este último ponto também parece aplicar-se aos benfeitores.

8

Discute-se também a questão sobre se um homem deve amar mais a si mesmo ou a outra pessoa. Criticam-se aqueles que amam a si mais do que a outra coisa e chamam-nos ególatras, um epíteto pejorativo; um homem mau parece fazer tudo para seu próprio bem, e ainda mais quanto mais perverso ele for. Os homens o acusam, por exemplo, de não fazer nada visando a algum fim nobre, ao passo que o homem bom age com vistas à honra e ao bem, e o faz sacrificando seus próprios interesses; quanto mais o fizer, melhor ele será.

Mas os fatos se chocam com esses argumentos, e isso não é surpreendente. Os homens dizem que devemos amar sobretudo o nosso melhor amigo, e o melhor amigo de um homem é aquele que lhe deseja o bem por ele mesmo, mesmo que ninguém venha a saber disso; e tais atributos são encontrados em especial na atitude de um homem em relação a si mesmo, assim como todos os outros atributos pelos quais se define um amigo; pois, como dissemos, foi dessa relação que todas as características da amizade se estenderam aos nossos semelhantes. Isso é confirmado pelos provérbios, como "uma única alma", "o que os amigos possuem é propriedade comum", "amizade é igualdade" e "a caridade começa em casa". Todas essas características encontram-se principalmente na relação de um homem para consigo mesmo; ele é seu melhor amigo e, portanto, deve amar a si acima de tudo. Portanto, é razoável questionar qual dos dois pontos de vista devemos seguir, pois ambos são plausíveis.

Talvez devêssemos separar esses argumentos uns dos outros e determinar até que ponto e em quais aspectos cada opinião é verdadeira. A verdade talvez se torne evidente se compreendermos o sentido em que cada escola usa a frase "amante de si mesmo". Aqueles que a usam como censura atribuem o amor-próprio às pessoas que dão a si mesmas uma parcela maior de riquezas, honras e prazeres corporais, pois essas são as coisas que a maioria deseja e pelas quais se esforça, como se fossem as melhores de todas. É também esse o motivo pelo qual elas se tornam objetos de competição.

Portanto, aqueles que se apegam a essas coisas satisfazem seus apetites e, em geral, os seus sentimentos e o elemento irracional da sua alma; a maioria dos homens é dessa natureza (e por isso o epíteto passou a ser usado em tal acepção – toma seu significado do tipo predominante de amor-próprio, que é mau). É justo, portanto, que os homens que amam a si mesmos dessa maneira sejam censurados. É àqueles que se dão preferência em relação a objetos desse tipo que a maioria das pessoas costuma chamar amigos de si mesmos, pois, se um homem estivesse sempre ansioso para que, acima de todas as coisas, ele devesse agir com justiça e temperança ou de acordo com qualquer outra virtude, e em geral tentasse garantir para si a conduta mais nobre, ninguém o chamaria amigo de si mesmo nem o censuraria.

Mas tal homem parece ser mais amigo de si mesmo do que o outro. Atribui-se, em todos os eventos, as coisas que são mais nobres e melhores, satisfaz o elemento mais valioso de sua natureza e lhe obedece em todas as coisas. Assim como uma cidade ou qualquer outro todo sistemático é, com justiça, identificada com seu elemento mais valioso, assim também é um homem. Portanto, aquele que ama esse elemento e o satisfaz é mais amigo de si mesmo que de qualquer outra coisa. Além disso, diz-se que um homem tem ou não tem autocontrole conforme sua razão o domine ou não, o que implica que ela é o próprio homem; e as coisas que os homens fazem segundo um princípio racional são consideradas mais apropriadamente como atos seus, e voluntários. É evidente que esse é o próprio homem, ou que o é mais do que qualquer outra coisa, e que o homem bom ama mais essa sua parte. Donde se segue que ele é verdadeiramente um amante de si mesmo, de um tipo diverso daquele a quem censuramos, tão diferente quanto viver de acordo com um princípio racional é viver como dita a paixão e desejar o que é nobre, o que parece vantajoso.

Aqueles, então, que se ocupam em grau excepcional com as ações nobres são aprovados e elogiados por todos os homens; e se todos se desejassem o que é nobre e dedicassem seus melhores esforços para praticar os atos mais nobres, tudo concorreria para o bem comum, e cada um asseguraria para si os maiores bens, visto que a virtude é o maior dos bens.

Portanto, o homem bom deve ser amigo de si mesmo (pois irá se beneficiar, e beneficiar seus semelhantes, por praticar atos nobres), mas o homem mau não deve sê-lo, pois, ao seguir suas más paixões, vai machucar a si mesmo e a seus semelhantes. O que o homem mau faz entra em conflito com o que ele deve fazer, ao passo que o homem bom faz o que deve, pois a razão, em cada um que a possui, escolhe o que é melhor para si, e o homem bom obedece à sua razão. Também é verdadeiro dizer que o homem bom pratica muitos atos no interesse de seus amigos e de sua pátria, e se necessário morre por eles. Um homem assim renuncia, de boa vontade, às riquezas, às honras e, em geral, aos bens que são objetos de competição, proporcionando para si a nobreza porque prefere um curto período de intenso prazer a um longo período de prazer moderado, doze meses de vida nobre a muitos anos de uma existência monótona, e uma única ação, grande e nobre, a muitas ações triviais. Aqueles que morrem por outros decerto alcançam esse resultado, um grande prêmio que escolhem para si. Os homens bons igualmente se desfazem de suas riquezas com a condição de que seus amigos possam ganhar mais, pois, quando o amigo de um homem recebe riqueza, esse mesmo homem alcança a nobreza; portanto, atribui a si o bem maior. O mesmo se aplica à honra e aos cargos públicos – todas essas coisas ele sacrificará a seu amigo, por considerar tais atos como nobres e louváveis.

Com razão, portanto, ele é visto como um homem bom, uma vez que escolhe a nobreza acima de tudo. Pode até desistir de ações para que seu amigo as pratique; em certas ocasiões é mais nobre sermos a causa da ação de um amigo do que agirmos nós mesmos. Portanto, em todas as ações que produzem louvores, o homem bom atribui a si mesmo a maior parte do que é nobre. Nesse sentido, como já foi dito, um homem deve ser amigo de si mesmo, mas não no sentido em que a maioria o é.

9

Também se discute se o homem feliz precisa ou não de amigos. Diz-se que aqueles que são extremamente felizes e autossuficientes não têm necessidade de amigos, pois possuem tudo que é bom e, como são autossuficientes, não precisam de mais nada, enquanto um amigo, sendo um outro "eu", fornece o que um homem não consegue por esforço próprio. Por isso o ditado: "Quando a sorte nos sorri, que necessidade temos de amigos?" Mas parece estranho, quando se atribuem todas as coisas boas a um homem feliz, recusar-lhe amigos, que são considerados os maiores bens externos. E se é mais característico de um amigo fazer o bem a outro do que receber benefícios, e se conferir benefícios é próprio do homem bom e da virtude, e é mais nobre fazer o bem aos amigos do que a desconhecidos, o homem bom vai precisar de pessoas às quais fazer o bem. Por esse motivo as pessoas perguntam se precisamos de amigos mais na prosperidade que na adversidade, partindo do pressuposto de que na adversidade temos necessidade de pessoas que nos confiram benefícios, mas também de que os prósperos precisam de pessoas às quais fazer o bem. Também é estranho fazer do homem extremamente feliz um solitário, pois ninguém escolheria a posse do mundo inteiro com a condição de viver sozinho, uma vez que o homem é um ser político cuja natureza é viver em sociedade.

Portanto, mesmo o homem feliz viverá na companhia de outros, pois possui as coisas que são boas por natureza. E evidentemente é melhor passar os dias com amigos e homens bons do que com estranhos ou com a primeira pessoa que aparecer. Portanto, o homem feliz precisa de amigos.

Então, que significa a asserção da primeira escola, e em que sentido ela corresponde à verdade? Será que a maioria dos homens identifica os amigos com as pessoas úteis? De tais amigos, de fato, o homem sumamente feliz não terá necessidade, uma vez que já possui as coisas que são boas; tampouco precisará daqueles com os quais se faz amizade por causa do prazer que proporcionam, ou apenas precisará deles em pequena medida (pois, sendo agradável a sua vida, ele prescinde de prazeres casuais). Porque ele não precisa de tais amigos, pensa-se que não necessita em absoluto de amigos.

Mas isso certamente não é verdadeiro, pois nós dissemos desde o início que a felicidade é uma atividade; e a atividade, evidentemente, é algo que se faz e que não está presente desde o princípio, como se fosse algo que nos pertencesse. Se (1) a felicidade consiste em viver e em ser ativo, e a atividade do homem bom é virtuosa e agradável em si, como dissemos, e (2) o fato de uma coisa nos pertencer é um dos atributos que a tornam agradável, e (3) podemos contemplar nosso semelhante melhor do que a nós mesmos, e suas ações melhor do que as nossas, e se as ações dos homens virtuosos que são amigos são agradáveis aos bons (uma vez que estes possuem os dois atributos que são naturalmente agradáveis) – se assim for, o homem sumamente feliz precisará de amigos dessa espécie, pois seu propósito é contemplar ações dignas e ações que sejam suas, e as ações de um homem bom que seja seu amigo têm essas duas qualidades.

Além disso, pensa-se que o homem feliz deve ter uma existência agradável. Se ele fosse um solitário, a vida seria difícil: as pessoas sozinhas não conseguem ser ativas o tempo todo, mas isso se torna mais fácil na companhia de outros e para outros. Na companhia de outros homens, portanto, a atividade será mais contínua e agradável, como deve ser para o homem extremamente feliz; pois um homem bom, como tal, deleita-se com as ações virtuosas e se entristece com as más, assim como o amante da música tem prazer em ouvir belas melodias mas se aborrece com as más. A companhia de homens bons, como afirmou Teógnis, também nos proporciona um certo treinamento na virtude. Se olharmos mais profundamente na natureza das coisas, um amigo virtuoso parece ser naturalmente desejável a um homem virtuoso. O que é bom por natureza, já dissemos, é bom e agradável para o homem virtuoso.

No caso dos animais, a vida é definida pelo poder da percepção; no do homem, pelo poder da percepção ou do pensamento; e um poder é definido tendo como referência a atividade correspondente, que é o essencial; portanto, a vida parece ser essencialmente o ato de perceber e de pensar. E a vida está entre as coisas que são boas e agradáveis em si mesmas, uma vez que é determinada – e aquilo que é determinado é da natureza do bem; e o que é bom por natureza também é bom para o homem virtuoso (motivo pelo qual a vida parece agradável a todos os homens). No entanto, não devemos aplicar esse princípio a uma vida má e corrupta, nem a uma vida passada em sofrimento, pois uma existência assim é indeterminada, bem como seus atributos. A natureza da dor se tornará mais clara nas páginas que seguem. Mas se a vida em si é boa e agradável (o que parece ser verdadeiro pelo próprio fato de que todos os homens a desejam, e em particular aqueles que são bons e sumamente felizes; para estes, a vida é mais desejável do que para quaisquer outros, e é feliz no mais alto grau); e se aquele que vê percebe o que vê, e aquele que ouve percebe que ouve, e aquele que caminha percebe que caminha, e em todas as outras atividades há também algo que percebe que estamos ativos, de modo que, se percebemos, percebemos que percebemos, e, se pensamos, percebemos que pensamos; e se perceber que percebemos ou pensamos é perceber que existimos (pois que a existência foi definida como percepção ou pensamento), e se perceber que vivemos é, em si, uma das coisas agradáveis (pois a vida é boa por natureza, e é agradável perceber em si mesmo a presença do que é bom), e se a vida é desejável, particularmente para os homens bons, porque para eles a existência é boa e agradável (pois se satisfazem em sentir presente, dentro de si, o que é bom em si), e se o homem virtuoso é, para seu amigo, como o é para si mesmo (pois o amigo é um outro "eu") – se tudo isso é verdadeiro, assim como para cada homem o seu próprio ser é desejável, igualmente (ou quase igualmente), ele o é de seu amigo. Vimos que seu ser é desejável porque ele percebe sua própria bondade, e tal percepção é agradável em si. Ele precisa, portanto, estar consciente também da existência de seu amigo, e isso acontecerá se viverem juntos, compartilhando suas discussões e seus pensamentos; porque isso é o que o convívio parece significar no caso do homem, e não, como no caso do gado, pastar juntos no mesmo local.

Se, então, o ser é em si mesmo desejável para o homem sumamente feliz (visto que é, por natureza, bom e agradável), e o ser de seu amigo é praticamente como o seu, um amigo será uma das coisas desejáveis. Ora, o que é desejável para ele, é necessário que o possua, ou será deficiente a esse respeito. O homem que é feliz vai, portanto, precisar de amigos virtuosos.

10

Devemos, então, fazer tantos amigos quanto nos for possível - ou, como no caso da hospitalidade, é considerado de bom alvitre "não ser homem de muitos convidados, nem homem de nenhum" -, e isso se aplicará também à amizade: um homem não deve viver sem amigos nem ter um número excessivo deles?

Essa máxima parece perfeitamente aplicável aos amigos que faremos com o objetivo da utilidade, pois retribuir os serviços de muitas pessoas é uma tarefa laboriosa e uma vida não é longa o suficiente para tanto. Assim, os amigos em excesso, que estejam além do número suficiente para nossa existência, são supérfluos e obstáculos para a vida nobre; de modo que não precisamos deles. Das amizades feitas com vistas ao prazer também bastam poucas pessoas, assim como um pouco de tempero na comida é o suficiente.

Mas no que diz respeito aos bons amigos, devemos ter o maior número possível? Ou existe um limite para esse número, como existe para o tamanho de uma cidade? Não se pode constituir uma cidade com dez homens, mas, mesmo que eles sejam cem mil, não farão uma cidade. O número adequado não é uma quantidade fixa, mas qualquer coisa que se situe entre dois pontos fixos. Portanto, também para os amigos há um número fixo, talvez o maior número com que se possa conviver (pois verificamos que essa é considerada a própria característica da amizade); e não se pode conviver com muitas pessoas e dividir-se entre elas. Mais ainda, essas pessoas também devem ser amigas umas das outras, se quiserem passar seus dias juntas; e dificilmente esta condição será cumprida com um grande número de indivíduos. Tampouco é fácil compartilhar as alegrias e as tristezas íntimas com muitas pessoas, pois isso implicaria ter de ser feliz com um amigo e ao mesmo tempo entristecer-se com outro. Presumivelmente, então, é bom não ter tantos amigos, mas apenas o suficiente para o propósito da convivência, pois parece realmente impossível ser um grande amigo de muitas pessoas. Por esse mesmo motivo, não podemos amar várias pessoas simultaneamente; o ideal do amor é ser uma espécie de excesso de amizade, e isso só podemos sentir por uma pessoa. Portanto, segue-se que só podemos sentir uma grande amizade por poucas pessoas. Isso parece ser confirmado na prática, pois são raros os casos em que muitas pessoas tornam-se amigas umas das outras no sentido da camaradagem, e as famosas amizades dessa espécie são sempre entre duas pessoas. Aqueles que têm muitos amigos e mantêm relações íntimas com todos são considerados amigos de ninguém, exceto nos limites apropriados a concidadãos; e tais pessoas também são chamadas obsequiosas.

Nos limites apropriados aos concidadãos, aliás, é possível ser amigo de muitos sem ser obsequioso, mas um homem genuinamente bom. Não se pode ter com muitas pessoas a amizade baseada na virtude e no caráter de nossos amigos, e devemos nos dar por satisfeitos se encontrarmos alguns poucos dessa espécie.

11

Precisamos mais de amigos na prosperidade ou na adversidade? Eles são procurados nas duas situações: na adversidade, os homens necessitam de ajuda e, na prosperidade, precisam de pessoas com as quais conviver e para as quais praticar sua beneficência, uma vez que desejam fazer o bem aos outros. A amizade, então, é mais necessária na adversidade, e por isso desejamos, nesse caso, amigos úteis; é mais nobre, porém, na prosperidade, e por isso também buscamos homens bons como nossos amigos, visto que é mais desejável conferir-lhes benefícios e conviver com eles. A própria presença dos amigos é agradável tanto na boa como na má fortuna, uma vez que a dor é menor quando os amigos sofrem conosco. Portanto, pode-se perguntar se eles compartilham nosso fardo, ou se é a presença dos amigos, por aquilo que tem de aprazível e pelo pensamento de que se compadecem de nós, é que faz nossa dor doer menos. Se os motivos são esses ou algum outro é uma questão que podemos colocar de lado; seja como for, os eventos que descrevemos parecem realmente ocorrer.

Mas a presença dos amigos parece conter uma mistura de vários fatores. O simples fato de vê-los é agradável, em especial quando estamos numa fase adversa, e se torna uma salvaguarda contra o sofrimento (pois um amigo tende a nos confortar tanto por sua presença como por suas palavras, se é uma pessoa sensível, porque conhece nosso caráter e as coisas que nos agradam ou nos causam dor). Mas vê-los sofrer com nossos infortúnios é doloroso, uma vez que cada um evita causar dor a seus amigos. Por esse motivo, os homens de natureza viril evitam fazer seus amigos sofrer com eles e, a menos que tenham uma excepcional insensibilidade à dor, um homem assim não pode suportar o sofrimento que provoca em seus amigos, e em geral não admite companheiros de aflição porque ele mesmo não costuma afligir-se. Contudo, as mulheres e os homens afeminados gostam de ter a seu redor pessoas que se compadecem com sua dor e os amam como amigos e companheiros de tristeza. É evidente, porém, que em todas as coisas devemos imitar o melhor tipo de pessoa.

Por outro lado, a presença de amigos na prosperidade implica tanto um modo agradável de passar o tempo como o prazer de vê-los felizes com nossa boa fortuna. Dessa maneira, parece que deveríamos convocar rapidamente nossos amigos para compartilhar nossa prosperidade (pois as pessoas de bom caráter são nobres), mas hesitar em chamá-los nos dias difíceis; pois de nossos males devemos dar-lhes uma parte tão pequena quanto possível – de onde o ditado "já chega a minha desgraça". Devemos chamar nossos amigos quando eles podem, sobretudo e sem muito trabalho, prestar-nos um grande serviço.

Por outro lado, é adequado não ir, sem ser solicitado, em auxílio daqueles que foram prejudicados pela adversidade (pois é característico de um amigo prestar serviços, em particular aos que estão em necessidade e não demandaram tais serviços; tal ação é mais nobre e mais agradável para ambos); mas quando nossos amigos são prósperos, devemos compartilhar prontamente as suas atividades (pois eles precisam de amigos também para isso), mas não podemos nos apressar quando se trata de ser por eles beneficiados, porque não é nobre mostrar-se interessado em receber benefícios. Ainda assim, devemos evitar a reputação de desmancha-prazeres que nos pode ser dada se os repelimos, pois isso às vezes acontece.

A presença de amigos, portanto, parece desejável em todas as circunstâncias.

12

Daí não se segue que, assim como para os amantes a visão do ser amado é a coisa que mais os deleita, e eles preferem esse sentido aos outros porque dele depende mais a origem e a existência do amor, também para os amigos o mais desejável é o convívio? Porque a amizade é uma parceria, e, assim como um homem é para si mesmo, assim o é para seu amigo; para ele, a consciência de seu ser é desejável, e, portanto, também o é a consciência do ser de seu amigo, e essa consciência se torna ativa quando ambos convivem. Desse modo, é natural que procurem o convívio. E de tudo que a existência significa para cada classe de homens; daquilo que, para eles, proporciona valor à vida, disso mesmo desejam ocupar-se na companhia de seus amigos. Por esse motivo, alguns bebem juntos, outros jogam dados juntos, outros participam de atividades atléticas, da caça ou do estudo da filosofia, com os homens de cada classe passando seus dias nas ocupações que mais amam na vida, então desejam viver com seus amigos, além de fazer e compartilhar as coisas que lhes dão a sensação de viver juntos. Daí a amizade dos maus acaba sendo uma coisa perversa (pois, por causa de sua instabilidade, eles se unem em ocupações más e, além disso, tornam-se piores ao se tornar semelhantes aos outros), enquanto a amizade dos homens bons é boa porque cresce com o companheirismo. E acredita-se que eles se tornam melhores também por suas atividades e à boa influência de uns sobre os outros; pois cada um recebe dos demais o modelo das características que aprova – de onde o ditado "(aprender) ações nobres de homens nobres". Em relação à amizade, é o que basta. Nossa próxima tarefa será discutir o prazer.

Livro X

Sobre o prazer

1

Depois das questões que levantamos até aqui, talvez devamos passar a discutir o prazer. Acredita-se que ele esteja mais intimamente ligado à natureza humana, motivo pelo qual, ao educar os jovens, nós os orientamos pelos lemes do prazer e da dor. Também se pensa que desfrutar as coisas apropriadas e odiar aquelas que devemos odiar têm a maior influência possível sobre o caráter virtuoso. Pois essas coisas nos acompanham por toda a vida, com um peso e um poder próprios em relação à virtude e a uma existência feliz, uma vez que os homens escolhem o que é agradável e evitam o que é doloroso; e tais coisas, ao que tudo indica, são as que não devemos omitir em nossa investigação, em especial porque admitem muitas controvérsias.

Alguns dizem que o prazer é o bem, enquanto outros, ao contrário, afirmam que é o mal absoluto – uns, sem dúvida, convictos de que a verdade é essa, e outros julgando que denunciar o prazer como algo mau (embora ele não o seja) tem um efeito melhor em nossa vida. A maioria das pessoas, acredita-se, tende ao prazer, torna-se escrava dele, e por esse motivo deveria ser conduzida na direção contrária, pois assim chegaria ao estado intermediário. Mas isso não é correto. Os argumentos sobre questões relacionadas a sentimentos e ações são menos confiáveis do que os fatos. E assim, quando se chocam com os fatos da percepção, são desprezados e até mesmo desacreditam a verdade. Se um homem que deprecia o prazer é surpreendido a buscá-lo, isso sugere que o prazer é digno de ser preferido a todas as outras coisas, pois a maioria das pessoas não consegue fazer distinções.

Os verdadeiros argumentos parecem, portanto, mais úteis não apenas com vistas ao conhecimento, mas à vida; pois, uma vez que se harmonizam com os fatos, nós lhes damos crédito, e assim estimulam, àqueles que os compreendem, a viver de acordo com eles.

Mas chega de tais questões. Na sequência, vamos rever as opiniões que foram expressas sobre o prazer.

2

Eudoxo pensava que o prazer era o bem porque via todos os seres, tanto os racionais como os irracionais, inclinar-se para ele, e porque em todas as coisas cujo objeto de escolha é o excelente, o mais procurado é o maior dos bens; daí porque o fato de todas as coisas se moverem na direção do mesmo objeto indicar que para todas as coisas é esse o maior dos bens (pois cada coisa, argumentou Eudoxo, encontra o seu bem próprio do mesmo modo que encontra o seu alimento); e o que é bom para todas as coisas, e às quais todos visam, é o bem por excelência. Seus argumentos foram aceitos mais pela excelência de seu caráter do que por si mesmos; Eudoxo era considerado extremamente autocontrolado e, portanto, pensava-se que ele não dizia tais coisas como amigo do prazer, mas porque os fatos realmente eram assim. Ele acreditava que um estudo do contrário do prazer não levava com menos clareza à mesma conclusão, pois a dor é em si, de todas as coisas, um objeto de aversão, e, portanto, seu contrário deve ser um objeto de preferência.

O mais legítimo objeto de preferência é o que escolhemos por si mesmo e não por outro motivo, e o prazer é, reconhecidamente, dessa natureza; pois ninguém pergunta com que finalidade ele lhe agrada, o que implica que o prazer é em si mesmo um objeto de escolha. Além disso, Eudoxo argumentou que o prazer, quando acrescentado a um bem qualquer – como, por exemplo, à ação justa ou moderada – torna-se mais digno de escolha, e é por si só que o bem pode receber algum acréscimo.

Esse argumento parece mostrar que o prazer é um dos bens, e não um bem maior do que outro qualquer; pois todo bem é mais digno de escolha quando está junto de outro bem do que quando sozinho. E é por um argumento dessa espécie que Platão demonstra que o bem não é o prazer; ele diz que a vida agradável é mais desejável com sabedoria do que sem ela, e que, se a mistura for melhor, o prazer não é o bem, pois o bem não pode se tornar mais desejável pela adição de alguma coisa.

É evidente que não apenas o prazer, mas nenhuma outra coisa pode ser o bem se a adição de algo que é bom em si mesmo o torna mais desejável. O que, então, satisfaz este critério, e do que, ao mesmo tempo, podemos participar? É algo dessa espécie que estamos procurando. Os que objetam que aquilo ao qual todas as coisas visam não é necessariamente bom estão, podemos afirmar, falando disparates. Pois dizemos que aquilo que cada um pensa é a verdade; e o homem que ataca essa crença dificilmente terá algo mais confiável para sustentar. Se fossem criaturas irracionais que desejassem as coisas das quais falamos, talvez houvesse alguma verdade no que dizem; contudo, se criaturas inteligentes também o fazem, que sentido pode haver nessa opinião? Mas talvez mesmo em seres inferiores exista algum bem natural mais forte do que eles, que os conduza a seu próprio bem.

Não nos parece correto o argumento sobre o contrário do prazer. Dizem que, se a dor é um mal, não segue disso que o prazer é um bem, pois um mal se opõe a outro e ao mesmo tempo ambos se opõem a seu estado neutro. Embora correto o suficiente, isso não se aplica às coisas em questão. Pois se tanto o prazer como a dor pertencessem à classe dos males, ambos deveriam ser objetos de aversão, ao passo que, se pertencessem à classe das coisas neutras, nenhum dos dois seria um objeto de aversão, ou ambos deveriam sê-lo em grau semelhante. A verdade evidente, porém, é que as pessoas evitam um deles como um mal e escolhem o outro como um bem. Essa, então, deve ser a natureza da oposição entre eles.

3

Se o prazer não é uma qualidade, não segue daí que não seja um bem, pois tampouco são qualidades as atividades virtuosas e a felicidade. Dizem, porém, que o bem é determinado, enquanto o prazer é indeterminado, porque admite graus. Se é pela sensação de prazer que julgam assim, o mesmo será verdadeiro quanto à justiça e às outras virtudes, em relação às quais dizemos que as pessoas de um certo caráter o são ou mais, ou menos, e agem mais ou menos de acordo com essas virtudes; pessoas podem ser mais ou menos corajosas, e é possível agir de modo mais ou menos justo ou temperante. Mas se o julgamento desses pensadores for baseado nos vários prazeres, certamente eles não estão afirmando a causa verdadeira se de fato alguns prazeres são puros e outros são misturados. Assim como a saúde admite graus sem ser indeterminada, por que o prazer não o seria?

A mesma proporção não é encontrada em todas as coisas, nem uma única proporção está sempre na mesma coisa; ela pode ser menos intensa e ainda persistir até certo ponto, e pode diferir em grau. O caso do prazer também pode, portanto, ser dessa espécie. Por outro lado, alega-se que o bem é perfeito, enquanto os movimentos e as gerações são imperfeitos e procuram mostrar o prazer como um movimento e uma geração. Mas isso não parece ser verdadeiro. Julga-se que a velocidade e a lentidão são características de todo movimento, e se o movimento dos céus não tem velocidade nem lentidão em si, tem-nas em relação a outra coisa; mas do prazer nenhuma dessas coisas é verdadeira. Se é certo que podemos ficar satisfeitos rapidamente, assim como podemos ter raiva também rapidamente, não podemos sentir prazer depressa, nem mesmo em relação a outra pessoa, mas podemos andar, ou crescer, ou algo parecido, rapidamente.

Em resumo, podemos mudar depressa ou lentamente a um estado de prazer, embora não possamos mostrar rapidamente a atividade do prazer, ou seja, o sentir prazer. Além disso, como pode ser ele uma geração? Não se pensa que alguma coisa possa provir de outra, mas que uma coisa se encontra como que dissolvida naquela da qual provém; e a dor seria a destruição da coisa cuja geração é o prazer.

Também se diz que a dor é a falta daquilo que está de acordo com a natureza, e o prazer é o preenchimento dessa falta. Mas essas sensações são corporais. Se, então, o prazer é o preenchimento daquilo que está de acordo com a natureza, o que sente prazer será aquele em que ocorre o preenchimento da falta, ou seja, o corpo. Mas não é esse o caso; portanto, o preenchimento não é prazer, embora possamos senti-lo quando ele acontece, assim como sentiríamos dor se passássemos por alguma cirurgia. Essa opinião parece ser baseada nas dores e nos prazeres ligados à nutrição, e no fato de que as pessoas que já passaram pela falta de alimentos, e isso lhes causou dor, sentem prazer quando essa falta é preenchida. Mas isso não acontece com todos os prazeres; os prazeres de aprender e, entre os prazeres dos sentidos, como os do olfato, e muitos sons e sensações visuais, além das memórias e das esperanças, não pressupõem a dor. De que, então, estes seriam gerados? Não havia nenhuma falta a preencher.

Em resposta àqueles que argumentam com os prazeres vergonhosos, podemos dizer que não são agradáveis. Se certas coisas agradam às pessoas de constituição viciosa, não devemos supor que também sejam agradáveis a outros, assim como não raciocinamos dessa maneira sobre as coisas que são saudáveis ou doces ou amargas para as pessoas doentes, nem atribuímos a brancura às coisas que parecem brancas para aqueles que sofrem de uma doença nos olhos. Ou alguém poderia responder que os prazeres são desejáveis, contudo não aqueles que provêm dessas fontes, assim como a riqueza é desejável, mas não como recompensa da traição, como a saúde não o é à custa de comer uma coisa qualquer. Ou talvez os prazeres difiram em espécie, pois aqueles derivados de fontes nobres são diferentes daqueles cujas fontes são vis, e não se pode sentir o prazer do homem justo sem ser justo, nem os prazeres do músico sem ser músico e assim por diante.

O fato, também, de um amigo ser diferente de um adulador parece deixar claro que o prazer não é um bem, nem que os prazeres sejam diferentes em espécie; pois diz-se que um procura nosso convívio com vistas ao bem, o outro com vistas ao nosso prazer, e um é censurado por sua conduta enquanto o outro é elogiado, com base no fato de que ambos procuram nosso convívio com finalidades diferentes. E ninguém escolheria passar a vida inteira com o intelecto de uma criança, por mais que lhe proporcionassem prazer as coisas que agradam às crianças, nem comprazer-se ao praticar alguma das ações mais vergonhosas, embora nunca tivesse de sofrer em consequência disso. E há muitas coisas que devemos desejar mesmo que não tragam prazer, como a visão, a memória, a ciência, a posse das virtudes.

Se os prazeres necessariamente acompanham essas coisas, não faz diferença; devemos escolhê-las mesmo que o resultado não seja o prazer. Parece evidente, portanto, que nem o prazer é o bem, nem todo prazer é desejável, e que alguns prazeres são desejáveis por si mesmos, diferindo dos demais em espécie ou em suas fontes.

Dissemos o suficiente em relação às opiniões sobre o prazer e a dor.

4

O que é o prazer, ou que espécie de coisa ele é, ficará mais claro se considerarmos a questão desde o início. A percepção visual parece ser completa em todos os momentos, pois nada lhe falta que, ao surgir mais tarde, venha a completar sua forma. O prazer também parece ser dessa natureza, pois é um todo e nunca se pode encontrar um prazer cuja forma seja completada com sua duração.

Também por isso ele não é um movimento, uma vez que todo movimento (o construir, por exemplo) leva tempo, é feito visando a um fim e se torna completo quando aquilo que se pretendia é realizado. Está completo, portanto, apenas quando se toma o tempo na sua totalidade, ou no momento final. Em suas partes e durante o período que elas ocupam, todos os movimentos são incompletos e diferentes, em espécie, do movimento inteiro e uns dos outros.

O encaixe das pedras difere da canelura da coluna, e ambas são distintas da construção do templo; e a construção só será completa quando não faltar nada em relação ao fim que foi proposto. Porém, a execução da base e do triglifo estará incompleta porque se trata da realização de apenas uma parte. Eles diferem, portanto, em espécie, e não é possível encontrar um movimento completo em nenhum momento dado, senão no tempo considerado em sua totalidade.

O mesmo ocorre no caso do caminhar e em todos os outros movimentos. Pois, se a locomoção é um movimento que leva de um lugar para outro, nela também há diferenças quanto à espécie: voar, andar, pular e assim por diante. E não só isso; no próprio caminhar existem diferenças de espécie, porque o "de onde" e o "para onde" não são iguais em toda a pista da corrida, considerada como um todo e em cada uma de suas partes, nem nas variadas partes, nem é a mesma coisa percorrer esta linha e aquela, pois o que se percorre não é apenas uma linha, mas uma linha que está num determinado local, e o local desta é diferente do local daquela. Em outra obra[34] discutimos o movimento com precisão, mas parece que ele não é completo em todo e qualquer momento; os muitos movimentos são incompletos e diferentes em espécie, uma vez que o "de onde" e o "para onde" dão a cada um a sua forma própria.

Em relação ao prazer, entretanto, a forma é completa em todo e qualquer momento. Assim, é evidente que prazer e movimento distinguem-se

[34] Aristóteles se refere à *Física*, também escrita por ele.

um do outro, e o prazer deve ser uma das coisas que são inteiras e completas. E esse também parece ser o caso pelo fato de não ser possível mover-se senão no tempo, mas é possível sentir prazer porque aquilo que acontece num momento é um todo.

Essas considerações tornam claro que não têm razão os pensadores segundo os quais há um movimento ou uma geração de prazer, pois estes não podem ser atribuídos a todas as coisas, mas apenas àquelas que são divisíveis e não inteiras. Não há como existir geração de sensação visual, nem de um ponto, nem de uma unidade, nem alguma dessas coisas é um movimento ou uma geração. Portanto, tampouco o há movimento ou geração no prazer, pois ele é um todo.

Uma vez que cada sentido é ativo em relação ao seu objeto, e o sentido em boas condições atua de maneira perfeita em relação aos mais belos de seus objetos (pois o ideal da atividade perfeita parece ser dessa natureza; e se dizemos que ela é ativa, ou é ativo o órgão em que reside, devemos assumir que se trata de algo imaterial). Segue-se que, no caso de cada sentido, a melhor atividade é a do órgão em melhores condições em relação aos mais belos de seus objetos. E essa atividade será a mais completa e a mais agradável, pois, enquanto houver prazer no que diz respeito a cada sentido, e não menos quanto ao pensamento e à contemplação, o mais completo é o mais agradável, e o de um órgão em boas condições em relação aos mais nobres de seus objetos é o mais completo; e o prazer completa a atividade.

Mas o prazer não a completa da mesma maneira que a combinação de objeto e sentido, ambos bons, assim como a saúde e o médico não são, na mesma acepção, a causa de um homem ser saudável. (Esse prazer é produzido em cada sentido, pois falamos de espetáculos e de sons como agradáveis. Não menos evidente é o fato de que o prazer surge principalmente quando o sentido está em suas melhores condições e em atividade com referência a um objeto que lhe corresponda; quando o objeto e o observador são os melhores possíveis, sempre haverá prazer, uma vez que o agente e o paciente necessários estão presentes.) O prazer completa a atividade, não como o faz o estado permanente que lhe corresponde, por sua imanência, mas como um fim que sobrevém como o viço da juventude atinge aqueles que se encontram na flor da idade. Na medida em que tanto o objeto inteligível ou sensível como a faculdade discriminadora ou contemplativa forem como deveriam ser, a atividade estará envolvida com o prazer, pois quando o fator passivo e o ativo permanecem inalterados e têm a mesma relação um com o outro, o mesmo resultado segue naturalmente.

Como explicar, então, que ninguém fica continuamente satisfeito? Será que somos enfastiados? Certamente todos os seres humanos são incapazes de uma atividade contínua. Portanto, o prazer também não é contínuo, pois acompanha a atividade. Algumas coisas nos encantam quando são novas, mas depois nos deleitam menos, pelo mesmo motivo; pois a princípio a mente é estimulada e intensamente ativa com referência a elas, como acontece com o sentido da visão quando olhamos algo com atenção; mas depois a nossa atividade diminui, e por isso o prazer também é embotado.

Alguém pode dizer que todos os homens desejam o prazer porque todos aspiram à vida, e a vida é uma atividade, e cada qual é ativo em relação às coisas e com as faculdades que mais ama. O músico, por exemplo, é ativo com sua audição em referência a melodias, o estudioso com seu intelecto em referência a questões teóricas, e assim por diante em cada caso. O prazer completa as atividades e, portanto, a vida que se deseja. Logo, é por uma boa razão que os homens também visam o prazer, pois, para cada um, ele completa a vida que lhe é desejável. Mas, se escolhemos a vida por causa do prazer ou o prazer por causa da vida, é uma questão que podemos descartar por enquanto. Os dois parecem estar ligados de maneira íntima e não admitir separação, pois sem a atividade o prazer não surge, e toda atividade se completa com o prazer que a acompanha.

5

Por esse motivo, os prazeres também parecem diferir em espécie, pois as coisas que diferem em espécie são, pensamos, completadas por coisas diferentes (verificamos que isso é verdadeiro tanto para objetos naturais como para coisas produzidas pela arte, como animais, árvores, uma pintura, uma escultura, uma casa, um utensílio); da mesma maneira, pensamos que as atividades diferentes em espécie são completadas por coisas que diferem em espécie. As atividades do pensamento diferem em espécie daquelas dos sentidos, e em cada uma dessas classes existem, por seu lado, diferenças específicas; portanto, os prazeres que as completam diferem do mesmo modo entre si. Podemos confirmar isso pelo fato de cada um dos prazeres estar vinculado à atividade que ele completa. Cada atividade é intensificada pelo prazer que lhe é próprio, uma vez que cada classe de coisas é mais bem avaliada e levada à precisão por aqueles que se envolvem com o prazer na atividade: são aqueles, por exemplo, que gostam do raciocínio geométrico que se tornam geômetras e compreendem melhor os vários teoremas. De maneira análoga, aqueles que gostam de música, de arquitetura e assim por diante, progridem nos respectivos campos porque desfrutam-no. Logo, os prazeres intensificam as atividades, e o que intensifica uma coisa é próprio dela, mas coisas diferentes em espécie têm propriedades diferentes em espécie.

Isso fica ainda mais evidente pelo fato de que as atividades são impedidas por prazeres provenientes de outras fontes. As pessoas que gostam de tocar flauta são incapazes de acompanhar um argumento quando ouvem um flautista, uma vez que o som desse instrumento lhes proporciona mais prazer do que a outra atividade; então, o prazer ligado à flauta anula a atividade relacionada ao raciocínio. Isso acontece, da mesma forma, em todos os outros casos, quando estamos ativos quanto a duas coisas ao mesmo tempo; a atividade mais agradável expulsa a outra, e se for muito mais agradável o faz ainda mais, de tal modo que até mesmo chegamos a abandonar a outra.

É por isso que, quando apreciamos muito uma coisa, não nos devotamos a mais nada, e fazemos uma coisa apenas quando a outra não nos oferece muito prazer; no teatro, por exemplo, as pessoas que gostam de doces comem mais quando os atores são medíocres. Uma vez que as atividades são praticadas de maneira mais precisa, mais duradoura e melhor por efeito do prazer que lhes é próprio e sofrem prejuízos em prazeres estranhos, é evidente que essas duas espécies de prazer são bem diferentes uma da outra. Os prazeres estranhos têm praticamente o mesmo efeito que as dores, pois estas também destroem as atividades correspondentes: se um homem, por exemplo, não gosta de escrever nem de fazer contas, não escreve nem faz contas porque a atividade lhe é desagradável e penosa. Assim, uma atividade sofre efeitos contrários da parte de seus prazeres e dores, ou seja, daqueles que sobrevêm em virtude de sua própria natureza. E os prazeres estranhos, dissemos nós, têm mais ou menos o mesmo efeito que a dor, pois também destroem a atividade, mas não no mesmo grau.

Assim como as atividades diferem em relação à bondade e à maldade, e umas são dignas de escolha ao passo que outras devem ser evitadas e algumas são neutras, assim também são os prazeres, pois cada atividade tem o seu prazer. O prazer próprio a uma atividade digna é bom, e o prazer próprio a uma atividade indigna é mau, assim como os apetites por objetos nobres são louváveis e aqueles voltados para objetos vis são culpáveis. Mas os prazeres que acompanham as atividades são mais próprios destas do que os desejos, pois os segundos estão separados delas tanto pelo tempo como pela natureza, enquanto os primeiros estão intimamente ligados às atividades, e é tão difícil distingui-los que seria admissível discutir a hipótese de ser a atividade a mesma coisa que o prazer. (Ainda assim, o prazer não parece ser o pensamento nem a percepção. Seria estranho, mas, porque eles nunca são encontrados separados, algumas pessoas julgam que são a mesma coisa.) Como as atividades são diferentes entre si, também o são os prazeres correspondentes. A visão é superior ao tato em pureza, e o ouvido e o olfato ao gosto; os prazeres correspondentes, portanto, também são superiores, e os do pensamento encontram-se acima de todos estes. E dentro de cada uma das duas espécies, alguns são superiores aos outros.

Pensa-se que cada animal possui um prazer próprio, assim como tem uma função própria, a saber, aquilo que corresponde à sua atividade. Isso é evidente ao observarmos cada espécie. O cavalo, o cachorro e o homem possuem prazeres diferentes, como diz Heráclito. "Os asnos preferem as varreduras ao ouro", pois a comida é mais agradável do que o ouro para esses seres. Assim, os prazeres dos animais diferentes em espécie também diferem entre seus indivíduos e é plausível supor que os de uma única espécie não difiram uns dos outros.

Mas variam em grande medida, ao menos no caso dos homens; as mesmas coisas encantam algumas pessoas e causam dor a outras, e são dolorosas e odiosas para estas, mas agradáveis e apreciáveis àqueles. Isso acontece, também, com as coisas doces; as mesmas coisas não parecem doces a alguém com febre e a um homem saudável – nem quentes a um indivíduo fraco e a outro, robusto. Dá-se o mesmo em outros casos. Mas, em todas as coisas, aquilo que elas parecem a um homem bom é considerado realmente assim. Se isso estiver correto, como parece ser, e a virtude e o homem bom como tal são a medida de todas as coisas, serão verdadeiros os prazeres que lhe parecerem assim e verdadeiramente agradáveis as coisas que ele aprecia. Se as coisas que ele acha cansativas parecem agradáveis a outros, isso em nada surpreende, pois os homens podem ser pervertidos e estragados de muitas maneiras. Tais coisas não são realmente agradáveis, mas o são apenas para essas pessoas e para outras nessa condição. Daquelas que são reconhecidamente vergonhosas, é evidente que não se deve dizer que são prazeres, exceto para um gosto pervertido. Mas daquelas que são consideradas boas, que espécie de prazer ou que prazer particular deve ser considerado próprio do homem? Não é clara a resposta se levarmos em conta as atividades correspondentes? Os prazeres as seguem.

Se, então, o homem perfeito e sumamente feliz tem uma ou mais atividades, os prazeres que as completam serão, em sentido estrito, os prazeres próprios do homem, e o resto o será de maneira secundária e parcial, assim como as atividades.

6

Agora, que já conversamos sobre as virtudes, as formas da amizade e as variedades do prazer, resta discutir em linhas gerais a natureza da felicidade, uma vez que afirmamos ser ela a finalidade da natureza humana. Nossa discussão será mais concisa se primeiro resumirmos o que já dissemos.

Falamos que a felicidade não é uma disposição, pois, se assim fosse, poderia pertencer a alguém que passasse a existência inteira adormecido, vivendo como um vegetal, ou poderia pertencer àqueles que sofressem os maiores infortúnios. Se essas implicações são inaceitáveis, devemos antes classificar a felicidade como uma atividade, conforme já afirmamos. E, se algumas atividades são necessárias e desejáveis por algum motivo externo a elas, enquanto outras o são por si mesmas, evidentemente a felicidade deve ser incluída entre aquelas desejáveis por si mesmas e não entre as desejáveis em razão de outra coisa. Isso porque à felicidade não falta nada: ela é autossuficiente. E são desejáveis por si mesmas as atividades nas quais nada se busca além da própria atividade. Considera-se que as ações virtuosas são dessa natureza, pois praticar atos nobres e bons é desejável por si só.

Também se pensa que são dessa natureza as recreações agradáveis; não as escolhemos tendo em vista outras coisas, uma vez que somos mais prejudicados do que beneficiados por elas, que nos levam a negligenciar nossos corpos e nossos bens materiais. Mas a maioria das pessoas que consideramos felizes refugiam-se em tais passatempos, e este é o motivo pelo qual os homens hábeis em proporcioná-los são altamente estimados nas cortes dos tiranos. Tornam-se companheiros agradáveis nas ocupações favoritas dos tiranos: essa é a espécie de homem que eles querem a seu lado. Julgam-se que essas coisas pertencem à natureza da felicidade porque os déspotas se entretêm com elas em seu tempo de lazer, mas talvez essa espécie de gente nada prove, porque a virtude e a razão, das quais derivam as boas atividades, não dependem da posição despótica, nem os prazeres do corpo devem ser vistos como mais desejáveis porque neles refugiam-se essas pessoas, que nunca experimentaram o gosto puro e generoso do prazer. Os meninos também acreditam que são melhores as coisas que eles valorizam. É de esperar, então, que, como coisas diferentes parecem valiosas para meninos e para homens, o mesmo deve acontecer com os homens maus e os bons. Como afirmamos em muitas ocasiões, verdadeiramente valiosas e agradáveis são as coisas assim consideradas pelos homens bons. A atividade que concorda com cada homem e com a sua disposição de caráter é a mais desejável; portanto, para o homem bom são essas as que estão de acordo com a virtude.

A felicidade, portanto, não reside na recreação; de fato, seria estranho se esta fosse um fim e se um homem devesse passar por problemas e sofrer privações por toda a vida apenas para se divertir. Numa palavra, escolhemos as coisas visando a outras – exceto a felicidade, que é um fim em si mesma. Esforçar-se e trabalhar para conquistar a recreação parece algo tolo e totalmente infantil. Mas escolher a diversão para conseguir o esforço, como diz Anacársis, parece certo, porque a recreação é uma espécie de relaxamento, e precisamos relaxar porque não podemos trabalhar de maneira contínua. O relaxamento, então, não é um fim, pois nós o cultivamos em função da atividade.

A vida feliz é considerada virtuosa. Mas uma vida virtuosa requer esforço e não consiste em diversão. Dizemos que as coisas sérias são melhores do que as risíveis e as relacionadas com a diversão, e que a melhor atividade entre duas coisas – sejam dois elementos de nosso ser, sejam dois homens – é a mais séria; mas a atividade da melhor é *ipso facto* superior e participa mais da natureza da felicidade. E qualquer pessoa, até mesmo um escravo, pode desfrutar dos prazeres do corpo não menos do que o melhor dos homens, embora ninguém atribua a um escravo uma participação na felicidade – a menos que também o considere partícipe da vida humana. Pois a felicidade não reside em tais ocupações, mas, como já dissemos, em atividades virtuosas.

7

Se a felicidade é uma atividade conforme à virtude, será razoável que esteja de acordo com a virtude mais elevada, e essa será a que existe de melhor em nós. Seja a razão, seja alguma outra coisa, esse elemento que acreditamos ser nosso governante natural e guia, o que pensa nas coisas nobres e divinas, quer seja ele também divino, quer apenas o elemento mais divino em nós, sua atividade, em concordância com sua virtude própria, será a felicidade perfeita. Que essa atividade seja a contemplativa, já o afirmamos.

Isso parece estar de acordo com o que dissemos antes – e com a verdade. Em primeiro lugar, tal atividade é a melhor (visto que não apenas a razão é a melhor coisa em nós, pois os objetos da razão também o são). Em segundo lugar, é a mais contínua, pois podemos contemplar a verdade de maneira mais constante do que qualquer outra coisa.

Pensamos que a felicidade se mistura com o prazer, mas a atividade da sabedoria filosófica é reconhecidamente a mais agradável das atividades virtuosas. Em todos os casos, o ato de buscá-la é acompanhado do pensamento de que ela oferece prazeres maravilhosos por sua pureza e durabilidade, e espera-se que os sábios passem seu tempo de modo mais prazeroso do que aqueles que investigam. E a autossuficiência de que se fala deve pertencer à atividade contemplativa. Um filósofo, assim como um homem justo ou um possuidor de qualquer outra virtude, precisa daquilo que é necessário para a vida. Quando suficientemente equipado com coisas dessa espécie, o homem justo precisa de pessoas para quem e com quem agir com justiça, e esse também é o caso do temperante, do valente e de cada um dos outros. Mas o filósofo, mesmo quando sozinho, pode contemplar a verdade, e quanto melhor fizer isso, mais sábio será. Pode talvez contar com colaboradores, mas ainda assim é o mais autossuficiente de todos.

Essa atividade parece a única a ser amada por si mesma, porque nada deriva dela além da contemplação, enquanto das atividades práticas sempre tiramos maior ou menor proveito, sem contar com a ação. Há quem pense que a felicidade depende do lazer, uma vez que trabalhamos para poder ter momentos de ócio, e fazemos guerra para que possamos viver em paz. Ora, a atividade das virtudes práticas é exercida em assuntos políticos ou militares, mas as ações concernentes a eles não parecem incluir o lazer.

Em especial as ações guerreiras, uma vez que ninguém escolhe a guerra nem a provoca por gostar de guerrear; todo homem pareceria um assassino em absoluto se transformasse seus amigos em inimigos a fim de instigar batalhas e massacres. Entretanto, a ação do estadista tampouco se inclui entre os lazeres, e visa, além da ação política em si, às honras e ao poder despótico, ou, dentre todos os eventos, à felicidade, para ele e para seus concidadãos – uma felicidade diferente da ação política, e evidentemente buscada como sendo diferente. Portanto, se entre as ações virtuosas distinguem-se as de cunho político e militar, pela nobreza e pela grandeza, e estas não incluem o lazer, porque visam a um fim diferente e não são desejáveis por si mesmas, ao passo que a atividade da razão, que é contemplativa, parece ser superior e mais valiosa por sua seriedade e não visar a nenhum fim além de si mesma, e ter seu prazer próprio (o qual torna mais intensa a atividade), e a autossuficiência, o lazer, a incansabilidade (na medida em que isso é possível para o homem), e todas as outras qualidades atribuídas ao homem sumamente feliz são, evidentemente, aquelas relacionadas a essa atividade, segue-se que esta será a felicidade completa do homem se ele tiver uma vida completa no que diz respeito à duração (pois nenhum dos atributos da felicidade é incompleto).

Mas tal vida estaria muito distante do alcance do homem, pois não será como homem que ele poderá viver assim, mas na medida em que algo divino está presente nele; e tanto quanto esse elemento for superior à nossa natureza composta, o será, igualmente, sua atividade no exercício da outra espécie de virtude. Se a razão é divina em comparação com o homem, a vida de acordo com a razão é divina em comparação com a vida humana.

Não devemos seguir aqueles que nos aconselham a ocupar-nos com as coisas humanas, uma vez que somos humanos, e com coisas mortais, uma vez que somos mortais. Devemos, até onde nos for possível, tornarmo-nos imortais e usar o máximo de nossos esforços para viver de acordo com o que há de melhor em nós. Ainda que nosso esforço seja pequeno em relação ao lugar que ocupa, a tudo supera em potência e em valor. Poderíamos dizer que esse elemento é o próprio homem, porque se trata de sua parte dominante e a melhor que o constitui. Seria estranho, portanto, que ele não escolhesse a vida de seu próprio ser, mas a de outra coisa. E o que dissemos antes será aplicado aqui: o que é próprio de cada coisa é, por natureza, o que existe de melhor e de mais agradável nessa e para essa coisa. Desse modo, para o homem, a vida de acordo com a razão é a melhor e a mais agradável, uma vez que a razão, mais do que qualquer outra coisa, é o homem. Essa vida, portanto, também é a mais feliz.

8

Em grau secundário, contudo, a vida de acordo com a outra espécie de virtude é feliz, porque as atividades que estão em conformidade com esta convêm à nossa condição humana. Os atos justos e corajosos, assim como os outros atos virtuosos, nós os praticamos em relação uns aos outros, observando nossos respectivos deveres quanto a contratos, serviços e todos os tipos de ações, bem como no que diz respeito às paixões; e todos essas coisas parecem ser tipicamente humanas. Há quem diga que algumas delas derivam do próprio corpo, e que o caráter virtuoso está, de muitas maneiras, ligado às paixões.

A sabedoria prática também está ligada ao caráter virtuoso, que por sua vez se liga à sabedoria prática, pois os princípios de tal sabedoria estão de acordo com as virtudes morais, e a retidão moral concorda com ela. Também ligadas às paixões, as virtudes morais devem pertencer à nossa natureza composta. Essas virtudes são humanas; portanto, igualmente humanas são a vida e a felicidade que lhes correspondem. A excelência da razão é algo à parte; devemos nos contentar com essa afirmação, pois descrevê-la com precisão é uma tarefa maior do que nosso propósito requer. Ela parece, no entanto, precisar também de bens exteriores, mas pouco ou menos do que as virtudes morais necessitam. Concedamos que ambas precisem dessas coisas em graus semelhantes, embora o trabalho do estadista se ocupe mais com o corpo e com coisas desse tipo, pois haverá pouca diferença ali; mas em relação ao que necessitam para o exercício de suas atividades haverá muita diferença. O homem liberal precisará de dinheiro para praticar seus atos de liberalidade, e o homem justo também vai precisar de dinheiro para a retribuição dos serviços (pois os desejos são difíceis de discernir, e mesmo as pessoas que não são justas parecem ter o desejo de agir com justiça); e o bravo necessitará de poder para realizar qualquer um dos atos que correspondem à sua virtude, e o homem temperante precisará de oportunidade, pois de que outra maneira poderíamos reconhecer a ele ou a qualquer um dos outros? Também se discute sobre o que é mais essencial para a virtude, se a vontade ou a ação, e supõe-se que a virtude envolve ambas. Isso é evidente; os atos, no entanto, exigem muitas coisas, e tanto mais quanto maiores e mais nobres eles forem. Mas o homem que contempla a verdade não precisa dessas coisas, ao menos para o exercício de sua atividade; na verdade, elas são, pode-se dizer, até mesmo obstáculos para a sua contemplação. Mas na medida em que ele é um homem que vive entre outros homens, escolhe a prática de atos virtuosos; portanto, vai precisar também das coisas que facilitam a vida humana.

Que a felicidade perfeita é uma atividade contemplativa confirma-o, igualmente, a seguinte consideração. Admitamos que os deuses sejam, acima de todos os outros seres, bem-aventurados e felizes. Que espécie de ações devemos atribuir a eles? Os atos de justiça? Não pareceria absurdo que os deuses firmassem contratos, devolvessem depósitos e coisas assim? Os atos de bravura, com o enfrentamento dos perigos e dos riscos porque é nobre agir desse modo? Ou os atos liberais? Para quem eles proporcionariam suas dádivas? Seria estranho se os deuses realmente possuíssem dinheiro ou algo dessa espécie. E em que consistiriam seus atos de temperança? Não seria irônico louvá-los por isso, pois eles não têm maus apetites? Se tivéssemos que examinar todas as circunstâncias da ação, uma por uma, elas seriam consideradas triviais e indignas dos deuses.

Ainda assim, todos supõem que eles vivem e, portanto, são ativos; não podemos conceber que durmam como Endimião. Se tirarmos a ação de um ser vivo, e ainda mais uma ação produtiva, o que lhe restará a não ser a contemplação? Portanto, a atividade dos deuses, que superam todos os outros em bem-aventurança, deve ser contemplativa; das atividades humanas, a que mais se assemelha a essa deve ser mais da natureza da felicidade.

Isso também é observado pelo fato de os outros animais não participarem da felicidade, sendo completamente privados dessa espécie de atividade. Enquanto toda a vida dos deuses é bem-aventurada, e a dos homens o é na medida em que tem alguma semelhança com tal atividade, nenhum dos outros animais é feliz, pois não participa de maneira alguma da contemplação.

A felicidade se estende, portanto, até onde a contemplação o faz, e aqueles que têm a mais plena posse da contemplação são os mais verdadeiramente felizes, não como mero concomitante, mas em virtude da própria contemplação, uma vez que esta é preciosa em si mesma. A felicidade, portanto, deve ser alguma forma de contemplação.

Mas o homem feliz, sendo homem, também terá necessidade da prosperidade exterior, porque a nossa natureza não é autossuficiente para o propósito da contemplação. Nosso corpo também deve ser saudável, ter acesso aos alimentos e receber cuidados. Ainda assim, não devemos pensar que o homem, para ser feliz, precisará de muitas ou de grandes coisas apenas porque não pode ser sumamente feliz sem bens externos. A autossuficiência e a ação não envolvem excesso, e podemos praticar atos nobres sem governar a terra e o mar. Mesmo obtendo vantagens moderadas pode-se agir virtuosamente (isso, por sinal, é manifesto o suficiente, pois se considera que particulares podem praticar não menos atos dignos que um déspota – na verdade, até mais). E é suficiente que possuamos o necessário para isso, pois a vida do homem que age de acordo com a virtude será feliz. Sólon nos deu um esboço fiel do homem feliz quando o descreveu como moderadamente provido de bens externos, mas como tendo praticado (segundo Sólon) os atos mais nobres e vivido de acordo com os ditames da temperança, pois alguém pode, com posses moderadas, fazer o que é nosso dever. Anaxágoras também parece ter suposto que o homem feliz não precisa ser rico nem déspota quando disse que não ficaria surpreso se o homem feliz parecesse estranho para a maioria das pessoas, pois estas julgam pelas coisas externas, uma vez que essas coisas são tudo que essas pessoas percebem. As opiniões dos sábios, portanto, parecem harmonizar-se com os nossos argumentos. Mas, embora até mesmo essas coisas tenham algum poder de convencimento, percebe-se melhor a verdade, em questões práticas, pela observação dos fatos da vida, uma vez que estes são o fator decisivo.

Devemos, portanto, examinar o que já dissemos à luz desses fatos, e os aceitaremos caso se harmonizem com tais fatos, mas, se entrarem em conflito com eles, devemos admitir que são apenas mera teoria. Aquele que exercita e cultiva sua razão parece estar, a um só tempo, no melhor estado de espírito, bem como ser muito caro aos deuses. Pois se os deuses têm algum cuidado com os assuntos humanos, como pensamos que têm, tanto seria natural que desfrutassem aquilo que é melhor e mais semelhante a eles (ou seja, a razão), e recompensassem aqueles que mais amam e honram acima de todas as coisas, como zelariam por aquilo que lhes é caro, agindo com justiça e nobreza.

Todos esses atributos, é evidente, pertencem acima de tudo ao filósofo. Ele, portanto, entre todos os homens, é o mais caro aos deuses. E será, presumivelmente, o mais feliz. De modo que também nesse sentido o filósofo será mais feliz do que qualquer outro homem.

9

Se estes assuntos, assim como a virtude, a amizade e o prazer, foram discutidos suficientemente em linhas gerais, devemos supor que nosso programa chegou ao fim? Certamente, como diz o ditado, onde há coisas a fazer não se chega ao fim depois de examinar e reconhecer cada uma delas: é preciso executá-las. No que diz respeito à virtude, então, não basta saber; devemos tentar possuí-la e usá-la, ou experimentar alguma outra maneira de nos tornar bons. Se os argumentos bastassem a si mesmos para tornar bons os homens, eles o fariam com justiça, como diz Teógnis, e não faltariam recompensas. Todavia, embora pareçam ter o poder de encorajar e estimular os jovens generosos, e preparar um caráter bem-nascido e verdadeiramente amigo do que é nobre para receber a virtude, eles não são capazes de incutir a nobreza e a bondade na multidão. O homem comum não obedece por natureza ao sentimento de pudor, mas apenas ao medo, e não se abstém das más ações porque elas são perversas, mas por medo do castigo. Vivendo pela paixão, ele busca seus próprios prazeres e os meios de possuí-los, evitando as dores que lhes são contrárias, e não tem nem mesmo uma vaga ideia do que é nobre e verdadeiramente agradável, uma vez que nunca o provou. Que argumento poderia remodelar essas pessoas? É difícil, senão impossível, remover pelo raciocínio as características do caráter que há muito foram incorporadas à sua natureza. Talvez devamos nos contentar se, quando estão presentes todas as influências pelas quais pensamos ter nos tornado bons, obtemos alguns rudimentos de virtude.

Alguns pensam que nos tornamos bons por natureza, outros pelo hábito ou pelo ensino. A contribuição da natureza, evidentemente, não depende de nós, mas está presente, como resultado de determinadas causas divinas, naqueles que são verdadeiramente afortunados. No que diz respeito aos argumentos e ao ensino, suspeitamos que não tenham uma influência poderosa em todos os homens; é preciso, primeiro, cultivar a alma dos estudiosos por meio de hábitos, tornando-a capaz de nobres alegrias e nobres aversões, como se prepara a terra que deve nutrir a semente. Aqueles que se deixam governar pela paixão não ouvirão o argumento que poderia dissuadi-los, nem entendê-lo caso o ouçam. E como podemos persuadir alguém com tal disposição a mudar de vida? Em geral, a paixão não parece ceder ao argumento, mas à força. Portanto, é condição prévia indispensável a existência de um caráter que tenha uma certa afinidade com a virtude, amando o que é nobre e odiando o que é vil.

É difícil, porém, obter da juventude um treinamento adequado para a virtude se a pessoa em questão não tiver sido criada sob leis corretas. Viver com temperança e esforço dificilmente agrada a maioria, em particular quando os homens são jovens. Por esse motivo, sua criação e suas ocupações deveriam ser fixadas por lei, pois as coisas deixam de ser penosas quando se tornam hábitos.

Mas decerto não é suficiente que os jovens recebam a criação e os cuidados apropriados. Eles devem, mesmo quando adultos, praticá-las e se habituar a elas, e para isso precisamos de leis também destinadas a essa idade e, de modo geral, a todas as idades, pois a maioria obedece mais à necessidade do que aos argumentos, e mais às punições do que ao sentimento nobre.

Por isso alguns pensam que os legisladores deveriam estimular os homens à virtude e exortá-los a avançar pelos caminhos mais nobres, na suposição de que aqueles que estão bem adiantados na formação de hábitos atenderão a tais influências, e de que punições e penalidades devem ser impostas aos que desobedecem e são de natureza inferior, enquanto os incuravelmente maus seriam completamente banidos. Um homem bom (pensam eles), vivendo com o pensamento fixo no que é nobre, irá submeter-se à argumentação, ao passo que um homem mau, cujo único desejo é o prazer, será corrigido pela dor, como uma besta de carga. Também por isso dizem que as dores infligidas devem ser aquelas que mais se opõem aos prazeres amados por esses homens.

Seja como for, se, como já dissemos, o homem que queremos tornar bom deve ser bem treinado e habituado, para depois passar o seu tempo em ocupações dignas, sem praticar ações más de modo voluntário ou involuntário. Pode-se conseguir isso se os homens viverem de acordo com uma espécie de razão e ordem retas, desde que estas tenham força. Se for assim, o comando paterno não tem, de fato, a força necessária ou o poder coercitivo (nem, em geral, os têm o comando de um único homem, a menos que ele seja um rei ou algo semelhante), mas a lei tem tal poder, ao mesmo tempo que é uma regra proveniente de uma espécie de razão e sabedoria prática. E, embora as pessoas comuns odeiem os homens que se opõem aos seus impulsos, ainda que com razão, a lei não lhes é penosa ao ordenar o que é bom.

Unicamente (ou quase) no Estado espartano o legislador parece ter-se ocupado das questões da educação e do trabalho. Na maioria dos Estados tais assuntos foram negligenciados, e cada homem vive como lhe agrada, à moda dos ciclopes, "ditando a lei para sua própria esposa e para os filhos". O melhor seria que houvesse um atendimento público adequado para tais assuntos e que a comunidade providenciasse, de modo apropriado, o que fosse necessário para isso; contudo, uma vez que o Estado não se ocupa de coisas assim, caberia a cada homem ajudar seus filhos e amigos a seguir os caminhos da virtude, tendo o poder ou ao menos a vontade de fazê-lo.

Pelo que foi dito, concluímos que o homem poderia fazer isso melhor caso se tornasse capaz de legislar. Pois o controle público é evidentemente exercido por leis, e o bom controle por boas leis. O fato de serem escritas, ou não, parece não fazer diferença, nem se são leis que proporcionam a educação de indivíduos ou de grupos – e isso tampouco importa no caso da música, da ginástica e das outras ocupações semelhantes.

Assim como nas cidades têm força as leis e os tipos predominantes de caráter, nas famílias a têm mais os preceitos e os hábitos do pai, por causa do laço de sangue e dos benefícios que ele confere. Os filhos têm desde o início uma afeição e uma disposição naturais para obedecer. Além disso, a educação privada é mais vantajosa que a pública, como é também o caso do tratamento médico privado. Embora, de modo geral, o repouso e a abstinência de alimentos façam bem às pessoas com febre, para um doente em particular eles talvez não sejam apropriados; e um boxeador, presumivelmente, não prescreve o mesmo estilo de luta a todos os seus alunos. Parece, então, que os detalhes são observados com mais precisão quando o controle é privado, pois cada pessoa tem mais probabilidade de obter o que é adequado ao seu caso.

Mas os detalhes podem ser mais bem tratados, um a um, por um médico, um instrutor de ginástica ou qualquer outro que tenha o conhecimento geral do que é bom para cada um ou para certa classe de pessoas (pois afirma-se com razão que as ciências versam sobre o que é universal). Isso não impede que algum detalhe particular possa ser bem atendido por alguém sem conhecimento científico, alguém que tenha estudado com precisão e cuidado, à luz da experiência, o que acontece em cada caso, assim como determinadas pessoas parecem ser os melhores médicos de si mesmas, embora não possam tratar as outras. No entanto, talvez concordem com o fato de que, se um homem deseja se tornar mestre de uma arte ou de uma ciência, deve buscar o universal e procurar conhecê-lo tão bem quanto possível, pois, como dissemos, é disso que as ciências se ocupam.

E se é pelas leis que podemos nos tornar bons, certamente aquele que se empenha em melhorar os homens, sejam eles muitos ou poucos, deve tornar-se capaz de legislar. Reformar o caráter de um homem – do primeiro que for colocado diante de nós, por exemplo – não é trabalho para qualquer um. Se alguém pode fazer isso com precisão, é o homem sábio, capaz de tomar decisões certas na medicina e em todos os outros assuntos que requerem cuidados e prudência.

Não devemos examinar, em seguida, de quem e como se pode aprender a legislar? Será, como em todos os outros casos, dos estadistas? É certo que esse assunto fazia parte da arte de governar. Ou haverá uma diferença manifesta entre o estadismo e as outras ciências e artes? Nas outras, as mesmas pessoas se oferecem para ensinar as artes e praticá-las, como ocorre com os médicos ou com os pintores. Mas os sofistas, que pretendem ensinar política, não a praticam; quem faz isso são os políticos, que parecem praticá-la por força de uma espécie de habilidade ou experiência, e não pelo raciocínio. Na verdade ninguém os encontra nem escrevendo nem falando sobre esse assunto (embora esta talvez fosse uma ocupação mais nobre do que redigir discursos para os tribunais e a Assembleia); tampouco eles costumam tornar estadistas seus próprios filhos ou os filhos de seus amigos. Mas seria de esperar que o fizessem se isso lhes fosse possível, pois não há nada melhor do que legar tal habilidade a suas cidades, ou transmiti-la aos que lhe são caros, se preferissem mantê-la em seu meio. Ainda assim, a experiência parece contribuir com boa parte dessa arte; do contrário, eles não poderiam ter se tornado políticos por participar da vida política. Conclui-se assim que aqueles que ambicionam conhecer a arte da política também precisam da experiência.

No entanto, os sofistas que professam a arte parecem estar muito longe de ensiná-la. Pois, para colocar a questão de maneira geral, eles nem mesmo sabem que espécie de coisa a política é, nem de que trata; caso contrário, não a teriam classificado como idêntica à retórica ou mesmo inferior a esta, nem julgariam fácil legislar mediante uma compilação das leis mais bem elaboradas. Eles afirmam ser possível selecionar as melhores leis, como se essa tarefa não exigisse inteligência e como se o discernimento correto não fosse a mais importante de todas as coisas, como nas questões da música. Embora as pessoas experientes em qualquer campo julguem com correção as obras produzidas nele, e entendam por quais meios e de que maneira essas obras são alcançadas, e que coisas se harmonizam com outras coisas, os inexperientes devem dar-se por muito contentes quando podem julgar se a obra foi bem ou mal feita, como no caso da pintura. Já as leis são, por assim dizer, as "obras" da arte política; como então alguém pode aprender com elas a ser legislador ou juiz, escolhendo quais são os melhores? Nem mesmo os médicos parecem formar-se pelo estudo dos livros. No entanto, as pessoas tentam, de qualquer maneira, indicar não apenas os tratamentos, mas também como as classes particulares de pessoas podem ser curadas e devem ser tratadas, distinguindo os vários hábitos do corpo. Mas, embora isso pareça útil para os homens experientes, para os inexperientes não tem valor algum. Certamente, então, embora as compilações das leis e das constituições possam ser úteis para aqueles capazes de estudá-las, de julgar o que é bom ou mau e a quais circunstâncias melhor se aplica cada lei, aqueles que examinam tais compilações sem a ajuda da experiência não terão o reto discernimento (a menos que seja por um dom espontâneo da natureza), mesmo que possam se tornar mais inteligentes em tais assuntos.

Nossos predecessores nos deixaram sem exame o assunto da legislação; portanto, talvez seja melhor estudá-lo nós mesmos, e igualmente analisar a questão da constituição em geral, a fim de completar da melhor maneira possível a nossa filosofia da natureza humana.

Em primeiro lugar, então, se algo foi bem apresentado, e em detalhes, pelos pensadores que nos antecederam, vamos revisá-lo; em seguida, à luz das constituições que nós mesmos compilamos, vamos estudar que espécies de influências preservam ou destroem os Estados, quais outras têm os mesmos efeitos sobre os tipos particulares de constituição, e a que causas se deve o fato de que algumas são bem aplicadas e outras, mal administradas. Quando tudo isso for estudado, talvez possamos ter maiores possibilidades de ver, de uma perspectiva mais abrangente, qual é a melhor constituição, como cada uma deve ser ordenada e quais leis e costumes devemos usar para torná-la a melhor possível.

Referências

ARISTÓTELES. **The Nicomachean Ethics of Aristotle**. 4. ed. Tradução de F. H. Peters. Londres: Kegan Paul, Trench, Trübner, 1891.

ARISTÓTELES. **Nichomachean Ethics**. Tradução de W. D. Ross. Edição bilíngue grego-inglês. Oxford: Oxford University Press/Clarendon, 1908.

ΑΡΙΣΤΟΤΕΛΗΣ. **Ηθικα Νικομαχεια**. Bruxelas: Portal for the Greek Language and Language Education, 2006. Projeto do Information Society Operational Programme e da European Commision, desenvolvido pelo Centre for the Greek Language.